KB143317

우리는 저마다의 속도로 슬픔을 통과한다

우리는 저마다의 속도로 슬픔을 통과한다

| 어떻게 애도할 것인가 |

브룩 노엘·패멀라 D. 블레어 지음

배승민·이지현 옮김

글항아리

예기치 못한 죽음을 다루는 사람으로서, 비극에 눈먼 영혼들에게 진정 가치 있는 책을 발견하게 되어 기쁘다. 이 책은 사려 깊고, 철저하며, 매우 의미 있는 작업이다. 개인적인 감정과 경험을 공유하는 부분은 탁월하다. 저자들은 극심한 고통에 처한 이들에게 다가가고자 이런 책을 써냈다. 그동안 오로지 랍비 해럴드 S. 쿠슈너의 『왜 착한 사람에게 나쁜 일이 일어날까』에만 의지해왔는데, 이제 거기에 이 책을 더한다. _ 찰스 두빌, 포틀랜드 병원 흉부외과 의사

이 책에서 특히 도움이 되는 부분은 사람마다 다른 애도 방식에 대해 판단을 내리지 않고 지지한 것이다. 저자들은 실용적인 가이드라인을 제시하면서도 사적이고 따뜻한 시선을 보인다. 우리의 애도는 '극복해야 하는' 것이 아니며, 여러 단계를 거치는 길일 따름이다. 애도에 관한 책에서 흔히 지나쳤던 특별한 상황과 어려움에 대한 내용은 각별하다. 강력히 추천한다. _ 에드워드 벡, 교육학 박사

사랑하는 사람의 죽음을 겪는 이라면 누구라도 이 책과 떨어질 수 없다. 유족뿐 아니라 내 친구나 상담가들에게도 강력히 이 책을 추천하는 이유다. 애도의 고통이 무엇인지 알고자 한다면, 유족들이 겪을 일을 이해하고 싶다면 이 책을 읽어야 할 것이다. _ 헬렌 피츠제럴드, 『애도하는 아이』 저자

우리가 언급하길 꺼리는 주제를 이 책은 탁월하게 다뤘다. 애도는 낮과 밤의 낯선 시간에 서서히 올라와 상실을 겪은 이들을 압도해버린다. 그런 면에서 이 책은 언제든 꺼내 읽으면 위안을 줄 것이다. 나 또한 절망의 어둠 속에서 지낼 때 이 책을 알았더라면 위로와 안정을 되찾았을 것이다. 지식, 이해, 인내가 이 책에 담겨 있기에 깊은 상실을 겪는 이들에게 보물이 되어줄 것이다. 훌륭하고 꼭 필요한 책이다. _ 버나뎃 모이어스, 『천사 스테이시』 저자

저자들은 극히 고통스러운 삶의 길들을 현실의 언어와 경험으로 포착해냈다. 이로써 우리는 생활 깊숙이 파고드는 애도에 관해 좀더 실질적인 대화를 나눌 수 있을 것이다. 사랑하던 사람을 급작스레 잃고 견뎌냈던 힘을, 앞으로 애도하게 될 우리를 위해 공유해준 저자들에게 깊이 감사한다. _ 샬럿 토메이노, 신경심리학자

마침내 당신에게 일어난 일을 설명해줄 뿐 아니라 손을 잡고 당신을 치유와 성장의 길로 안내해주는 친구를 만나게 되었다. 당신이 가족, 친구, 지인 등 누구를 잃었든, 이 책은 당신이 살아남아 삶을 견딜 수

우리는 저마다의 속도로 슬픔을 통과한다

있도록 도울 것이다. _『리베카 리뷰』

자기 앞에 닥친 애도라는 숙제를 마친 저자의 이 책은 아직 회복 단계에 있는 이들에게 동반자가 되어줄 것이다. 또한 우리는 애도의 고통을 통과하면서 손잡고 영혼을 위로해줄 많은 이를 만날 수 있다, 바로 이 탁월한 책을 통해서. _조지 캔들, 목회 심리치료사

어려운 주제를 탁월하게 써낸 책. 힘든 시기를 겪고 있는 이들에게 커다란 도움이 될 것이다. _브래들리 에번스, 포틀랜드 병원 심장내과 의사

15년 이상 응급의학과 간호사로 일하면서 갑자기 닥치는 죽음을 숱하게 목격해왔다. 예상되는 상실과 달리, 갑작스러운 죽음에 직면할 때 어떻게 해야 할지 알려주는 자료는 턱없이 부족했다. 이 책은 우리가 애도하는 여러 방법을 조심스레 다루면서도, 어떤 애도 과정은 더 이상 건강한 것이 아니며 전문적인 상담을 요한다고 부드럽게 알려준다. 온화하고 영적인 안내서다. 독자들은 이 책에서 자기만의 애도를 거칠 수 있는 자원과 조언을 얻을 수 있다. 응급의학과 전문의나 간호사들과 이 책을 공유하려 한다. 많은 시간과 노력을 들인 완벽한 안내서다. _캐슬린 라일리, 간호사

예상치 못한 죽음과 애도에 관한 서적 중 최고다. 저자들은 자신이 직접 겪은 외상을 우리와 공유한다. 독자들의 상황에 좀더 가까운 사례들도 제시한다. 이 책은 내 가족이 맞닥뜨린 상황에 '딱 맞는' 것이었

다. _도널드 미첼, 아마존 10대 서평가

아름다운 책이다! 애도하는 이들이 생각하거나 맞닥뜨리게 될 모든 문제를 다룬다. 섬세하면서도 현실적이다. 이 두 가지는 때로 양립하기 어려운데, 이 책은 그걸 해냈다. 천천히 당신에게 힘을 북돋우고 치유하는 손길을 내밀 것이다. _『유어 라이프 매거진』

사랑하는 이의 죽음은 언제나 감정적으로 감당하기 힘들다. 예상치 못한 죽음이라면 더더욱. 이 책은 그런 비극적 상실을 어떻게 다룰지를 일러줄 뿐 아니라 그 과정을 통과하도록 안내해준다. 사랑하는 사람을 잃었다면, 혹은 주변에 그런 상실을 겪은 이가 있다면 꼭 읽어야 할 책이다. _『미드웨스트 북 리뷰』

애도를 정면에서 다루는 훌륭한 책이다. 저자들은 우리가 상실을 겪은 뒤 왜 그렇게 느끼는지를 수많은 연구를 통해 알려주면서도, 다음 단계에서 필요한 행동까지 일러준다. 친근하면서도 실용적인 정보로 가득 차 있다. 죽음에 철학적으로 난해하게 접근하지도 않고, 그것을 너무 쉬운 일상의 이야기로 풀어놓지도 않는 균형 감각이 탁월하다. 애도 중인 우리에게는 바로 이 책이 필요할 것이다. _'지식의 씨앗Seeds of knowledge'

애도에 관한 수많은 책은 이 책처럼 통합적이지도, 실질적이지도 못했다. 저자들은 개인적인 열정과 전문가적인 자세를 겸비해 건강한 애

우리는 저마다의 속도로 슬픔을 통과한다

도, 자기만의 애도를 따라갈 수 있도록 하나의 길을 내주었다. 사랑하는 사람을 잃은 이들과, 곁에서 그들을 돕고자 하는 사람들에게 이 놀라운 책을 추천한다. _ 메리 캘리폰, 『실직한 나의 아버지』 저자

요즈음은 '최초'가 많지 않다. 대부분의 책이 다른 책과 비슷비슷하다. 그런 가운데 이 책은 '최초'이자, 내가 묘사할 수 있는 것 이상으로 귀한 책이다. 진정 훌륭한 책이라고만 말해둔다. 이 책은 당신을 이해하고, 지지하며, 위로해준다. 빛을 비추고 손을 잡아준다. 견디기 힘든 비통함과 절실함의 순간에 애도에 있어 다른 어떤 책도 할 수 없는 방식으로 당신을 위해 존재할 것이다. _ 아트 클레인, 『아버지와 아들』 저자

독자 서평

끔찍한 사고로 아들을 잃은 뒤 이 책은 내게 희망이 스미도록 해주었고, 부모로서는 최악의 악몽인 자녀에 대한 애도를 버텨낼 수 있도록 도와주었다. _ 피어스

3년 전 어머니가 갑자기 세상을 떠났을 때 이 책을 구했고, 애도의 각 단계를 거칠 때마다 큰 도움이 되었다. 내가 느끼는 모든 감정, 거쳐야 할 것들을 저자들은 차근차근히 알려주었다. 그건 엄청난 위안이었고, 치유였다. _ 아이리스

몇 달 전 남편을 잃은 어머니는 감정을 다루는 데 이 책의 도움을 받았다. 어머니는 매일 하루를 시작하기 전 이 책을 펼쳤다. 당신의 감정을 이해하고 당신이 겪는 애도가 '정상적인' 것임을 깨닫도록 도와주었던 것이다. _가이거

애도 기간에 내가 원했던 도움과 답을 준 이 책을 가족들과 공유했다. 어떤 장을 펼치건 도움이 되고 위안을 준다. 사랑하는 이를 잃은 모든 사람에게 이 책을 추천한다. _캔턴

상실에 관해 이 책이 공유한 사례들은 사랑하는 이를 잃고 슬픔의 한복판에 있는 이들을 도우며 그들로 하여금 분별력을 갖게 해준다. 때론 타인의 어려운 상황을 아는 것이 자신이 처한 상황을 다른 시각으로 볼 수 있게 해준다. 나는 이 놀라운 책을 읽고 또 읽었다. 날마다 이뤄진 애도 한가운데서 어떤 부분은 되짚을 때마다 지금 처한 현실을 뛰어넘어 다른 무언가를 볼 수 있도록 해주었다. _컨포티

정말 놀랍고도 놀라운 책이다! 사랑하는 이를 갑작스러운 죽음으로 잃었을 때의 내 모든 생각, 행동, 감정을 볼 수 있었다. 1년 넘게 이 책을 갖고 다니는 것만으로도 위안이 되었다. 지근거리에 이 책을 두는 것, 언제든 이 책을 읽을 수 있다는 것이 큰 도움이 되었다. 최근 자살로 여동생을 잃은 친구에게 이 책을 빌려줬는데, 마치 내가 벌거벗겨지는 듯한 기분이었다!
나와 가장 가까웠던 이모는 이모부에게 살해당했고, 이모부는 곧바로

우리는 저마다의 속도로 슬픔을 통과한다

자살했다. 내 고통, 공포, 애도의 폭발, 죄책감, 상실을 이 세상 사람 누구도 이해할 수 없을 거라 생각했기에 견디기 힘들었다. 그러나 이 책은 나로 하여금 길을 찾게 해주었고 내 모든 감정과 생각이 완전히 정상임을 일깨워주었다. 이런 내용을 활자로 접한다는 것 자체가 위로가 되었다. 이 책은 누군가를 잃은 당신에게 애도 과정을 안내하고 진정으로 추모할 수 있는 방법을 알려주며, 저자 자신들이 겪었던 애도의 경험을 낱낱이 전해줄 것이다. 자살이나 살해와 같은 급작스러운 죽음에 대한 사회적 금기를 다루는 데 있어서도 그것을 언급하는 게 괜찮을 뿐 아니라 반드시 필요한 일이라는 사실 또한 일러줄 것이다.
_와이엇

이 책은 사랑하는 사람을 갑작스레 잃고 며칠, 몇 달, 몇 년을 어떻게 보낼지에 대해 실용적인 조언을 해준다. 사랑하는 이의 예상치 못한 죽음이 주는 충격은 너무나 커서 사망과 장례식 사이의 시간조차 어떻게 보내야 할지 막막하다. 나 또한 그랬기에 가족 모두가 정상이 아닐 때 '정상'인 척 노력하는 것만으로도 탈진할 지경이었다. 이 책은 거대한 상실에서 회복해가는 작은 단계들을 실용적으로 훌륭하게 알려준다.

저자들은 장기간 질병을 앓는 '예상'되는 죽음과 급작스런 사망에 대한 애도가 다르다고 말한다. 그들은 이미 사랑하는 이들을 강탈당한 고통을 겪었고, 혼란과 분노도 통과해왔다. 그리하여 저자들의 연민 어린 목소리와 그들이 내놓은 실질적인 방법은 큰 도움이 된다. _켈리

3년 전 새아버지의 갑작스러운 죽음을 맞아 이 책을 샀고, 상실을 이해하는 데 도움을 받았다. 지금은 열일곱 살의 아들이 자살해 다시 이 책을 펼쳐든다. 사랑하는 사람을 갑자기 잃었다면 이 책이 출발점이 되어줄 것이다. _데니얼슨

동생이 스물네 살의 나이로 갑자기 세상을 뜬 직후 친구가 이 책을 건넸다. 이처럼 급작스런 상황에서도 저자는 아주 세밀한 부분까지 연결되어 나에게 길을 내주었다. 처음 이 책을 읽고 몇 달 뒤 다시 봤을 때, 애초엔 알아차리지 못했던 조언들을 받아들일 수 있었다. 사랑하는 이를 갑자기 잃은 불운한 이라면 이 책을 읽길 바란다. _제시카

형제의 죽음에 관한 책을 찾던 중 거의 포기 직전 상태에서 이 책을 발견했다. '애도 과정에서 간과된다는 것'이란 소제목이 눈길을 끌었고, 형제가 세상을 뜬 지 1년 넘게 지난 무렵이었지만 처음으로 덜 외롭다고 느낄 수 있었다. 이 책을 읽은 후 자조 모임에도 발을 들여놓게 되었다. _키트

치료사의 추천으로 접했는데, 이 책은 마치 '조그만 자조 모임'을 갖는 것 같았다. 자신들만의 어려운 비극으로 남을 도울 길을 찾은 저자들은 진심으로 사려 깊다. 이 책 덕분에 성장할 수 있었다. _재닛

서른한 살의 형제 채드를 살인 사건으로 잃은 뒤 이 책을 접했다. 미쳐간다는 느낌이 나 혼자만의 것이 아님을 알게 되었을 때 그 안도감

우리는 저마다의 속도로 슬픔을 통과한다

이란! 이 책은 그 전에는 느껴보지 못한 감정을 다루고 어려운 순간들을 넘기는 데 도움이 되었다. _줄리

진정 선물이 되는 책이다. 펼치자마자 표지부터 끝까지 다 읽었다. 내 상황과 똑같은 처지들을 다루고 있었기 때문이다. 비로소 내 이상한 행동과 생각이 실은 하나도 이상한 것이 아님을 알게 되었다. 또 몇 가지 상황은 미리 대비하도록, 잘 통과하도록 도움을 받았다. _주디

극심한 상처를 입은 상태에서 이 책을 접했다. 가장 친한 친구이자 연인 마이크가 사고로 죽은 시점이었다. 작별 인사를 할 기회조차 갖지 못했던 나는 상처투성이로 알 수 없는 미로 속에 들어섰다. 살고 싶은 생각도 없었다. 이 책에서 가장 기억나는 것은, 다른 사람들이 자기만의 삶으로 들어갈 방법을 찾고, 그런 삶이 슬픔에 사로잡히지 않도록 돕는 저자들의 지혜였다. 이 책이 나에게 다가와준 것, 그토록 깊은 상처에 다가와 도와주었던 점에 앞으로도 영원히 감사할 것이다. _내털리

그동안 정말 필요했지만 제대로 주목받지 못했던 주제를 훌륭히 다뤄냈다. 애도 상담가로서 나는 사랑했던 이를 갑자기 잃고 고군분투하는 사람들을 자주 만난다. 나는 이 책을 치료 때 사용하기도 하며 나의 내담자들 역시 애도 작업의 한 과정으로서 이 책을 읽고 있다. _페라라

열일곱 살 난 아들 로넌은 인생의 절정기에 세상을 떠났고, 나는 아이에게 작별 인사도 못 했다. 숨조차 쉬기 어려운 상황에서 배를 걷어

차인 듯한 감정을 나만 겪는 게 아님을 이 책을 통해 알 수 있었다. 이 책은 상실의 각 단계에서 '정상적인' 반응과 행동, 관점이 무엇인지를 알려준다. 이 책의 모든 단어를 하나하나 읽고 싶었고, 우리의 상실이 서로 연결되어 있음을 느끼며 이해하고 싶었다. 당신은 저자들이 삶에서 겪은 상실과 경험들로부터 배울 것이며, 나 역시 그들의 상실을 통해 많은 것을 알게 되었다. 당신에게 필요한 단 한 권의 책이 있다면, 바로 이 책이다. _슬래백

우정은 인간의 차원을 넘어선다는 것을 가르쳐준 '삼손',
그리고 사랑과 연대감은 지상의 차원을 넘어선다는 것을 가르쳐준 케일럽에게.

_브룩 노엘

보내주는 법을 가르쳐준 조지,
다시 사랑하는 법을 가르쳐준 스티브에게.

_패멀라 D. 블레어

내 무덤 앞에 서서
울지 말기를
나는 그곳에 없으니,
나는 잠들어 있지 않으니

나는 불어오는
천 개의 바람이 되었네
눈 위에서 반짝이는
다이아몬드가 되었네

나는 익은 곡식을 비추는
햇살이 되었네
부드러운
가을의 빗방울이 되었네

그대가 아침에
조용히 깨어날 때,
둥글게 나는 작은 새들 사이에서
나는 재빨리 솟아오르네
밤이면 반짝이는
부드러운 별이 되네

내 무덤 앞에서
울지 말기를
나는 그곳에 없으니
나는 죽지 않았으니

_ 호피족의 기도문

매년 약 800만 명의 미국인이 가까운 가족을 잃습니다. 대규모 테러, 전쟁, 인재, 급사急死의 목록은 길고, 또 점점 늘어나고 있습니다. 이런 상실의 생존자인 가족이나 개인은 미디어에 나오지 않습니다. 애도하는 사람들은 닫힌 문 뒤에서, 이웃 사회에서, 우리의 집에서, 입원을 기다리는 병원에서 고통을 겪고 있습니다. 그들은 중환자실 복도에서 생명유지장치가 제거되는 것을 지켜보며 멍하니 딱딱한 의자에 앉아 있습니다. 호텔 방에서 초조히 시신이 발견되기를 기다립니다. 예상치 못한 전화벨 소리에 가슴이 산산이 찢어집니다. 그들은 급작스러운 죽음, 끝, 비극과 격투를 벌입니다. 그들 중 작별할 준비가 되어 있었던 이는 아무도 없습니다.

첫 숨부터 우리는 삶의 순환에 들어서고 이를 신뢰합니다. 영아기에는 부모가 우리의 필요를 채워줄 것이라 믿습니다. 어린아이가 된 우리는 주변 사람들이 선할 것이라 믿습니다. 타인에게 선하게 대하면, 그 선함이 우리에게 돌아올 것이라고 배웠으니까요. 곧 우리는 청소년이 되어 원인과 결과를 배웁니다. 균형 잡힌 식사를 하고 몸을 잘 돌보면 오랫동안 건강할 것이라고도 배웁니다. 우리는 성인이 되어도 기본적인 삶의 순환을 신뢰합니다. 날마다 아침이면 태양이 뜨고 저녁이면 질 것이라고, 자식들이 부모보다 더 오래 살 것이라고, 우리가 사랑하는 것들을 소중히 여길 날이 아직 많이 남아 있을 것이라고 생각합니다.

그러다 어느 순간, 사랑하던 사람의 갑작스러운 비보에, 세계는 영원히 바뀌어버립니다. 순환을 예상했던 질서정연한 세계는 끝이 났습니다. 우리는 거의 아무런 도구도 없이 심연의 구렁에 내던져집니다. 대비할 시간은 없습니다. 여행을 떠나기 위해 준비할 시간도 없습니다. 끝맺지 못한 일을 마무리하거나, 작별 인사를 나눌 시간도 없습니다.

신체적으로 우리는 세포와 유전자, 피부와 뼈로 구성되어 있지만, 감정적으로는 생각과 느낌, 우리와 관련된 사람과 기억으로 구성되어 있습니다. 사랑하는 이를 잃는다는 것은 우리에게 크게 찢어진 상처를 남깁니다. 우리는 어떤 식으로든 변하게 됩니다. 일상의 구조는 영원히 망가져, 과거의 파편 사이를 맴돌게 됩니다.

애도할 때 우리는 거울 속 우리 눈이 우리를 바라보는 것을 느끼지 못하게 되는 순간을 맞이합니다. 태양은 여전히 매일 뜨고 지는데도, 모든 것이 조금씩 다르게 보이고 뒤틀린 듯합니다. 애도는 우리 주위에 닿을 수 없는 먼 그림자를 만듭니다.

우리가 이 책의 초판(Champion Press, Ltd., 2000)을 쓸 무렵에는 애도를 표현하는 단어조차 매우 제한적이었습니다. 일반적으로 사회는 "나아가라" "정상적인 생활로 돌아가라"며 우리를 부추기거나, 애도의 슬픔을 억누르게 했습니다. 1년 뒤 미국은 수천 명의 생명을 앗아간 상상 밖의 충격을 받았습니다. 정치 지도자들은 국가가, 국민이 "정상 생활로 돌아가야" 하며, 그를 위해 노력하라고 우리를 독려했습니다.

그러나 갑작스러운 죽음이 발생했을 때, '정상'이란 건 더 이상 존재하지 않습니다. 애도와 슬픔은 표현되어야 하며, 삶은 재건되어야 합니다. 정치가들은 좋은 의도에서 한 말이었겠지만, 사실 우리 사회는 대체로 급작스러운 상실과 애도를 이해하지 못합니다. 2001년 이후 많은 것이 바뀌었지만 아직도 많은 것이 그대로입니다. 우리는 가까운 사람이 갑작스럽게 상실을 겪을 때, 서로를 지지해줄 준비가 되어 있어야 한다는 것을 더 잘 알게 되었지만, 그에 대한 우리 사회의 가이드라인이나 대비책은 전혀 충분하지 않습니다. 우리는 스스로 겪어나가기 전에는 진정한 애도의 영역을 이해할 수 없습니다.

마이클 C. 컬의 '죽음의 사회학: 죽음이 개인에게 미치는 영향Sociology of Death: Death's Personal Impacts'에 대한 안내에 따르면, 사별과 관련된 애도는 인간의 모든 감정 중 가장 강력한 것 중 하나이며, 심지어 치명적이기까지 하다고 합니다. 매해, 약 800만 명의 미국인이 가까운 가족을 잃고 적어도 3년간 삶의 패턴이 흔들리는 것을 경험합니다. 미국 국립과학아카데미에 따르면, 매년 대략 80만 명의 미국인이 배우자를 잃고 그 가운데 16만 명 정도가 병적인 애도를 겪는다고 합니다. 2007년 7월에는 4000명이 넘는 다국적군이 목숨을 잃고 전쟁의 참상을 알려 그 결과가 우리 일상 속에서 주목을 받게 되었습니다. 해마다 3만2000명 이상의 미국인이 자살하며, 11만 명 이상이 사고로 목

우리는 저마다의 속도로 슬픔을 통과한다

숨을 잃습니다. 사람들이 어떻게 죽게 되는지를 나열한 목록은 계속 이어지며, 점점 더 늘어나고 있습니다. 문화적으로 우리는 주변의 애도하는 이들을 대하고 도움을 주기 위해 고군분투하는 상황에 있습니다.

믿어온 토대가 무너지고 폐허에 서게 되었을 때, 사회는 우리가 하루빨리 깔끔하고 멀쩡하게 '정상'으로 돌아오기만을 조급하게 기다리고 있을 때 어떻게 해야 하는지는 아무도 가르쳐주지 않습니다. 우리가 우리의 고통 외에는 아무 것도 보지 못할 때, 사회는 그 고통에 관심을 두지 않습니다. 일례로, 85퍼센트의 여성이 배우자보다 더 오래 삽니다. 『시간 전쟁Time Wars』에서 제러미 리프킨은 1927년 『에밀리 포스트』에 따르면 당시 아내들의 격식을 갖춘 애도 기간은 3년이었다고 적었습니다. 그러나 23년 뒤 그 기간은 6개월로 줄어들었다고 합니다. 1972년 에이미 밴더빌트는 "1주일 내 또는 장례 이후에는 보통의 사회적인 삶을 따르거나 따르려고 노력하라"고 조언했습니다. 우리는 우리가 얼마나 괴로워할지를 놓고 시간제한과 기대를 두고 있습니다. 90퍼센트가 넘는 미국 회사에서 사별한 임직원에게 공식적으로 휴가를 보장하고 있지만, 일반적으로 그 기간은 직계가족의 경우 3일 정도입니다.

그 일을 직접 겪어보지 않은 누군가에게 비극적인 사망의 영향을 설명할 수 없습니다. 스스로 직면하기 전에는 그 어려움을 이해할 수 없습니다. 사랑하는 이가 없는 세계에서 떠오르는 질문들, 혼란과 무망감은 설명할 수 없는 것입니다.

갑작스러운 사망의 유가족 중 누구에게든 자녀, 배우자, 형제 또는 친구를 잃었을 때 견뎌내는 법을 가르쳐줄 수 있느냐고 묻는다면 그들은 "아니오"라고 답할 것입니다. 많은 사람이 그런 비극을 겪는다면 미쳐버릴 것이라고들 합니다. 생존자 중 대다수가 애도에 맞서고, 그 여정을 이겨낼 수 있으리라고는 생각하지 못했다고 말합니다. 하지만 그들은 동시에 그 역경에 맞서고 심연에서 올라와 신뢰를 되찾고 삶을 재건해냈습니다.

이 책은 지난 10여 년간 만난 유족들의 재건과 용기를 나누는 이야기와 함께, 우리 자신의 이야기를 담고 있습니다. 이 이야기들을 통해 우리는 스스로를 인식하게 되었습니다. 이 이야기들로 우리는 고립에서 벗어나 회복의 미로를 걷는 타인들이 함께하는 사회로 나아가게 되었습니다.

개정판에는 우리가 이 여정에서 가닿고자 했던 새로운 이야기와 지혜, 정보를 담았습니다. 벽에 부딪히고 미로에서 휘청이고 무릎이 벗겨져도 새로운 장소에 올라선 이들의 글을 당신에게 전합니다. 이 책은 죽음에 대한 책인 만큼이나, 새로운 시작에 대한 책이기도 합니다. 사랑하는 이를 잃고 우리는 다시 시작하게 됩니다. 어떻게 과거를 존중하면서도 첫 발걸음을 뗄 용기를 가질 수 있는지, 어떻게 걷고 말해야 할지, 어떻게 다른 꿈을 꾸고 다시 믿으며 새로운 삶을 만들어갈지를 배울 겁니다. 우리는 영원히 바뀌었습니다. 삶을 다르게 봅니다. 매 순간의 가치를, 오늘 할 말을 해야 한다는 것의 중요성을, 진정 무엇이 중요한지를 다른 누구보다도 더 잘 압니다.

우리는 작별할 준비가 되어 있지 않았고, 이 책을 집어 든 수천 명의 독자, 그리고 앞으로 이 책을 알게 될 더 많은 독자 역시 작별 인사

우리는 저마다의 속도로 슬픔을 통과한다

를 건넬 준비가 되어 있지 않습니다. 이 책은 갑작스러운 사망에 대해 알려져 있지 않았던 영역, 곧 벽으로 둘러싸인 채 안개로 자욱한 감정의 영역을 안내해줄 온전한 출발점이 되고자 합니다. 정신분석가이자 철학자였던 카를 융의 말을 당신에게 전합니다. "벽에 부딪혔다면, 깊은 정보들로부터 시작하여 벽 너머를 보고, 모든 것이 분명해질 때까지 나무처럼 뿌리를 내려 성장하라."

브룩 노엘
패멀라 D. 블레어
2007년 9월 11일

1부

낯선 세계

애도로 향하는 여행

삶에서 갑작스레 누군가를 잃는 순간, 우리는 낯선 세상에서 눈을 뜨게 됩니다. 첫 장은 이 반갑지 않은 장소를 함께 탐험하고 어둠 속에서 길을 찾도록 도울 것입니다. 만약 당신이 사랑하는 사람을 잃자마자 혹은 몇 주 안에 이 책을 접했다면, 기운이 있을 때 2장 「첫 몇 주간을 위한 메모」를 읽어주세요. 그런 뒤 준비가 되면 책의 나머지 부분을 보길 바랍니다. 3장은 애도와 관련된 정서적·신체적 측면의 중요한 문제를 다룹니다. 이 반갑지 않은 곳에서 우리는 곧잘 기억을 잃고, 정신이 없을뿐더러 지쳐가면서 어쩌면 '미쳐가는' 게 아닐까 생각하게 됩니다. 이 장은 상실에 대처하는 다양한 방식을 이해하도록 도울 것입니다. 4장은 애도 과정에 대한 숱한 잘못된 믿음과 오해를 다룹니다. 수년 동안 우리는 잘못된 믿음에 대한 이 글이 고통스런 혼돈 속에서 평화를 가져다주었다는 독자들의 편지를 받았습니다.

당신은 저자들의 이야기도 읽게 될 것입니다. 우리는 갑작스러운 상실을 직접 겪은 사람들이 이해하고 공감하며, 서로에게 희망이 될 수 있다고 믿기 때문에 이 이야기를 당신 앞에 꺼내놓습니다. 당신이 이 책을 통해 가장 어두운 시간에도 삶은 진정 계속되고, 익숙하지 않은 세상을 살아낼 수 있다고 안심하길 바라며 우리의 이야기를 공유합니다.

1장

출발 장소: 저자의 메시지

우리가 시작이라고 부르는 것들은 종종 끝을 의미한다.
끝을 맺는 것이 시작을 만든다.
끝은 우리가 시작하는 바로 그곳이다.

T. S. 엘리엇

패멀라의 이야기

저는 어떤 고통을 겪든 간에 그 고통보다 더 강한 무언가가 우리 안에 있다고 믿습니다. 그것은 최악의 비극 속에서도 살아남은 생존자들이 삶을 원하고 자신들의 이야기를 전할 수 있게 합니다. 고난 속에서도 자기 존엄성을 지켜낸 사람의 눈에서 우리는 그 무언가를 볼 수 있습니다. 그것은 일종의 완고함입니다. 신, 영혼 또는 정신력이라고 부를 수도 있겠지요. 그것은 우리가 고통받고, 좌절하거나, 버림받았을 때, 그리고 남은 것을 붙들고 있는 사람이 되었을 때에만 발견됩니다. 그것은 엄청난 상실을 직면할 수 있는 우리 안의 무언가입니다.

생생하면서도 한편으로는 비현실적이었던 그날 아침의 모든 장면이 세세하게 기억납니다. 잠에서 막 깨어났을 때, 갓 갈아낸 신선한 커피 향이 공기 중에 떠돌고 있었습니다. 따뜻한 침대에서 포근한 베개를 베고 1, 2분이라도 더 머물자 하던 순간 전화벨이 울렸습니다. 수화기를 귀에 대자 소음 속에서 누군가 숨을 고르려 애쓰는 소리만이 들렸습니다. 이상한 장난 전화네 싶던 차에 조지의 여동생 리앤의 목소리가 들렸습니다. "패멀라, 조지가 코마 상태래요…… (긴 침묵) 뇌출혈이나 그 비슷한 뭔가가 일어난 것 같대요." 그녀에게 말하려고 숨을 고르려 하면 할수록 무거운 공기가 저를 짓눌렀습니다. "리앤, 어디에요? 그게 무슨 말이에요? 내가 바로 어제 오후에 조지를 만났는걸요. 그는 멀쩡했단 말이에요!"

우느라 숨을 헐떡이면서 그녀는 옅은 목소리로 "당신과 이언이 여기 병원으로 와야 돼요. 지금 당장 이언을 데리고 병원에 와야 할 것 같아요"라고 답했습니다. 조지와의 사이에서 낳은 열두 살 난 우리 아들 이언이 등교할 준비를 하러 곧 계단을 내려올 것을 상기하면서 저는 이성을 잃지 않으려 애썼습니다. 저는 생각했죠. '이제 아이의 점심 도시락을 싸야 하는데. 리앤은 왜 날 이렇게 귀찮게 하는 거지? 분명 아무 일도 아닐 텐데. 어쨌든 조지는 젊고 건강하니까(게다가 잘생겼고). 코마라는 건 그이 같은 사람한테는 일어나지 않아. 내가 아는 사람 중에 코마 상태인 사람은 없었다고.'

"좀 기다려보지 그래요. 그는 괜찮아질 거예요. 게다가 이언은 막 학교에 가려던 참이고 오늘 시험을 치러요. 조금만 더 알아보고 몇 분 뒤에 다시 전화해줘요. 나중에 제가 병원으로 아이를 데려갈게요. 생각하는 것처럼 나쁜 상황이 아닐……" 그녀는 단호하고도 진지하게, 거의 차가운 억양으로 내 웅얼거리는 말을 끊었습니다. "지금요. 지금 당장 와야 돼요. 상태가 굉장히 심각해요. 뇌에 피가 많이 고여서 살지 못할 것 같아요."

뇌 속의 피라니. 저는 힘겹게 일어나 앉았습니다. '내가 지금 무슨 말을 들은 거지? 조지, 내가 남편이자 아이의 아빠로 사랑했던 사람, 이혼 후에도 가까운 친구이자 사랑하는 공동 육아인으로 지내왔던 바로 그 사람이 세상을 떠난다고? 설마. 사람들은 과장하잖아. 리앤은 과장하고 있는 거야. 조지는 그녀한테 중요한 만큼 나나 아들 이

언, 의붓딸 에이미한테도 중요한 사람이라고.'

"알았어요, 리앤. 오늘 휴가 내고 이언을 데리고 병원으로 갈게요, 어디라고요?"

그녀는 거의 들리지 않는 목소리로 대답했습니다. "응급실이에요. 거기서 봐요."

팔다리가 무감각해지며 얼굴과 목에서 피가 다 빠져나간 것 같았고 입을 움직일 수 있을지조차 의심스러웠습니다. 결혼한 지 7년 된 남편 스티브는 시내 사무실로 출근하고 저 혼자였습니다. 제가 이언에게 말해야 했죠. 주말이면 함께할 수 있어 행복해하고, 아들의 야구 게임과 가라데 경기에 열성이던 네 아빠가 뇌사 상태인 것 같다고. 딸에이미에게도 말해야 했습니다. 조지를 만나 당신 아들이 당신을 얼마나 필요로 하는지 크게 말해준다면, 그가 죽음의 심연으로 떨어지지 않을 거라는 생각도 들었습니다. '그래. 조지한테 소리쳐서 우리에게 돌아오게 해야지.'

저는 간신히 다리를 움직였습니다. 무감각한 발 앞에 다른 발을 두었습니다. 계단 끝에 다다라 말했습니다. "이언, 내 방에서 좀 보자. 할 말이 있어." 저는 끊임없이 '침착해야 해…… 논리적으로 생각하자…… 아이를 너무 놀라게 해선 안 돼, 차분해야지'라고 되뇌었습니다.

시간은 느리게 흘러가고 주위 모든 것이 하나도 중요하지 않은 듯이 떨어져나가는 이 기이한 연옥의 순간을 어떻게 묘사할 수 있을까요? 안락한 가구를 갖춘 집이 사라지고, 커피 향은 더 이상 나지 않으며, 다리에 몸을 비비는 고양이도 없고, 달력의 약속들도 까맣게 지워

우리는 저마다의 속도로 슬픔을 통과한다

지는 그 순간 오직 존재하는 것은 제 앞에 선 작고 둥근 갈색 눈의 어린 아들뿐이었습니다.

저는 이언에게 아는 대로 말해주었습니다. 거기, 깨끗이 정돈돼 있던 침대 끝에 앉아 아이는 눈물에 녹아들었습니다. 깊이 흐느끼며 "어쩌다 그런 일이 생긴 거래요? 아빠한테 무슨 일이 일어난 거예요?"라는 말만 되풀이했습니다. 아이의 목소리는 열두 살 소년이 간혹 그러듯 갈라지고 높아졌다 다시 낮아졌습니다. 저는 아이를 안았습니다. 저를 위로해줄 사람은 없었지만 제가 유일하게 할 수 있는 일은 아이를 위로하는 것이었습니다.

그리고 임신 9개월째였던 제 딸이자 조지의 의붓딸 에이미에게 연락했습니다. 그녀는 우리와 동행하겠다고 했습니다. 우리는 말없이 병원으로 향했습니다. 이언은 차창 밖을 쳐다보고 있었고, 스쳐 지나가는 사람들이 어쩌면 저렇게 정상적이고 우리 상황과는 동떨어져 보이는지 이상하다고 여겼습니다. 저들은 무슨 일이 일어났는지 모르는 건가? 조지가 죽어가거나 죽었다는 걸 알면서 어떻게 일을 할 수 있지? 왜 다들 아무 일도 없는 것처럼 행동하냐고? 제 자신이 마치 다른 이의 영화 속에서 움직이는 것 같았습니다. 모든 것이 비현실적이고 느리게 움직였습니다.

감정이 없는 사람은 없습니다. 아이의 첫 울음부터 죽어가는 사람이 친구와 가족들을 마지막으로 바라보는 순간까지, 우리를 둘러싼 세계에 대한 우리의 첫 반응은 감정으로 얼룩져 있습니다. 세상이 친근하거나 위협적이거나, 아름답거나 추하거나, 즐겁거나 불쾌하거나에 관계없이, 그것은 우리가 다른 사람을 대하는 방식에 영향을 주고 실제로 우리가 하는 모든 일에 영향을 미칩니다. 저는 그런 감정들이 아무리 중요한 것이든 환경적 요인으로나 선천적 요인으로만 우리 안에서 만들어진다고 믿지 않습니다. 한 가족이 비슷한 상황에 처해도 구성원 각자는 매우 다른 방식으로 반응합니다. 우리 감정은 경험에 대한 의식적인 반응이면서도, 스스로 만들어져 성격상의 어떤 중요한 면을 보여줍니다.

그날 저는 마치 아무런 감정도 성격도 없는 사람 같았습니다. 저는 움직이려 애쓰는 피부와 뼈와 뇌와 혈관이었습니다. 낯선 팔다리와 함께 얼어붙은 얼굴에서 입술은 천천히 움직였고, 속으로는 계속 '이건 미친 짓이야, 미친 짓이야'라고 생각했습니다. 조지의 어머니와 여동생은 응급실에서 이언, 에이미 그리고 저를 기다리고 있었습니다. 우리는 지난주에 만났을 때와 다른 게 없어 보였지만, 모두 조금 더 로봇 같은 상태로 딱딱한 의자와 천장에 텔레비전이 달린 방 주위에서 앉거나 서 있거나 걷거나 서성거렸습니다. 저는 부드러운 둥근 얼굴에 머리가 희끗한 조지의 어머니를 차마 쳐다볼 수 없었습니다. 조지와 똑같은, 따뜻한 푸른 눈을 가진 이 예순두 살의 자상한 부인. 만약 제가 그분을 쳐다봤다면 고통을 봤을 것입니다. 아이를 갖지 못할 수도 있다고 들었던 여자의 첫아이, 조지가 기적이자 하느님이 주신 선물이었던 여성의 고통.

저에게 감정이란 모든 살아 있는 존재를 둘러싼 선명한 분위기로, 객관적으로 감지할 수 있다는 점에서 '현실'이었습니다. 우리가 감정을 느낄 때마다, 감정의 영역에서는 약하든 강하든 에너지가 나오고, 이것이 독특한 진동과 색감을 만들어 그 감정만의 '발자국'을 만듭니

우리는 저마다의 속도로 슬픔을 통과한다

다. 저는 그 방에서 감정을 '볼' 수 있었습니다.

조지는 뇌사 상태였습니다. 의사는 심한 뇌동맥류라고 진단했습니다. 그는 죽은 듯하면서도 마치 잠든 사람 같았는데, 기계가 그의 폐를 움직이고 심장을 뛰게 했으며 얼굴 혈색도 좋았습니다. 저는 이언에게 아빠의 손을 잡고 작별 인사를 하라고 했습니다. 아이는 용감했습니다. 해냈어요. 아이는 울면서 "잘 가요, 아빠. 사랑해요"라고 말했습니다. 에이미 역시 그와 인사를 나누었습니다. 조지는 바로 지난주, 만삭인 배에 손을 얹고 축하 인사를 전하고자 에이미의 새 아파트에 들렀었죠.

조지의 아내는 저 역시 그와 따로 시간을 갖도록 배려해주었습니다. 저는 코마 상태의 사람도 '들을 수' 있다고 믿었기에 조지한테 "우리 아들과 에이미에게 보여준 사랑에 감사해요. 우리가 함께 보냈던 시간들에도 감사해요"라고 말했습니다. 그가 귀로는 못 들어도 영혼으로 제 말을 들었다고 생각했죠. 천사가 되어 우리 아들의 삶을 돌봐달라고 부탁했습니다. 가족들이 침상을 둘러싸며 손을 잡고 기도할 때, 병원 직원은 기계의 연결선들을 떼기 시작했습니다.

이야기가 지닌 치유의 힘을 믿기 때문에 이 이야기를 털어놓습니다. 치료사이자 워크숍 리더로서, 저는 사람들이 자신의 이야기를 하도록 돕는 것이 가치 있다는 점을 알게 되었습니다. 제가 들은 상실에 대한 이야기들은 온갖 자국만큼이나 다양해서, 하나의 이야기는 다른 것과 조금씩 차이가 있습니다. 그런데도 지금껏, 제가 진행했던 최근의 워크숍에서 역시, 참석자들은 즉각적이고도 심오하게 서로 공유하고 연결되었습니다. 상실의 과정에서 어느 지점에 있든 간에, 연결되어 서로의 고통을 인식할 때 우리는 서로를 지지할 수 있습니다. 공동체 의식과 수용은 우리의 영적, 정서적 치유에 있어 필수입니다.

불교인류학자이자 심층심리학자인 조앤 핼리팩스는 『풍요로운 어둠The Fruitful Darkness』에서 집단적·개인적 이야기를 되돌아보며 "이야기란 면역계와 마찬가지로 몸과 마음을 약하게 하는 소외감의 공격으로부터 우리를 지켜주는 보호자다. (…) 이들은 문화와 천성, 자신과 타인, 삶과 죽음, 세계를 하나로 묶는 결합조직이며, 말을 함으로써 영혼은 빠르게 살아난다"고 했습니다.

고전으로 꼽힐 만한 『손을 뻗다Reaching Out』에서 헨리 나우언은 우리의 이야기를 두고 "말하기 어려우며, 실망과 좌절감, 일탈과 침체로 가득할 수 있다. (…) 이것은 우리가 가진 유일한 이야기이며, 과거가 고백되지 않고 받아들여지지 않은 채 오해로 남아 있는 한 미래의 희망은 없을 것이다"라고 했습니다.

이 책의 이야기와 정보가 애도의 강을 건너고 슬픔의 숲을 지나는 길을 찾아 애쓰는 동안 당신에게서 혼자라는 느낌을 덜어주길 바랍니다. 그 어려운 시간 동안 우리가 당신의 지원군이자 온전한 마음의 기준이 될 수 있기를 바랍니다.

브룩의 이야기

삶과 죽음에 대한 제 생각을 영원히 바꿔놓았던 때는 10월의 어느 날이었습니다. 그날 저는 아버지 같은 존재이며 친구이자 생명줄이었던 오빠를 잃었습니다.

그날은 위스콘신의 여느 10월답지 않게 더웠습니다. 그달에만 네

우리는 저마다의 속도로 슬픔을 통과한다

번이나 온도계 수치가 화씨 70도(섭씨 21도) 가까이 올라갔습니다. 그런 날씨라면 위스콘신 사람들은 건물 안에 머물지 않습니다. 남편과 딸, 저는 밀워키 근교, 집에서 북쪽으로 한 시간 거리인 매니터웍으로 여행을 떠났습니다. 매니터웍에는 처음 가보는 해양박물관이 있었습니다. 잠수함이 유명했고, 투어도 진행했죠. 오후에 우리는 거리를 걸으며 가게들을 구경하고 투어를 하고, 만 두 살 반이 된 딸에게 미 해군잠수함U.S.S. Cobia이라고 쓰인 파란색 모자를 사주었습니다. 딸은 그 모자를 쓰고 포즈를 취하고, 행복이 가득한 미소를 지었습니다.

우리는 오후 5시쯤 매니터웍을 떠나 집으로 향했습니다. 가까운 친구가 여행을 와서 6시쯤 저녁을 같이 먹을 예정이었거든요. 저는 운전을 하면서 시계를 흘끗 보고는 약속 시간에 몇 분 늦겠다고 생각했습니다. 친구가 식당을 골라 연락할 예정이었고 곧 그녀를 만날 참이었습니다.

우리는 6시를 조금 넘겨 도착했습니다. 이웃인 케빈과 메리앤이 밖에서 바비큐를 굽고 있기에 저는 잠시 멈춰 그들에게 인사했고, 딸 서맨사는 새로 산 모자를 그들에게 자랑했습니다. 저는 곧 자리를 떠야 한다며 양해를 구하고 친구 세라가 골라놓은 레스토랑 메시지를 확인하기 위해 얼른 집에 들어갔습니다. 네 개의 메시지가 들어와 있다는 붉은색 글자가 떴습니다. 재생 버튼을 눌렀습니다. 첫 번째는 엄마의 메시지였습니다. 다섯 마디의 간단한 말, "브룩, 빨리 나한테 전화해줘". 두 번째는 식당 이름을 남긴 세라의 메시지였습니다. 세 번째는 다시 엄마였는데 목소리가 잠겨 무슨 말인지 알아듣기 어려웠습니다. "브룩, 나에게 꼭 전화해야 한다. 끔찍한 사고가 있었어." 저는 순간 멈춤 버튼을 누르고 엄마에게 전화를 걸었습니다.

오빠와 엄마는 제가 자랐던 도시에서 계속 살고 있었습니다. 그곳은 제가 거주하던 밀워키에서 다섯 시간쯤 북쪽에 위치한 매니토위시워터스라는 작은 휴양 도시로, 두 사람은 그곳에서 단출한 삶을 꾸리고 있었습니다. 일하고, 스키 타고, 숲을 즐기고, 호수를 보고, 그린베이 패커스의 경기를 보고, 드넓은 자연을 즐겼습니다. 외부인들은 그곳에서 휴가를 보내곤 했습니다. 북쪽 숲은 '하느님의 나라'라 불렸고 그곳에서의 생활은 충만하고 즐거웠습니다.

엄마는 첫 신호음이 울리자마자 전화를 받았습니다. 아직도 그날 우리의 목소리와 손님방 입구 바로 아래 서 있던 제 모습이 생생합니다. "엄마, 나예요. 무슨 일이에요?" 저는 의아해하며 물었고, 수화기로 전해진 두 마디의 대답에 전혀 준비가 되어 있지 않았습니다.

"케일럽이 죽었어."

순간 무릎이 꺾여 바닥에 주저앉으며 저는 "아니야"라고 소리쳤고, 온갖 의문과 불신에 사로잡혔습니다. 어떻게 된 거냐고 물었지만 답을 들을 수 없었습니다. 저는 무선 전화기를 귀에 댄 채 손님방 침대로 기어올라가 단단한 공처럼 몸을 웅크렸습니다. 딸이 뒤에서 다가와 등을 가볍게 토닥였습니다. "괜찮아요, 엄마"라는 천진난만한 두 살 아이의 목소리가 들렸습니다. "괜찮아요, 엄마." 남편 앤디는 아이를 방에서 데리고 나갔고, 저는 엄마의 두 마디를 내뱉었습니다. 케일럽이 죽었어.

엄마는 아직 수화기 저편에서 말을 하며 울고 있었고 저는 그 말을 알아들을 수가 없었습니다. 단 하나의 문장만이 기억납니다. "브룩,

거기 앤디 있니? 전화 끊고 다시 전화해라. 앤디보고 전화하라고 해주렴." 저는 여전히 고통에 몸부림치며 갑자기 폐소공포증에 빠지게 된 불쾌한 현실에서 도망치길 필사적으로 바라면서 전화기를 침대에 내려놓았습니다. 일어나 거실로 갔습니다. 집에서 달려 나가기 전, 잠시 딸과 앤디를 바라봤습니다. 그 뒤로는 모든 기억이 희미하기 때문에 다른 사람들로부터 들은 이야기를 모았습니다.

저는 이웃 메리앤의 부엌으로 들어가 그녀의 팔에 쓰러져 비보를 전했습니다. 메리는 재빨리 저를 밖으로 데리고 나가 감싸안았습니다. 그녀는 저를 나무 계단에 앉히고 시멘트 바닥을 쳐다보는 제게 속삭였습니다. "당신은 쇼크 상태예요. 숨을 쉬어요, 말하지 말고." 제 손과 온몸이 심하게 떨리고 있었던 게 기억납니다. "내 손 좀 봐요." 전 웅얼거렸습니다. "내 손에 무슨 일이 일어난 거예요?" 마음과 따로 노는 왼손과 오른손을 번갈아 봤습니다. 그녀의 말은 저를 다른 세계로부터 가라앉혀주었습니다. "당신은 쇼크 상태예요. 숨을 쉬어요, 말하지 말고."

메리앤의 남편인 케빈이 우리 집에서 서맨사를 데리고 가서 자기 가족과 함께 저녁을 먹었습니다. 서맨사가 집으로 돌아갈 때, 메리앤은 저도 집에 데려다주며 엄마한테 연락을 해주었습니다.

자세한 내막이 알려졌습니다. 케일럽과 그의 충실한 반려견 리트리버 삼손은 습지에서 오리 사냥을 즐겼습니다. 그들은 오리가 제일 잘 잡힐 거라고 생각한 장소로 20여 분간 보트를 몰아 갔습니다. 공식 개장 시간을 기다리는 사이, 케일럽은 거위 몇 마리가 머리 위로 날아가는 것을 보고 있었습니다. 그 순간 말벌이 그의 눈썹 바로 위를 찔렸습니다. 몇 분 만에 케일럽은 의식을 잃었습니다. 정신없이 물가로 되돌아가는 동안 친구들이 심폐소생술을 했죠. 보트에 탈 수 없었던 그의 충견은 습지를 헤엄쳐 건너며 주인의 곁을 지켰습니다. 친구들은 트럭에서 휴대전화로 구급대를 불렀습니다. 현지 구급요원이 도착했고, 뒤이어 25킬로미터 떨어진 병원에서 파견된 특수 구조대가 그를 맡았습니다.

친구들과 구급요원, 의료진의 노력에도 불구하고 케일럽은 에피네프린_{심장 박동 수와 혈압을 상승시키는 효과가 있어 아나필락시스 쇼크에 응급 의료 처치로 사용됨}이나 다른 어떤 약에도 반응하지 않았습니다. 엄마는 그가 벌에 쏘여 위중하고 극심한 과민성 쇼크를 일으킨 것이라고 들었습니다. 케일럽은 전에도 벌에 쏘인 적이 있었지만 가벼운 반응에 그쳤습니다. 우리도 그도 벌 알레르기에 대해서는 전혀 알지 못했습니다.

오빠는 크고 건장한 청년이었습니다. 자신이 세운 인쇄소를 성공적으로 운영하던 중이었고, 워낙 건장한 데다 운동 체질이어서 국제 맨발 수상스키 대회에서 우승을 거머쥐기도 했죠. 90킬로그램이 넘는 이 멋진 스물일곱 살 청년의 생명을, 어느 날 1인치도 안 되는 벌이 앗아갔음을 우리는 받아들여야 했습니다. 우리 모두가 그것을 이해하려 여전히 애를 쓰고 있는 듯합니다. 끝내 완벽하게 이해할 수는 없겠지만, 저마다 극복할 방법을 찾아나가는 것이, 우리 삶에 영향을 준 이 귀중한 사람을 기릴 수 있는 최고의 헌사일 것입니다.

케일럽이 죽었을 때, 제게는 손을 잡아주고 제가 느끼는 바를 이해해줄 누군가가 필요했습니다. 저는 자조 모임에 나갈 준비가 돼 있지 않았고, 원하는 것이라곤 오직 세상으로부터 숨어 침대에 웅크려 있는 저에게 언젠가 모든 게 괜찮아질 거라고 타일러줄 무엇 혹은 누군가였습니다. 저는 관련 책들을 찾아 서점을 돌아다녔지만, 갑작스러운 죽음에 대비시켜주는 내용은 거의 찾기 힘들었습니다. 다른 책들은 이런 죽음에 직면해야 하는 특수한 상황을 이해하지 못했습니다. 결국 저는 포기했습니다.

시간이 지날수록 저는 제가 견뎌낸 것에 대해 더 많이 배웠고, 삶을 지속하기 위해 무엇을 더 견뎌야 하는지 알아갔습니다. 다른 사람들, 최근 몇 년 사이 비극적으로 누군가를 잃고 상실을 겪은 사람들과 이야기를 나누었으며, 많은 사람이 제가 찾아 헤매던 것과 비슷한 가이드라인을 찾고 있음을 알게 되었습니다. 이 사람들을 마음에 담으며, 제게도 있었다면 좋았을 책을 만들기로 결심했습니다. 저는 『편부모 자원The Single Parent Resource』이란 책을 작업하던 중 공동 저자로 합류하게 된 패멀라를 만났습니다. 서로 3200킬로미터나 떨어진 곳에 살고 있었지만 우리 둘 사이에는 즉각적인 친밀감이 생겨났습니다. 이 책을 쓰기로 결심했을 때, 그녀에게 전화해서 책을 같이 쓰는 게 어떻겠냐고 물어봐야겠다는 생각이 들었습니다. 당시로서는 패멀라 역시 삶에서 갑작스러운 상실을 경험했다는 것을 몰랐기 때문에, 운명이 그 전화를 하도록 이끈 것이 분명합니다.

우리는 당신에게 그 어떤 즉각적인 해결책도 제시해줄 수 없습니다. 우리는 애도로부터의 회복을 정확하게 정돈된 과정이나 단계로 나눈 깔끔한 개요서도 줄 수 없습니다. 반년 뒤에는 당신이 원래의 가지런한 세상으로 돌아갈 거라고 말해줄 수도 없죠. 그런 공허한 약속을 하기에는 너무 많은 것을 봐왔으니까요. 우리가 약속할 수 있는 것은, 당신의 손을 잡고 이 생소한 미로 속에서 당신을 안내하고자 최선을 다할 것이라는 점입니다.

다시 찾아온 갑작스러운 상실
브룩의 이야기, 2005년 2월

그날은 여느 때와 같은 일요일 아침이었습니다. 위스콘신의 날씨는 쌀쌀하고 불안정했지만 저는 딸, 남편과 함께 따뜻하고 편안한 집에 머물고 있었습니다. 그때 갑자기 걸려온 전화벨 소리가 우리 가족의 오붓한 시간을 깨뜨렸습니다. 다른 사람이라면 벨 소리가 여느 때와 똑같았다고 하겠지만, 저한테는 복도를 가로지르는 울림으로, 경고음으로 들렸습니다. 당시 61세였던 제 아버지는 트리니다드섬을 지나는 여행 중에 병원에 가게 되었습니다. 그리고 겨우 3주 만에 진행성 대장암을 진단받고, 미국으로 다시 모셔올 새도 없이 세상을 떠났습니다.

지금은 애도에 대해 전문가가 되었다고 하더라도, 제 앞에 놓인 길은 여전히 생소합니다. 아빠와 오빠를 처음 잃었던 그때보다 오히려 더 애도하고 있는 자신을 발견합니다. 저는 이 미로를 통해 새롭고도 오래된 애도를 헤쳐나가며 그동안 함께한 배움의 목록을 간직했습니다. 이 목록이 당신의 여정에서 위안을 주길 바라며 여기에 공유합니다.

- 나는 때로 '모른다는 것'이 내가 유일하게 아는 것임을 배웠다.
- 나는 때로 모든 것을 잊고 열 시간이든 스무 시간이든 자도 괜찮다는 것을 배웠다.
- 나는 스스로에 대해 아직 배울 점이 많다는 것을 배웠다.

우리는 저마다의 속도로 슬픔을 통과한다

- 나는 우리가 밖에서 찾으려던 대답을 때로는 오직 우리 내면에서만 찾을 수 있다는 것을 배웠다.
- 나는 숨이 찰 때까지 뭐든지 닥치는 대로 불평할 순 있지만 '대체 왜 나야?'라는 질문을 멈추고 '이것으로 무엇을 할 것인가?'를 묻기 시작하면 스스로에게 힘을 실어줄 수 있다는 것을 배웠다.
- 나는 무가치해 보이는 순간이라도, 바로 '지금'처럼 소중한 때는 없다는 것을 배웠다.
- 나는 내일 '더 열심히' '더 많이' '더 건강하게' '더 많은 시간을 함께' 살거나 일한다고 해서 오늘을 보상받을 수 없다는 것을 배웠다.
- 나는 그날이 무엇을 가져다줄지는 결코 미리 알 수 없지만, 그날이 다가왔을 때 그것을 아는 일은 오직 나 자신에게 달려 있다는 것을 배웠다.
- 나는 매 순간의 가치를 다시 배웠다.

2장

첫 몇 주간을 위한 메모

사람들은 날 위해 전화를 받아줬어요.
그리고 나를 위해 음식을 해주고
날 이해해주었어요.
내가 나를 돌보지 않을 때
가장 가까운 친구들이 날 돌봐주었습니다.

웬디 페이에레이슨

이 순간, 비극적으로 누군가를 잃은 직후 이야기를 나눌 수 있는 사람은 거의 없습니다. 선물처럼 줄 수 있는 것이라면 좋으련만, 당신에게 평화를 가져다줄 단어들을 찾을 수 없네요. 이제 우리는 당신이 길을 찾는 데 도움이 될 모든 것을 주겠노라고 약속합니다. 우리는 안개, 혼돈, 그리고 심장을 틀어쥔 고통 속에서 길을 찾는 일을 도울 겁니다.

첫 몇 주 동안은 무엇을 해야 할지, 어디로 가야 할지, 또는 앞으로 어떤 일들이 예상되는지 생각하지 말아야 합니다. 지금 당장은, 그저 이 장의 가이드라인을 따르길 바랍니다. 극복하고, 이해하고, 앞으로 나아갈 시간은 나중에 올 거예요. 지금 당장은 당신 자신만 챙겨야 합니다.

집중 치료 중인 사람처럼 스스로를 대하세요

당신은 인간이 견딜 수 있는 가장 극한의 재난 상황에 처해 있습니다. 당신이 신체적·정신적으로 정면에서 맞닥뜨린 이 상황은 당신을 취약하고 탈진된 연약한 상태로 만들 것입니다. 나와 내가 챙겨야 할 가족에게만 집중하는 게 중요합니다. 처음 몇 주 동안은 당신의 필요를 충족시킬 방법부터 찾아야 합니다.

우리는 저마다의 속도로 슬픔을 통과한다

첫 일주일이 지나면 기절할 것만 같고 압도되는 느낌이 들 것입니다. 멍해지거나 신경질적으로 변할 수도 있습니다. 감정 시스템은 꺼진 상태로, 상실에 의한 충격으로부터 당신을 일시적으로 차단할 것입니다. 당신은 마지못해 움직이는 시늉을 하고 있을 겁니다. 때로는 스스로 잘 이겨나가고 있다고 여길 수도 있습니다.

바버라 D. 로소프는 『최악의 상실The Worst Loss』에서 말했습니다. "충격에 빠지면 잘 움직이거나 말할 수 없을 수 있다. 사람들은 생각이라는 걸 할 수 없었다고들 한다. 쇼크 반응 또한 극적이고 강렬할 수 있다. 당신은 비명을 지르거나 방에서 뛰쳐나가거나 소식을 전한 사람에게 달려들었을지도 모른다. 이 모든 행동은, 아직 다룰 수 있는 방법을 찾지 못한 현실로부터 스스로 거리를 두거나 감정 시스템을 차단하기 위한 수단이다. 나중에 돌이켜보면 당신의 행동이 이상하고 너무 당신 같지 않아 보일 수도 있다. 당신의 온 세상이 발아래서 무너져 내렸다고 생각해보라. 당신은 자유낙하 상태였고, 당신의 첫 행동은 어떻게든 낙하를 멈출 방법을 찾아내는 것이다."

장례식이 끝나고 친척과 친구들이 집으로 돌아가면 충격은 옅어지기 시작합니다. 충격에 휩싸여 있는 동안은 집을 팔거나 물건을 버리는 일을 비롯해 앞으로 당신의 생활에 영향을 남길 만한 결정은 하지 않는 게 중요합니다.

정신이 산만해질 것에 대비하세요

첫 몇 주간, 당신의 마음은 마구 내달리는 여러 생각과 낯선 감정으로 가득 찰 것입니다. 이 시기에는 많은 사람이 간단한 일조차 어려워합니다. 열쇠를 잃어버리고, 운전하는 동안 자신이 어디에 있는지 잊어버리며 반응하는 시간도 오래 걸린다는 게 일반적인 보고입니다. 정신적·신체적으로 해결하려는 모든 일에서 산만해지는 게 보통입니다. 특별히 주의를 기울이세요. 이런 증상들이 위험 요인이 될 수 있는 운전이나 그 외 활동은 삼가야 합니다.

누군가를 가까이에 두세요

가능하면 첫 1~2주간 당신 옆에 있어줄 가까운 친구를 부르세요. 그가 당신이 결정하는 것을 돕고 당신의 공포나 걱정을 들으며 기댈 수 있는 상대가 되도록 하세요. 그에게도 이 책을 한 권 전해주세요. 나중에 당신이 애도 과정을 거칠 때, 당신 옆에서 당신이 말하는 것을 전적으로 이해하는 사람이 있다는 것은 큰 도움이 됩니다.

친구들의 도움을 받으세요

상실 후 첫 몇 주간은 에너지가 바닥나 도움을 청하는 것조차 힘겨워집니다. 이 장 말미에 당신의 가장 가까운 친구와 친척 들에게 필요한 만큼 복사해서 나누어줄 수 있는 유인물이 있습니다. 망설여질지 모르겠지만, 부탁하건대 그들에게 나누어주세요. 당장은 필요하지 않다고 느낄지 몰라도 그들은 절대적으로 필요한 존재입니다. 브룩은 우정에 관한 이야기를 들려주었습니다.

"오빠를 잃었을 때 친구 세라가 제 닻이었습니다. 그날 저녁 그녀에게 와달라고 하지도 않았고 지금 와봤자 도움도 안 된다고 말했음에도, 소식을 듣자마자 그녀는 제게 달려왔습니다. 그러곤 그저 제 옆에

우리는 저마다의 속도로 슬픔을 통과한다

앉아 있다가, 위층으로 올라가 앞으로 필요해질 제 짐을 쌌습니다. 그녀는 제가 필요로 할 때 저를 안아주고, 제가 혼자 있어야 할 때는 다른 방에 있어주었습니다. 그녀의 따뜻한 존재감을 생각하면 지금까지도 눈물이 고일 정도입니다. 그것은 그동안 제가 잘 알지 못했던 사랑과 보살핌의 연장선이었죠."

브룩처럼 당신이 애도에 깊이 빠져 도움조차 요청할 수 없는 상태라면, 친구들에게 그냥 이 책을 주고 몇 페이지 읽어보게 함으로써 당신이 무엇을 필요로 하며 그들이 당신을 어떻게 도울 수 있는지를 알려주세요. 친구들은 돕고 싶지만 뭘 어떻게 해야 하는지 아는 게 거의 없습니다. 친구들의 손을 잡고 있을 때 애도의 흐름이 좀더 견딜 만해집니다. 손을 뻗으세요.

아래의 두 글에는 슬픔을 마주한 이들이 주변 사람들로부터 필요로 하는 것이 아름답게 요약되어 있습니다.

"당신과 함께 울겠어요"
그녀가 속삭이네
"우리 눈물이 마를 때까지
영원히라도
우리는 함께 울 거예요"
단순한……
연결의 약속이 있었네
다정한
애도와 희망의 동맹은

우리의 헤어짐과

앞으로 다시 할 함께함을

축복해주네

– 몰리 푸미아, 「안전한 통로Safe Passage」

필요한 것: 내가 누구인가를 깊이 깨닫고 애도하게 할 만큼 현명하며 강하고 깊이 있는 사람, 그리고 내 고통을 듣고도 도망가지 않을 만큼 강한 사람.

태양이 다시 떠오를 거라고 믿으면서도 내 어두움을 두려워하지 않을 누군가. 내가 가는 길 위에 놓인 바위를 알려주면서도 날 아이처럼 여기지 않을 누군가. 천둥 속에 서서 번개를 보면서도 무지개를 믿는 누군가.

– 조 머호니 신부, 「경찰 생존자 소식지의 관심사Concerns of Police Survivors Newsletter」(이 글은 애도에 관한 아름다운 저서 『영원히 기억되리Forever Remembered』(Compendium Publishing, 1997)에서 재인용되었다.)

아이들을 돌보는 데 있어 도움을 받으세요

당신에게 어린아이들이 있다면, 친구와 친척에게 아이들을 돌봐달라고 연락하세요. 어떤 아이들은 분리로 인해 더 큰 충격을 받기도 하므로, 당신이 아이들을 돌볼 때 특정 부분을 도와주며 함께 지낼 이를 두는 것도 고려해봐야 합니다. 타인을 돕고 배려하는 것은 인간의 본능이지만, 이 어려운 시기에는 당신에게 타인을 돌볼 에너지가 거의 없다는 것을 이해해야 합니다. 주변 사람을 돕고 싶은 마음이 들더라도, 우리에겐 힘이 없습니다. 우리에게는 스스로의 슬픔에 마음을 쏟는 것만이 가능할 뿐입니다.

전화를 받고 이메일을 관리할 사람을 두세요

고인이 직계가족이라면, 당신은 많은 전화와 방문객, 연락을 받게 됩니다. 이런 방문객을 맞이하고, 이메일과 전화를 받아줄 친구를 부르세요. 전화를 건 대다수의 사람은 가족과 직접 통화하기를 원하는 게 아니라 그저 그들의 애도를 표현하려는 것입니다. 전화를 걸어온 사람의 이름과 메시지의 기록을 담당할 사람을 두세요.

최종 진행을 위한 도우미를 찾으세요

전화와 이메일에 답할 도우미 외에, 가장 믿을 만한 친구로 하여금 당신이 최종적으로 결정해야 할 사항들의 진행을 돕도록 하세요. 당신은 장례식을 계획하거나 보험회사와 연락하고 재산을 정리해야 할 사람일 수도 있습니다. 당신이 어느 정도 이런 일에 참여하거나 해야만 할 때, 전화를 받아주고 장례식장을 방문해 정보를 찾고, 당신이 최종 선택을 하도록 도울 누군가를 찾는 일은 매우 중요합니다. 상실 직후에는 판단력이 흐려질 수 있기 때문에 믿을 만한 친구가 의사 결정에서 조언자 역할을 할 수 있습니다. 이 책 부록에 당신과 도우미에게 이 과정을 안내하는 참고 내용이 있습니다.

사람들의 연락을 걱정하지 마세요

처음 며칠 동안 가까운 가족과 친구들로부터 첫 전화를 받게 될 것입니다. 이후 개인적으로 받을 전화의 횟수를 제한하세요. 이 순간 당신에게는 전화를 받을 에너지나 의지가 없을 것입니다. 부록에 신뢰하는 친구에게 줄 참고 자료가 있습니다. 그들에게 필요한 전화와 준비 과정이 안내되어 있죠. 또 친구가 고인의 주소록을 연락처로 사용하도록 하게 할 수도 있습니다.

당신의 몸이 이끄는 대로 하세요

애도는 우리 모두에게 각각 다른 영향을 미칩니다. 어떤 사람은 매우 활동적이고 바쁘게 지내지만, 어떤 사람은 무기력하거나 마치 혼수상태에 빠진 것처럼 지냅니다. 당신의 몸이 이끄는 대로 하세요. 만약 울고 싶다면 우세요. 배가 고프다면 먹고요. 어떤 식으로 행동해야 한다고 생각하지 마세요. 지금 당장 해야 '만' 할 일이란 없고, 그저 몸이 이끄는 대로 따라갑니다.

　주의할 점: 비극적으로 누군가를 잃은 충격속에서, 약물의 도움을 받는 것은 드문 일이 아닙니다. 여기서의 약물은 전문 의료인의 자문을 받은 약물 치료가 아닌, 불법적이거나 전문가의 처방을 받지 않은 약물을 말한다. 수면 보조제 같은 사소한 것부터, 다량의 술처럼 중대한 경우까지 있을 수 있습니다. 이런 충동에는 저항하십시오. 슬픔을 극복하는 데 도움이 안 됩니다. 애도하는 와중에 약물을 사용하는 일은 애도를 뒤로 늦추는 행위일 뿐입니다.

종교적인 전통들

당신의 배우자나 사랑했던 사람이 당신에겐 익숙하지 않았던 종교를 가지고 있었다면, 이런 종교의식이 불편하게 느껴질 수도 있습니다. 죽음과 매장에 대한 종교의식은 가족과 친구들에게 혼란과 불안을 불러일으킬 수 있죠.

예를 들어 마저리는 며칠 동안 장례식을 치를 때 화장을 선호하는 집안에서 자랐습니다. 마저리는 양육권을 가진 보호자로서 아들을 정기적으로 주일학교에 데려갔습니다. 어린 아들이 예상치 못하게 세상을 떠났을 때, 독실한 유대교 신자였던 마저리의 전남편은 그녀의 계획에 강하게 반대했습니다. 유대인들은 24시간 내에 고인을 매장하는 반면, 화장은 시신을 가장 존엄하지 못한 방식으로 처리하는 방법이라 믿기 때문입니다. 또 장례 직후에는 가장 가까운 친척들과 이레간 '시바sit shiva, 유대의 전통 장례의식'를 지냅니다.

이런 비극적인 시기에는 고인과 가족 모두의 전통을 배려하고 이해하는 일이 매우 중요합니다. 망자를 기리기 위해 남겨진 사람들은 절충안을 찾아야 합니다. 마저리는 외가 쪽 가족 대부분이 아들의 삶에 관여하지 않았고, 전남편의 가족이 더 가까웠기 때문에 아들을 화장하는 대신 묻기로 결정했습니다. 그리고 전남편은 그녀가 계획했던 기독교식의 장례 일정에 함께하기로 했습니다.

만약 당신이나 가족, 또는 사랑했던 사람에게 어떤 방식이 최선일지 결정하기 어렵다면 목회자, 가족 중재자 또는 치료사와 상담해보세요. 사람마다 원하는 게 다를 수 있음을 염두에 두세요. 오빠가 사망했을 때, 브룩과 그녀의 어머니는 격식을 허물고 친한 친구들과 함께 고인과 대면하는 형태를 선택했습니다. 케일럽의 친구 상당수는 여기에 참석하지 않았습니다. 그들은 자신들이 과거에 만났던 케일럽의 모습 그대로 그를 기억하고 싶어했습니다. 다른 사람들은 고인을 대면하는 시간이 도움이 됐다고 했습니다. 애도에 대한 옳고 그른 방식이란 없으며, 각자의 요구를 열린 태도로 존중하는 것이 중요할 따름입니다.

유언장과 집행

오랜 시간 죽음을 준비했던 사람들은 대개 유언장을 마련하고 원하는 방식의 장례식이나 매장 절차 등을 주변에 알리는 반면, 갑작스레 세상을 뜬 사람들은 대부분 친구나 가족과 이런 이야기를 나눈 바가 없습니다. 이럴 경우 고인이 무엇을 원했을지를 추측하며 그 과정을 준비해야 하므로 남은 자들은 더 큰 부담감을 갖게 됩니다. 더욱이 감정적·신체적 상태가 저하되어 있다면 이런 결정은 더 어려워집니다. 고인과 가까웠던 친구들과 상의하는 것도 도움이 될 수 있습니다. 브룩과 그녀의 어머니는 어떤 식으로 진행할지가 고민될 때, 서로 의논한 다음 케일럽의 친구들에게 의견과 생각을 물었습니다. 다른 사람들의 도움으로 그를 기리는 자리를 만드는 것이, 고인이 스스로 기억되기를 바라는 바로 그 방식이었을 것이라고 생각했습니다. 친구들의 노력으로 결정이 이뤄졌기 때문에, 모두의 마음이 편안했습니다.

문화적 차이

이 책에서는 사망과 애도에 대한 특정 문화 간의 차이는 다루지 않습니다. 여기서 우리가 다룰 것은, 이러한 차이를 잘 고려해야 한다는 점입니다. 다양한 인종과 문화가 있고, 삶의 의미와 목적, 사후세계에 대해서는 전 세계에 다양한 믿음이 존재합니다. 특정 문화는 개인의 죽음이 지니는 의미와 사랑하는 사람의 죽음에 대한 감정적 반응에도 영향을 줍니다. 어떤 사람들은 고인(또는 그들의 영혼)이 사후에도 살아 있다고 믿으면서 상실의 아픔을 이겨냅니다. 다른 사람들은 그들이 더 나은 삶으로 다시 태어날 것이라 믿습니다. 어떤 문화에서는 고인이 자기 가족을 사후에도 보살펴준다고 믿기에, 고인의 사고방식이 사별한 가족의 삶에 직접적으로 영향을 미치기도 합니다.

모든 문화에는 유족의 애도를 돕는 그들만의 의식과 풍습이 있습니다. 의식은 문화적으로 애도를 표현할 방식을 제공하며, 지역사회 구성원들이 유족을 지원할 기회를 줍니다. 갑작스러운 죽음은 엄청난 혼돈과 혼란을 일으킬 수 있습니다. 문화적인 의식은 유족과 지역사회에 예측 가능성을 줍니다. 우리는 다음과 같은 문화적 관습과 의식을 신중하게 고려해야 합니다.

- 사망 전후에 진행되어야 하는 의식.
- 사망 후 시신을 대하는 방법: 누가 어떻게 시신을 씻기고 습의를 입힐지, 매장이나 화장 여부.
- 애도를 조용히 사적으로 할지 또는 큰 소리의 개방된 형식(통곡, 장송곡, 울부짖음)으로 할지.
- 고인의 성별이나 연령에 따라 다르게 기대되는 애도 방식.
- 치러야 할 행사와 의식, 참여해야 할 구성원(예컨대 아이들, 동네 주민, 친구들 등).
- 가족이 어떻게 애도할 것으로 예상되는지: 무엇을 입고 어떻게

행동할지.

- 남은 가족의 새로운 역할 설정: 고인의 아내가 재혼할 것으로 예상되는지, 또는 맏아들이 가족의 새 가장이 될지.

의식이나 풍습이 예상대로 이뤄지지 않으면 애도 과정을 방해하여 상실감이 해결되지 않을 수 있습니다. 친숙한 의식과 풍습은 안정감과 안전감을 줍니다. 다른 문화권의 관습과 애도 과정에 대해 알아보려면 비슷한 문화적 배경을 가진 사람과 이야기를 나누거나 관련 책을 찾아 읽거나 인터넷을 검색해보세요.

업무 복귀

당신은 상황과 직장 규정에 따라 1~2주간 또는 며칠간 휴가를 갖게 됩니다. 복귀 전 가능한 선택지들을 찾아보길 바랍니다. 4~6주간 쉬어도 될 정도의 저축액이나 자원이 있다면 그것을 쓸 수도 있습니다. 만약 그러기 어렵다면 상사와 당신이 처한 상황에 대해 상의해보세요.

일터로 복귀하기 전 고용주와 미팅이나 점심을 같이하는 시간을 갖기를 강력히 권유합니다. 어떤 형태로든 몇 주간 파트타임이나 짧은 근무일 형태로 근무할 수 있을지 물어보세요. 방법이 없다면 그들의 지지나 이해를 구하는 게 좋습니다. 상사에게 현재 에너지가 바닥났고, 굉장히 감정적인 상태에 처해 있음을 알리세요. 그들에게 인내심과 관용을 구하길 바랍니다. 일을 피하려는 핑계가 아니며, 애도 중에 어떻게 지내야 할지 배우면서 약간의 여유를 가질 필요가 있음을 알리세요. 상사 대부분은 당신이 겪고 있는 일을 이해하면 상황을 받

우리는 저마다의 속도로 슬픔을 통과한다

아들일 것입니다. 동료들에게는 당신이 지원을 조금 더 필요로 할 수 있다는 것을 알리세요. 많은 사람이 '전처럼' 당신을 대해야 할지, 아니면 어떤 특정한 일에 대해 주의를 기울여야 할지 잘 알지 못합니다. 당신이 어떻게 대우받기를 원하는지는 오직 당신만이 알고 있습니다. 마음속으로만 생각하지 마세요. 이 시기에 당신에게 필요한 것들을 알려준다면, 많은 사람이 기회가 닿는 대로 당신 곁에서 도우려 할 것입니다.

어떤 회사에는 애도를 위한 경조 휴가 제도가 있습니다. 회사에 인사팀이 있다면 이런 제도를 이용할 수 있는지 알아보세요.

애도를 위한 시간

브룩의 애도 자조 모임에서는 감정을 존중하는 시간인 '애도 회기'를 언급했습니다. 바쁜 일상에서 우리는 분주한 활동에 (때로는 주의 깊게, 때로는 아무 생각 없이) 몰두하느라 애도를 잊어버립니다. 그러나 스스로 느끼지 못한 것을 극복할 수는 없습니다. 어떤 사람들은 한 시간 동안 걸으며 애도를 찾아냅니다. 또 다른 사람들은 일기를 써서 그들의 감정을 드러내기도 합니다. 우리 각자의 애도가 고유하듯이 우리의 애도 회기도 마찬가지입니다. 상실 직후 몇 달간, 애도를 위한 시간은 우리의 복잡한 감정들을 처리하는 데 큰 도움이 될 것입니다.

———

이 시간은 길고도 어렵습니다. 당신에게 매달린 고통 중 그 어느 것도 해결되지 않을 것처럼 여겨질 수 있습니다. 괜찮습니다. 희망이 없고, 삶의 목적이나 의미를 잃은 것처럼 느껴져도 괜찮습니다. 모두 자연스럽고도 정상적인 감정입니다. 삶은 계속될 것이며 시간이 흐르면 당신은 자기 자리를 다시 만들어갈 겁니다. 지금은 그저 스스로를 돌보세요. 몇 주 뒤 다시 이 책을 읽거나, 필요할 때 참고하세요. 빛이 돌아오리라는 것을 믿으세요. 그리고 한 달쯤 뒤에, 당신이 애도를 더 잘 다스리고 견딜 준비가 되었을 때 당신을 위해 이 책이 곁에 있으리라는 걸 기억해주세요.

애도 중인 사람을 돕는 이들을 위한 지침
(가까운 사람들과 함께 읽어보세요)

고통을 없앨 마법 같은 단어나 방법을 찾으려 하지 마세요
그 어떤 것도 당신의 가까운 사람이 맞닥뜨린 고통스러운 비극을 없애거나 줄일 수 없습니다. 지금 당신의 가장 중요한 역할은 그저 '그곳에 있어주는 것'입니다. 어떤 말이나 행동을 할지 걱정 말고 그저 그들이 필요로 할 때 기댈 수 있는 사람으로 그곳에 있어주세요.

그 사람의 기분을 나아지게 하려거나 감정을 누그러뜨리려고 하지 마세요
누군가를 돌볼 때, 그들이 고통을 겪고 있는 것을 지켜보는 일은 힘듭니다. 우리는 종종 "어떻게 느끼는지 알아"라거나 "그게 최선이었을 거야"라는 말로 그들의 상처를 감싸주려 할 수 있습니다. 어떤 상황에서는 이런 말이 도움이 되겠지만, 애도 상황에서는 결코 그렇지 않습니다.

책임감을 갖고 도와주세요
하나의 생이 그쳤을지라도, 삶이 멈춘 것은 아닙니다. 도움을 줄 수 있는 가장 좋은 방법 중 하나는 심부름을 하고 음식을 준비하며 아이들을 돌보고 세탁을 하는 등 계속되어야 할 간단한 일들을 하는 것입니다.

연락을 기대하지 마세요
많은 사람이 "무엇이든 제가 할 수 있는 일이 있다면 연락주세요"라고 말합니다. 이 단계에서 애도 중인 사람은 단지 전화를 하려는 생각만으로도 압도되는 기분을 느낄 겁니다. 당신이 그와 가까운 사이라면, 그냥 찾아가서 도우세요. 사람들은 도움이 필요하더라도 도와달라는 말을 할 생각조차 못 합니다. 좋은 시간에 당신과 함께할 사람은 많지만, 가장 어두운 시간에 함께할 이는 소수입니다.

결정할 것들에 대해 이야기를 나누세요
애도 과정을 겪는 동안 많은 유족은 결정하는 데 어려움을 겪습니다. 가까운 사람의 의논 상대가 되어 그들의 결정을 도와주세요.

고인의 이름을 말하는 것을 두려워하지 마세요
누군가를 잃은 사람은 종종 고인에 대해 말하게 됩니다. 그리고 당신이 믿든 아니든 간에, 고인의 이름과 이야기를 듣는 일은 필요합니다. 사실 많은 유족이 이 일을 반갑게 받아들입니다.

시간이 모든 상처를 낫게 하지 않는다는 걸 기억해주세요
당신의 친구나 사랑하는 사람은 일어난 일로 인해 변할 겁니다. 모든 사람은 저마다 다르게 애도합니다. 어떤 사람들은 '괜찮아'지고 나서 1년 뒤에야 진정한 애도를 겪기도 하고, 누군가는 곧바로 애도를 합니다. 여기에는 어떤 일정도, 규칙도 없습니다. 인내심이 필요합니다.

유족에게 스스로를 돌보도록 상기시켜주세요
벅찬 감정의 애도에 둘러싸여 있을 때, 먹고 쉬고 개인 위생을 챙기기란 매우 어려운 일입니다. 미리 만들어놓았거나 손쉽게 준비할 수 있는 건강한 음식들을 집에 채워주세요. 세탁을 도와주고 유족이 쉴 수 있도록 심부름을 대신해주세요. 그들이 이런 일을 할 준비가 되어 있지 않을 때는 하도록 강요하지 마세요. 많은 유족이 "세상이 나에게 맞춰줬으면 좋겠어요"라고 말합니다. 유족이 사람들과의 접촉이나 활동을 피하고 위축되는 모습은 보기 불편하지만 정상적인 반응입니다. 그들은 준비가 되면 다시 함께할 것입니다.

판단하지 마세요
어떻게 상황에 반응하고 어떻게 감정을 다뤄야 한다고 말하지 마세요. 그저 당신이 그들의 결정을 지지하고, 어떤 방식으로든 도우리라는 것만 알게 하세요.

함께 식사하세요
식사 시간은 특히나 외로울 수 있으니 정기적으로 유족을 식사에 초대하거나 음식을 가지고 그들의 집을 방문해보세요. 사망 한 달째, 기일 등 중요한 날에 유족을 초대하는 것을 고려해보길 바랍니다.

우리는 저마다의 속도로 슬픔을 통과한다

유족과 함께할 만한 일의 목록을 정리해보세요

여기에는 지불할 청구서부터 식물에 물 주기까지 모든 게 포함될 수 있습니다. 항목을 중요도에 따라 분류하세요. 유족이 가능한 한 많은 과제를 완료하도록 도와주세요. 만약 책임이 꽤 따르는 일이라면 당신을 도와줄 한 명 이상의 친구를 찾아 함께하세요.

애도 중인 사람이 견딜 수 있도록 헌신해주세요

사망 후 많은 우정관계가 바뀌거나 무너집니다. 사람들은 애도 중인 사람과 어떻게 관계해야 하는지 모르거나, 또는 슬픈 사람이 주변에 있는 것에 지쳐갑니다. 가장 어두운 시기에 당신이 그들의 닻이 되어 이 일을 헤쳐나가는 것을 지켜보겠다고 약속해주세요.

* 이 내용은 브룩 노엘, 패멀라 D. 블레어, 『우리는 저마다의 속도로 슬픔을 통과한다』, 글항아리, 2018에서 발췌되었습니다.

3장

애도의 감정적·신체적 영향을 이해하기

충격은 우리 내면을 뒤바꿔놓았다.
우리는 새로운 상태를 인식하지 못해 방향감각을 상실하게 된다.
애도는 우리가 새로운 상태에
더 이상 적용시킬 수 없는 부분들을 털어내는 작업이다.
이때는 무엇이든 이해할 수 있는 시간이 아니다.

스테퍼니 에릭슨, 『어둠 속에서의 동반자Companion Through Darkness』

가까운 사람을 예상치 않게 잃는 일은 세계를 순식간에 낯선 곳으로 만들어버립니다. 우리는 일상적이던 것들에도 지칩니다. 아주 간단한 일조차 벅차게 여겨질 수 있습니다. 애도는 감정뿐 아니라 신체에도 영향을 미칩니다. 애도가 어떤 영향을 끼치는지를 이해하면 우리는 그것을 더 잘 다룰 수 있습니다. 이런 감정을 배우거나 이해할 일이 없다면 가장 좋겠지만, 그것들을 잘 아는 것도 우리에게 위안을 줄 것입니다.

비극적인 상실을 겪은 사람들은 일반적으로 미쳐가는 듯한 느낌을 받습니다. 애도 감정은 너무 강력하고 강렬해서, 혼자서만 겪는 감정이거나 잘못된 감정인 것처럼 여겨집니다. 앞으로 우리는 이런 감정의 많은 부분을 다룰 겁니다. 당신은 미치지도 않았고, 혼자도 아닙니다. 이런 감정을 이해함으로써 우리는 현실로의, 치유를 향한 길로의 첫 걸음을 내딛게 됩니다.

『애도로의 여행: 애도의 가장 어려운 시기를 넘기는 부드럽고 상세한 도움A Journey Through Grief: Gentle, Specific Help to Get You Through the Most Difficult Stages of Grieving』에서 앨라 르네 보자스는 "애도하는 동안 당신의 감정적 삶은 예측 불가능하고 불안정해질 수 있다. 기억 속 경험들은 낯설게 느껴지고 (…) 우울과 고양감, 격렬한 분노와 수동적 체념

우리는 저마다의 속도로 슬픔을 통과한다

사이를 오갈 수 있다. (…) 당신이 상실을 겪고 상처를 입었다면, 당신의 반응이 비합리적인 게 합리적인 것이다"라고 말했습니다.

이 장에서 우리는 애도가 우리에게 영향을 미치는 여러 방식을 살펴볼 것입니다. 어떤 애도자들은 이런 고통스러운 감정이 일찍 시작된다고 하는 반면 어떤 이들은 늦게 나타난다고 하는가 하면, 일부에서는 이런 경험을 거의 보고하고 있지 않습니다. 사랑하는 사람과 당신의 관계는 애도와 당신 사이의 상호작용을 저마다 다르게 만듭니다.

탈진

애도의 가장 흔한 증상은 아마도 완전한 탈진과 혼란일 겁니다. 캐서린 M. 샌더스는 『애도에서 살아남기Surviving Grief』라는 책에 이렇게 적었습니다. "우리는 실제로 독감을 앓을 때만큼 매우 약해진다. 에너지가 완전히 고갈된 상태에 대한 경험이 별로 없었기 때문에, 이런 취약성은 우리를 놀라고 당황스럽게 한다. 상실 전에는 우리가 정말로 아플 때에만 이런 경험이 일어났기 때문이다."

편지 발송처럼 별생각 없이 했던 사소한 일이 하루 종일 걸리기도 합니다. 우유 한 통을 사는 것도 엄청난 일처럼 여겨질 수 있습니다. 옷을 챙겨 입고 운전하고 돈을 계산하고 계산원에게 지불하고 산 우유 한 통을 들고 다시 운전해서 집으로 오는 모든 과정에 대한 생각, 단지 그것만으로도 애도자들은 드러눕고 싶을 만큼 피곤해질 수 있습니다.

브룩은 애도 작업을 하는 심리치료사에게 도움을 청했습니다. 치료사는 이런 탈진 상태에 대해 가치 있는 소견을 내놓았습니다.

"그녀가 처음 제게 건넨 말은 단순하지만 강력했습니다. '브룩, 당신에게 일어난 일은 큰 수술을 받은 것과 똑같은 영향을 당신에게 미쳐요. 당신이 중환자실에 있다고 생각하고, 집중 치료과정에 있는 환자처럼 스스로를 대하세요.' 그녀의 말은 핵심을 짚었습니다. 감정적으로 저는 '심장 수술'을 한 것이나 마찬가지였는데도, 이튿날 조깅을 할 수 있을 거라 기대한 거죠. 몸은 제게 쉬고 돌봄을 받으라는 메시지를 보내고 있었던 것입니다."

탈진에는 여러 대처법이 있습니다. 사람들은 비타민, 운동, 좋은 식사, 바쁘게 지내기 등의 방법을 활용하기도 합니다. 그중 치료사의 의견은 아마 가장 중요할 겁니다. 당신은 회복 중에 있습니다. 스스로에게 애도할 시간을 주고 당신 안에서 감정들이 진행되도록 두세요. 당장 바쁘게 지내며 애도 과정의 일부를 건너뛰어 샛길을 택한다면, 감정은 그 아래에서 다시 자리를 잡을 뿐입니다. 탈진해서 쉬어도 괜찮습니다. 치유될 시간을 가지세요. 그러나 만약 자살을 생각하게 된다거나 식음을 폐하고 탈수되거나 그 외의 심각한 증상들을 겪는다면 즉시 전문가의 도움을 받아야 합니다.

정신 없는 나날

사람들 대부분은 일상을 상당히 잘 꾸려갑니다. 우리는 일을 마치고 정돈된 상태를 유지하며 해야 할 일을 잘해나갑니다. 하지만 갑작스러운 죽음에 부딪히고 나면 이런 기본 능력을 잃어버린 듯이 느껴집니다. 쉽게 했던 일들이 어렵고 벅차게 여겨지죠. 브룩은 애도 기간의 첫 몇 달 동안 이런 산만함이 큰 장애물임을 깨달았습니다.

우리는 저마다의 속도로 슬픔을 통과한다

케일럽이 죽고 얼마 지나지 않았을 때, 우편물 두 개를 부치러 우체국에 가야 했던 게 생각나요. 재택근무를 하는 곳에 우편물 저울이 있는데, 직원이 한 명뿐인 작은 마을 우체국에서 오래 기다리는 게 싫어 항상 그걸 써왔어요. 그런데 글쎄, 그날 저는 그 저울을 못 찾았어요. 사무실로 쓰는 방과 거실을 뒤졌죠. 심지어 부엌, 침실, 화장실까지 확인했어요. 아무것도 나오지 않았어요. 여기저기 계속 찾으면서 세 시간 동안 온 집안을 뒤져 저울을 찾아다녔어요. 결국 포기하고 우체국에서 무게를 재기로 했죠.

돌아와서 사무실을 보니, 책상 바로 위에 저울이 있었습니다. 종일 그 방 그 자리에, 어디 가려지지도 않은 채 있었던 거죠. 몇 시간 동안이나 뒤졌던 곳인데, 그때는 보이지 않았어요. 이런 게 바로 애도에 동반되는 주의 산만의 한 유형입니다.

요즘 기분이 처지거나 우울하진 않지만, 애도에서 벗어나려 애쓰고 감정을 발산하지 않는다면 이런 상황이 또 일어날 수 있다는 걸 알고 있습니다. 이런 '집중에의 어려움'은 케일럽이 죽고 몇 달간 계속됐습니다. 이런 현상이 제게는 경고등이 되었습니다. 요즘에 저는 너무 애쓰려는 것을 그만두고, 대신 긴장을 풀면서 이완하고 애도를 다뤄나갑니다. 하루는 청구서를 계산하는 동안 비슷한 어려움을 겪었어요. 한 시간 동안 수표를 찾아 뒤적였습니다. 마침내 그걸 찾았을 때는 또 청구서를 잃어버렸습니다. 고양이 쥐잡기 놀이 같은 상황을 몇 번이나 반복한 뒤, 고작 청구서 하나 처리하는 데 하루를 허비했다는 사실을 깨달았죠. 처음 그런 일이 생겼을 때는 스스로를 더 밀어붙이고 계속 애를 썼습니다. 하루가 끝날 무렵이 되면 이런 좌절감으로 종종 울고 싶은 상태가 돼버렸죠.

주의가 산만해지는 순간은, 당신이 반드시 더 천천히 해야 한다는 것을 몸이 알려주는 신호입니다. 아주 사소한 일이라도 지금 당신에겐 너무 과한 일입니다. 과도한 부담을 지지 않도록 하세요. 기대를 더 낮추고요. 시간이 조금 걸리겠지만 당신이 그 기능을 회복하리라는 점만 알면 그걸로 충분합니다.

현실 부정

우리는 현실을 부정하고 있다는 것을 잘 깨닫지 못합니다. 현실 부정은 우리 의식 아래에서 일어납니다. 종종 스스로를 환상 속에 두는 현상, '그는 그저 여행을 간 거야' '그녀가 언제라도 문을 열고 들어올 거야', 또는 '그가 죽었을 리 없어, 이번 여름에 같이 여행 가기로 했는데, 그가 날 이렇게 내버려둘 리가 없어'와 같은 방식으로 나타납니다.

현실 부정은 실제로 현실을 파악할 시간을 벌려는, 자연스럽고 본능적인 보호 반응입니다. 바버라 D. 로소프는 "충격이 옅어지면, 마음과 몸이 통제력을 되찾으면서 소식을 듣게 된다. 그러나 여전히 과할 수 있기 때문에 당신은 부정의 단계를 택할 수 있다. 몇 시간, 경우에 따라 며칠을 견디기엔 너무나 고통스러운 현실에서 물러서는 하나의 방법으로 부정을 택할 수 있다. (…) 다른 사람들에게는 비이성적으로 보이겠지만 부정이 필요한 이유가 있다. 이것은 심리적인 응급조치이며 일시적인 대비책이다. 당신은 아직 상실에 정면으로 부딪힐 준비가 되어 있지 않다"고 했습니다.

우리는 저마다의 속도로 슬픔을 통과한다

몇몇 경우에는 부고와 신문 속의 사진, 사망확인서나 묘비를 보면서 이런 부정의 단계를 빠르게 지나갑니다. 보호자들은 유족이 이런 것을 보지 못하도록 해서는 안 됩니다. 부정은 짧은 기간에는 도움이 될 수 있습니다. 하지만 당신은 이것을 지나 상실의 고통스러운 현실로 돌아와 감정을 느끼기 시작해야 합니다. 만약 부정의 단계에 멈춰 있다면, 당신에겐 전문적인 도움이 필요할 수도 있습니다.

애도는 우울증과 어떻게 다른가요?

우울은 당신이 사랑한 누군가나 무엇을 잃었을 때 느끼는 애도 감정을 넘어서는 것입니다. 임상적인 우울증은 전신의 질환입니다. 당신이 생각하고 느끼는 방식 전체를 장악하죠. 우울증의 증상은 다음과 같습니다.

- 사라지지 않는, 우울하고 불안하거나 공허한 느낌.
- 원래 좋아하던 것들에 대한 흥미를 잃음.
- 에너지가 없고 피곤하며 천천히 내려앉는 느낌.
- 수면 패턴의 변화.
- 식욕 없음, 체중의 감소 또는 증가.
- 집중, 기억 또는 결정에 어려움을 겪음.
- 희망이 없다는 느낌 또는 비관.
- 죄책감, 무가치함, 무력함.
- 죽음이나 자살에 대한 생각 또는 자살 시도.

- 치료에 반응하지 않는 반복되는 아픔이나 통증들.

만약 당신이 최근 사망이나 어떤 종류의 상실을 겪었다면 이런 감정은 정상적인 애도 반응의 일부일 수 있습니다. 그러나 이런 감정들이 호전 없이 지속된다면 도움을 구하세요.

출처: 미국 국립보건원 정신건강정보센터

분노: 정상 반응

몹시 사랑하던 사람을 갑작스레 잃었는데 화가 나지 않을 사람이 어디 있을까요? 이런 상황에서 분노는 자연스러운 것이고, 사실 건강한 애도 반응의 일부입니다. 그러나 분노의 형태는 제각기 다르며 어떤 형태는 건강한 반면 그렇지 못한 것도 있습니다.

자연스럽지만 건강하지 않은 분노가 어떤 것인지 살펴볼게요. 우리 중 몇몇은 친구, 가족 또는 직장으로부터 필요한 도움을 받지 못할 때 화를 냅니다. 강렬한 애도에 휩싸여 있는 동안에는 대개 도움을 요청할 생각을 못 합니다. 만약 이 분노가 무엇인지 깨달을 수 있다면, 우리는 분노를 건강한 방식으로 활용할 수 있습니다. 이것은 우리가 필요로 함에도 받지 못하고 있는 도움이 무엇인지를 알려주는 힌트가 됩니다. 우리는 더 요구하거나 다른 지원군을 찾아야 합니다.

전치된 분노는 간단히 말해 방향을 잘못 잡은 분노입니다. 우리는 일어난 일에 대해 누군가가 책임을 지길 바랍니다. 비난의 대상이 되고 책임을 떠맡을 사람이 필요한 거죠. 병원에서 고인을 돌봤던 사람에게 소리치거나 고함을 지를 수도 있습니다. 고인이 사망하던 당시 옆에 있던 사람에게 화가 날 수도 있습니다. 이런 전치된 분노는 전적으로 자연스러운 것이며, 일어난 일을 받아들이는 법을 배워가며 차츰 누그러집니다.

분노는 또한 우리가 잃어버린 사람과의 관계에서 과거의 순간이나 혼란, 고통, 또는 해결되지 않은 감정을 떠올릴 때 수면 위로 나타날 수 있습니다. 우리는 갑자기 다시는 고인과 어떠한 형태의 신체적인 상호작용도 나눌 수 없다는 것을 깨닫도록 강요당하며, 이런 와중에도 기억은 넘쳐흐릅니다. 기억 속에선 격렬한 대화, 논쟁, 과거의 상처가 하나로 합쳐져 있습니다. 우리가 고인과 더 많은 시간을 보냈더라면 하고 생각할수록, 과거에 갈등이 있었던 어떤 순간을 떠올릴 때 자신에게 과도한 비난을 퍼붓게 됩니다. 그러나 어떤 관계에서든 완벽을 바라는 것은 비현실적입니다. 과거의 '그랬어야 했던' '그럴 수 있었던' 자신에게 몰두하는 일은, 우리를 현재의 분노에 효과적으로 대처하지 못하게 할 뿐입니다.

감정을 억제할 때 우리는 또한 분노를 느낄 수 있습니다. 분노는 오늘날의 문화에서 잘 받아들여지는 감정이 아닙니다. 사실 많은 사람이 분노가 애도의 일부라는 것조차 깨닫지 못합니다. 주변 사람들과 상황에 따라, 분노를 감추도록 하는 분위기가 지배적일 수도 있습니다. 그러면 분노는 여전히 남아 표출되려 하기 때문에, 내면을 향하기도 합니다. 이 경우 다양한 문제가 발생할 수 있어요. 아프고, 우울하며, 만성적인 통증을 얻거나 악몽을 꾸게 될 수도 있으므로, 분노를 표현할 건강한 대안들을 찾아봐야 합니다.

분노는 비극적인 죽음에 직면한 경우 특히 흔하게 나타납니다. 상실을 멈추거나 막을 수 있는 방법은 하나도 없고, 할 수 있는 것이라고는 죽음을 '해석'하는 일뿐일 때, 우리는 좌절하고 무력감을 느낍니다. 이런 분노를 표출하는 가장 흔한 방법은 한바탕 우는 것입니다. 이 분노를 드러내지 않고 안으로 돌리는 일은 쉽습니다. 만약 당신이 그런 처지라고 생각된다면 친구나 상담사에게 이런 감정을 표출하는 것을 도와달라고 이야기하세요.

적절한 분노는 우리 모두가 결국 도달하기를 원하는 상태입니다. 이 단계에서 우리는 어떤 형태로든 분노를 털어낼 수 있습니다. 분노를 적절하게 풀어내는 방법에는 여러 가지가 있습니다. 다음은 몇 가지 예시입니다.

- 베개를 때려보세요.
- 분노를 표출해도 밖에 들리거나 보이지 않는 신성한 공간을 만드세요.
- 일기에 화난 감정들을 적고 표현하세요.
- 인적이 드문 곳에 가서 지칠 때까지 소리를 질러보세요.
- 친구, 치료사 또는 상담사와 고함쳐보세요.

패멀라의 젊은 내담자인 세라는 어느 날 "약혼자한테 너무 화가 나요. 언제나 화가 나 있는 듯한 기분이에요. 제 말은, 그는 우리 결혼식 한 달 전에 살해당했고 그건 그의 잘못이 아니에요. 그런데 왜 저는 그에게 화가 나는 걸까요?"라고 말했습니다.

우리는 저마다의 속도로 슬픔을 통과한다

아끼던, 그리고 영원히 함께하고 사랑할 거라 약속했던 누군가의 죽음은 우리를 뒤죽박죽 혼란스럽게 만듭니다. 우리의 평정심을 뒤흔들죠. 우리는 상상도 못 했던 방식으로 생각하고 느끼게 됩니다.

게다가 여성들은 대개 '착하게' 크도록, 다투기보다는 해결책을 찾도록 배워왔기 때문에 이 분노에 특히 더 불편함을 느낍니다. 해리엇 러너 박사는 『분노의 춤The Dance of Anger』에서 말합니다. "하지만 여성들은 오랫동안 분노를 인식하고 그를 솔직하게 표현하지 못했다. 설탕과 향신료가 우리 재료였다. 우리는 양육자, 안정시켜주는 자, 평화주의자였으며, 흔들리는 배를 고정시키는 역할을 맡았다." 그런가 하면 남성들은 즉각적으로 분노를 느끼는 경향이 있지만 슬픔을 다루기는 어려워합니다.

당신의 분노를 느끼고, 알고, 그것이 애도 과정의 정상적인 부분임을 받아들이세요. 만약 당신이 분노를 표현하지 않은 채 안고만 있다면, 분노는 당신을 우울에 빠뜨리는 원인이 될 수 있습니다. 분노가 내면을 향하는 것이 우울증입니다. 또한 분노가 안전하게 표현되도록 이를 분산시키는 데 도움이 될 전문가를 찾는 것도 좋습니다. 이 정상적인 감정을 표현할 만한 안전한 방법을 찾으면 '미칠 듯한' 느낌은 잦아들 겁니다.

경고 신호

애도를 다룸에 있어서는 자신을 잘 살펴보는 것이 중요합니다. 아래 목록은 건강한 애도와 왜곡된 애도를 구분하는 데 도움이 됩니다. 건강하지 않은 애도를 겪는 중이라고 느낀다면, 자조 모임이나 성직자 또는 치료사의 도움을 받으세요.

- **극단적인 회피 행동** 만약 당신이 장기간(3주 이상) 친구나 가족을 피하고 있다면, 전문가의 도움을 받으세요. 애도를 다루는 데는 다른 사람들의 도움이 필요합니다.
- **자기 관리의 포기** 애도를 다루는 데에는 에너지와 감정적인 능력이 요구되기 때문에 우리는 자신의 기본적인 필요 사항을 챙겨야 합니다. 기본적인 욕구를 챙기지 않고 있다면, 도움을 구해야 한다는 경고 신호입니다.
- **장기간 지속되는 부정** 몇 달이 지났는데도 여전히 부정 단계에 있다면, 이 단계를 지나갈 수 있도록 자조 모임을 찾아야 합니다.
- **자기 파괴적인 생각들** 이런 생각은 애도 과정 중 드물진 않지만 빠르게 지나가는 편입니다. 만약 이런 생각이 지속되거나 여기에 집착하게 된다면, 함께 논의할 전문가를 찾는 것이 가장 좋습니다.
- **전치된 분노** 감정적인 표현 통로가 거의 없다면 분노는 전치되기 쉽습니다. 하지만 이런 분노가 당신의 대인관계나 업무, 또는 타인에게 손해를 끼치는 상황이라면 즉시 도움을 구하세요.
- **장기간 지속되는 우울이나 불안** 부정과 마찬가지로 오래 지속되고 굳어진 우울이나 불안은 도움을 구해야 한다는 경고 신호입니다.
- **자가 약물** 만약 당신이 음식과 술, 약물 등을 당신의 고통에 대한 자가 처방으로 과용하고 있다면 이런 문제를 다루는 기관이나 전문가의 도움을 구하세요.

우리는 저마다의 속도로 슬픔을 통과한다

이 장에서 우리가 다룬 단계와 방법들은 가이드라인일 뿐입니다. 우리는 저마다 다른 방식으로 애도를 경험하게 됩니다. 당신에게 도움이 되는 방법을 찾으세요. 아마 가장 중요한 것은, 시간을 갖고 의식적으로 노력을 기울이면 삶이 조금은 편해지고 다룰 만해진다는 사실을 아는 것일 겁니다.

애도에는 정해진 일정이 없다

오늘날 우리는 삶의 많은 시간을 계획하는 데 익숙해져 있습니다. 우리 중 많은 사람이 적어도 하나 이상의 서류 정리함이나 일정표를 갖고 있습니다. 하지만 애도는 결코 이 계획에 맞아들어가지 않습니다. 일상의 즐거운 활동을 하다가도 갑자기 애도 감정에 휩싸일 수 있습니다. 이것이 정상적이며 애도란 어느 순간에도 예고 없이 다가올 수 있음을 알아야 합니다. 우리는 모두 이 흔한 애도의 '매복'을 경험했습니다.

> 남편과 코미디 프로그램을 보고 있을 때였어요. 케일럽이 죽은 다음엔 언제나 눈물바람이었는데 정말 오랜만에 프로그램 내내 웃었어요. 그러다 「하느님의 놀라우신 은총Amazing Grace」이라는 찬송가가 배경음악으로 깔리며 도움을 필요로 하는 아이들을 위한 자선 광고가 나왔어요.
> 케일럽을 화장하기 전날, 가까운 친구들과 친지가 모여 고인과의 대면 시간을 가졌어요. 당시 목사님이 바로 그 노래를 부르셨죠. 그때 저는 울었는데, 텔레비전 광고를 보는 순간 다시 울 수밖에 없었어요. 1년 반 뒤에는 뉴올리언스에서 길거리 공연가가 그 노래를 부르는 것을 들었어요. 그때도 울었습니다.

패멀라도 비슷한 경험을 했습니다.

조지는 비틀스의 팬이었어요. 그가 죽고 몇 달 뒤 한 패스트푸드점에서 햄버거를 먹던 중이었는데, 존 레넌의 「이매진Imagine」이 들리는 순간 노래가 제 심장을 후벼 파는 듯했습니다.

삶에서 우리 뜻대로 조절할 수 있는 것은 거의 없습니다. 애도의 순간도 통제를 벗어나 있죠. 첫 3개월에서 6개월은 이런 경험을 자주 할 겁니다. 그런 일이 얼마나 자주 일어나는가는 고인과 우리가 얼마나 가까웠는가에 달려 있습니다. 1년쯤 지나면 줄어들겠지만 그래도 수시로 겪을지 모릅니다.

신체적 증상들

애도가 그 검은 날개를 펼쳐 우리를 감싸면, 종종 심각한 병에 걸린 것과 비슷한 상태가 됩니다. 우리는 감정적·신체적으로 고갈되고 다양한 증상에 취약해집니다. 이런 증상들 또한 애도 과정일 때가 많지만, 더 심각한 상태를 암시할 수도 있습니다. 전문 의료진에게 증상을 진단받아보는 게 좋겠죠.

증상들을 주의 깊게 살펴보는 게 중요하긴 하지만, 그것이 미쳐가고 있다는 신호는 아닙니다. 슬픔이 가라앉으면 이 과정들을 통과하며 증상은 없어지거나 약해질 겁니다. 만약 어떤 증상이라도 압도되거나 견디지 못할 정도라면 의료진을 찾아가세요. 흔한 증상들은 다음과 같습니다.

우리는 저마다의 속도로 슬픔을 통과한다

가슴 부위의 불편감	어지러움
수면 장애	입 마름
식욕 저하 또는 과식	울음
흔들림 또는 떨림	탈진 또는 약화
마비감	숨 참
방향감각의 상실	무기력
편두통 또는 두통	두근거림

감정적으로뿐만 아니라 신체적으로도 다 허물어져가는 것 같아요. 가끔은 다음으로 내가 죽는 건가 싶습니다. 무슨 일이 벌어지고 있는 걸까요? 저는 어떻게 해야 할까요?

당신이 애도의 길을 걷는 동안 생각해야 할 신체적·정신적 상태의 영역은 여럿입니다. 심리적, 영적, 영양상, 그리고 사회적 영역 모두가 균형을 찾는 데 중요한 역할을 합니다. 갑자기 사랑하는 사람이 떠나고, 당신의 생각과 지각은 온몸의 세포와 호르몬에 영향을 미치기 때문에 모든 시스템이 쇼크 상태에 빠지게 됩니다. 건강에서 가장 소홀히 여기게 되는 영역 중 하나가 바로 감정과 이것이 신체적 안녕에 미치는 영향입니다. 이 쇼크가 당신의 몸에 미치는 영향을 모른다면, 가장 필요한 시기에 스스로를 돌보지 못하게 됩니다. 어떤 사람들은 담배나 마약, 술, 과도한 잠이나 음식에 빠집니다. 상실로 인한 부작용이 신체에 해를 끼치는 것을 막으려면, 스스로에게 주는 메시지에 세심한 주의를 기울여야 합니다. 사랑하는 사람 대신 내가 죽길 바란다고 해서 스스로에게 '죽음'의 메시지를 전하고 있나요? 그들을 구하기 위해 했어야 할 일이 더 있었을 테니 '나는 살 가치가 없어'라고 되뇌고 있나요?

당신의 감정은 강력합니다. 「여성을 위한 건강 지식Health Wisdom for Women」이라는 글에서 크리스티안 노스럽은 말합니다. "뇌와 면역계는 두 가지 방식으로 대화한다. 뇌가 호르몬을 조절하거나 메시지를 주고받을 수 있는 신경펩타이드(또는 신경전달물질)와 수용체라 불리는 단백질 분자들을 통해서. 이 물질들은 뇌뿐 아니라 위, 근육, 분비샘, 골수, 피부 및 기타 기관과 조직에도 있다. 이 네트워크가 신체 모든 기관에 퍼져 있어 생각과 감정이 몸안의 모든 세포에 전달된다는 뜻이다."

의지만으로는 해로운 행동을 막기에 역부족입니다. 많은 경우 우리는 이 과정을 돕고 지지해줄 집단이나 치료자를 필요로 합니다. '벼랑 끝'에 서기 전에 도움을 구하세요.

감정적인 매복

죽음이 갑작스레 일어난 것처럼, 깊은 고통과 슬픔은 뜬금없는 순간에 불현듯 나타날 수 있습니다. 잘 견디고 있다고 생각할 때 매복해 있던 두려운 것들이 당신을 덮칩니다! '아무것도 없던 곳'에서 불신, 플래시백, 공포, 미친 듯한 느낌 등 분노가 다시 나타납니다. 당신이 친구들에게 "이제야 기분이 좀 나아지기 시작했어"라고 말하는 순간에 말이죠.

감정적인 매복은 특히 생일, 기념일, 명절 또는 기념할 만한 상황에 참여할 때 특히 더 확연해집니다.

당신은 아마 어떤 장소나 행사(쇼핑센터의 특정 가게, 아이들이 노는 소리, 음식 냄새, 어떤 노래, 축구 등)가 당신을 자극하는지 잘 알기에 그런 상황을 피할 수 있을지도 모릅니다. 하지만 때론 전혀 예상치 못하게 눈물이 흐르기 시작하고 격한 분노감이 되돌아옵니다. 패멀라도 이런 경험을 했습니다.

어느 날 슈퍼마켓에서 그가 가장 좋아했던 캠벨수프 통조림이 선반에 있는 것을 봤어요. 눈물이 봇물 터지듯 흐르면서 마스카라가 다 번져 입고 있던 흰 블라우스에 흘러내렸죠. 공공장소에서는 선글라스를 써야 할 거예요. 저도 그랬죠. 당시 벌겋게 부어 너구리 같았던 모습을 감추는 데 도움이 되었어요. 또 항상 티슈를 갖고 다니면서 모르는 사람들한테는 심한 알레르기 때문에 고생하는 중이라고 말했어요. 때로는 사실대로 말하기도 했지요.

가능하면 하던 일을 멈추고 받아들이세요. 감정을 느끼고 눈물을 흘리며 베개를 때리세요. 나를 지지해줄 누군가 혹은 모두에게 전화하세요. 고통의 모든 힘이 당신을 통과해 지나가도록 하세요. 주의할 것은, 당신이 차나 다른 이동 수단을 끌고 가는 중에 이 '매복된 감정'이 덮치면 안전한 곳에 멈춰 서야 한다는 점입니다. 눈물을 흘리며 분노에 찬 상태로 운전하는 것은 매우 위험할 수 있습니다.

애도와 꿈

어떤 사람들은 고인에 대한 꿈을 꾸고 어떤 사람들은 꾸지 않습니다. 우리는 모두 삶과 재난 상황을 다루는 저마다의 잠재의식을 갖고 있습니다. 주변의 어떤 사람들은 꿈을 온전히 기억해내어 말하지만 어떤 사람들은 거의 기억하지 못하는 경우를 봤을 겁니다. 우리 꿈에 애도가 미치는 영향도 마찬가지입니다. 고인의 꿈을 꾸지 않는다고 해서 염려하지 마세요.

꿈을 꾸지 않는다면

마를레네 킹은 『인튜이션Intuition』이란 잡지에 「꿈의 대리자: 애도하는 친구를 위한 어느 부부의 선물The Surrogate Dreamers: One Couple's Gift to a Grieving Friend」이란 글을 썼습니다. 마를레네는 어느 토요일 밤, 편안한 바비큐 파티에 한 부부를 초대했습니다. 이튿날 밤, 남편인 마흔네 살의 스티븐이 아내와 춤을 추다가 심부전증으로 사망했습니다. 그다음 주 내내 마를레네는 친구가 맞은 비극적인 죽음의 주변 정리를 도왔습니다. "이 기간에 재니스는 꿈속에서 스티븐과 연결되길 바란다고 했지만, 꿈을 꾸지 못했다. 감정이 종종 우리를 육체적으로 차단한다는 것을 알았기 때문에 나는 감정적으로 약해진 상태에서 회복되면 꿈이 돌아올 거라면서 그녀를 안심시켰다"라고 마를레네는 썼습니다.

이 대화를 나누고 며칠 후, 마를레네는 스티븐의 꿈을 꾸었습니다. 그녀는 그가 턱시도를 차려입은 것을 봤습니다. 보통 편하게 옷을 입는 편이라 이상하다고 여겼죠. "나는 그 꿈을 재니스에게 말했다……수화기 반대편의 완전한 침묵과 무반응은 그녀에게 꿈을 말한 것이 잘한 행동인지 의문을 갖게 했다. 그런데 재니스는 전날 그 꿈과 똑같은 복장을 입혀 스티븐을 화장했다고 말했다. 그 뒤로도 한동안 남편과 나는 재니스를 위한 '꿈의 대리자'가 된 것 같았다. 산산이 부서진 감정적 상태 때문에 그녀에게 일시적으로 불가능했던 꿈의 소통이, 그녀를 향한 우리의 사랑으로 인해 우리에게 열린 듯했다."

꿈을 꾸지 않는다는 것은 정상입니다. 우리 감정은 이 시기에 너무나 격동해 꿈의 재료로부터 차단되어 있을 수 있습니다. 가까이에 있는 사람들에게 귀 기울여보세요. 그들이 어떤 꿈을 꾸고 있나요? 만약 그들이 말하지 않는다면 물어보세요. 그 꿈들이 당신에게도 메시지를 전할 수 있습니다.

꿈을 꾼다면
꿈 일기

꿈 일기장을 만드는 것을 고려해봐도 좋습니다. 많은 사람이 사망 직후 고인이 꿈을 통해 자신들을 만나려 한다고 믿어요. 당신은 이 꿈들을 소중히 하고 간직하고 싶어할 수 있습니다. 꿈이 기억난다면 아침에 10분간 꿈에 대한 생각과 인상을 적어보길 바랍니다. 일부만 기억난다 해도 그것들을 적어두세요. 종종 어떤 단서가 다른 기억들을 불러일으키곤 합니다.

고인에 대한 꿈은 회복으로의 새로운 길을 열어주기도 하는데, 꿈을 꾸었다는 것을 깨닫지 못하거나 기억해내기 어려울 수도 있습니다. 깨어나서도 꿈을 간직하는 하나의 방법은 가만히 있는 것—몸을 움직이지 않고 화장실에 가거나 불을 켜지 않는 것—입니다. 의식에 떠오르는 어떤 일부에서부터 시작해 전체 꿈 조각을 맞춰나가보세요. 꿈의 일부를 적어두면 나머지 내용이 나중에 떠오르기도 합니다. 『자연의 프로작Nature's Prozac』에서 주디스 색스는 꿈을 기억하기 위한 아이디어를 제안했습니다. "밤에 잠자리에 들기 전, 침대 옆 탁자에 노트와 펜을 올려두라. 스스로에게 꿈을 기억할 거라고 말하라(이 생각은 몇 날 밤 이상 반복해야 할 수도 있다). 침대에서 휴식을 취할 때, 일과 중 충분히 신경 쓰지 못했던 마음의 구석구석을 살펴보라. 우리는 깨어나기 직전 렘수면빠른 안구 운동rapid eye movement을 보이는 수면 단계. 흔히 나중에 기억이 나는 꿈과 연관되어 있는 단계로 알려져 있다을 취하는 경향이 있으니, 기상 알람을 뉴스나 하드록보다는 부드러운 음악으로 맞춰놓는 게 좋다. 이것이 천천히 깨어나 당신의 마음에서 일어나는 것을 잘 살펴볼 수 있는 방법이다."

불편한 꿈

어떤 애도자들은 악몽이나 불편한 꿈을 보고합니다. 이 꿈들은 고인과 애도자 간의 직접적인 갈등을 다루기도 합니다. 또는 고인이 죽어가거나 고통 속에 있는 모습을 보기도 하죠.

갑작스러운 죽음이 닥쳤을 때 우리는 거의 아무런 정보도 갖고 있지 못한 상태입니다. 꿈은 이에 대해 알아보려는 잠재의식에서 나오기도 합니다. 만약 불쾌한 꿈에서 깨어났다면, 그것이 당신을 자극하는 잠재의식임을 생각하세요. 가능한 한 많은 것을 떠올려보길 바랍니다. 빈 곳을 채워보세요. 되는대로 꿈을 조사해보는 겁니다. 이런 꿈을 대면하기 어렵거나 객관성을 갖기 어렵다면 믿을 만한 친구나 치

우리는 저마다의 속도로 슬픔을 통과한다

료사와 함께 꿈을 복기해보세요. 꿈 일기를 계속 쓰는 것은 이런 불편한 꿈을 다루는 데에도 도움이 될 수 있습니다.

혼란스러운 꿈을 다루는 또 다른 방법은 그것을 '재프로그램'해보는 것입니다. 불쾌했던 꿈을 떠올려보세요. 꿈의 어느 부분에서 화가 나기 시작했는지 찾아보길 바랍니다. 좀더 편하게 받아들일 수 있는 다른 내용으로 이야기를 끝맺어보고, 이런 식으로 꿈을 시각화해보는 과정을 마음속에서 여러 차례, 특히 잠들기 전에 해보세요. 꿈의 영향을 바꾸거나 줄이는 데 도움이 될 수 있습니다.

만약 악몽이 문제라면, 약물이 원인일 수도 있습니다. 의학자 주디스 색스에 따르면 항불안제로 쓰이는 바르비투르산염이나 벤조다이아제핀을 수면제로 복용할 경우 악몽을 꿀 가능성이 있다고 합니다. 또 일부 사람은 항우울제를 복용하면서 생생하고 놀라운 내용의 꿈을 보고하기도 합니다. 반대로 약을 끊었을 때도 악몽을 꿀 수 있습니다. 따라서 의사의 지시에 따라 약을 조절하고, 부작용에 대해서도 상의해보는 게 좋습니다.

대화하는 꿈

꿈 내용은 꽤나 다양할 수 있습니다. 어떤 꿈은 평화롭지만 어떤 꿈은 불쾌할 수 있죠. 애도 과정을 지나고 있다면 당신의 잠재의식은 다양하고도 놀라운 방식으로 반응할 것입니다. 브룩은 오빠가 죽은 직후 흥미로운 꿈을 꾸었습니다.

케일럽이 죽고 3주 뒤 첫 꿈을 꿨는데, 그건 놀랍도록 일찍 찾아온

꿈이었고 그 뒤로도 종종 꿈을 꾸었습니다. 다른 사람들에게 좋은 토대가 되고자, 제 애도와 잠잘 때의 느낌들에 대해 상당히 많이 다루고 노력했기 때문인 듯합니다.

케일럽이 죽고 3주 뒤는 편부모 가족에 대한 제 책을 마감하던 시기였습니다. 마감일 때문에 호텔에서 사흘간 머물면서 책을 마무리하려 했습니다. 글에 집중할 때는 보통 새벽 1, 2시까지 깨어 있지만 그날은 눕고 싶은 생각뿐이라, 메모들을 보고 있었습니다. 침대 위에 올라가 발은 베개 위에 둔 채 머리는 바닥 쪽으로 향하고 있었죠. 아직 눈에 콘택트렌즈를 낀 채였고 저녁 9시밖에 안 된 때였어요. 마치려면 적어도 5시간 이상은 더 일을 해야 한다는 것을 알고 있었습니다. 그다음으로 제가 알아차린 것은 아침 6시 45분이 되었다는 사실입니다. 저는 침대에 똑같은 상태로 누워 오빠 꿈을 꾸었습니다.

우리는 북부 위스콘신에서 어린 시절을 보냈어요. 방은 우리 어렸을 때처럼 똑같이 마주보고 있었죠. 전 제 방에 있었고 케일럽의 죽음 후 그곳에 머물렀습니다. 꿈에서도 오빠가 죽었다는 것을 충분히 알고 있었고 온 영혼을 다해 애도했습니다.

갑자기 복도에 쿵쿵거리는 익숙한 발자국 소리가 들렸어요. 의심할 것도 없이 케일럽이었죠. 처음엔 약간 예민하게 문밖을 내다봤습니다. 자기 방에 서 있는 케일럽이 보였습니다. 그의 얼굴, 몸과 옷 등 모든 게 분명했지요. 케일럽은 화장 당시의 옷을 입고 있었습니다. 그는 짜증을 내며 방의 물건들을 부스럭거렸습니다. 그리고 저를 봤어요. "브룩, 내 옷들이 다 어디 있는 거야?" 그러고는 자기 짐 가방을 들여다봤습니다.

저는 굳은 자세로 서 있었어요. 그가 죽은 것을 아는데, 그가 거기에 있다는 것도 알고 있었습니다. "오빠는 죽었잖아." 제가 말했습니다.

그는 저를 올려다보더니, 자기도 알고 있지만 몇 가지 챙길 게 있다고 했습니다. 우선 그는 지금 입고 있는 옷을 바꿔 입으려고 했습니다. "어디로 가게?" 저는 물었습니다.

"그냥 사람 좀 몇 명 만나려고"라고 답하면서 그가 자기 책상에서 무언가를 집었지만 저는 그게 뭔지 몰랐습니다.

"케일럽", 저는 부드럽게 말했습니다. "그건 좋은 생각이 아닌 것 같아. 모든 사람이 오빠가 죽은 줄 알고 있어. 그래서, 음, 사람들을 놀라게 할지도 몰라."

"진짜?" 그는 호기심에 찬 표정으로 고개를 숙이며 물었습니다.

"케일럽, 날 안아주고 가." 저는 눈에 눈물이 그렁그렁한 채로 말했습니다. 오빠는 그 강인한 팔로 저를 안아주었습니다. "가면 안 돼." 저는 반복해서 말했습니다. "모두 오빠가 죽은 줄 알고 있단 말이야. 가지 마, 다시는 오빠를 보지 못할 텐데."

그는 제 얼굴을 들어올리고 흘러내린 머리카락을 쓸어넘겼습니다. 그러고는 살짝 미소 지으며 제 눈을 똑바로 보고 말했습니다. "불쌍한 녀석." 그 순간 어떤 방식인지 이해할 수는 없었지만, 오빠가 자신이 존재했다고 말하고 있다는 걸 알 수 있었습니다.

저는 안개가 낀 듯한 기분으로 일어나 방 안에서 천천히 움직였습니다. 케일럽과 놀라울 정도로 가까이 있는 듯한 느낌, 아릴 정도로 가까이 있다는 느낌이 들었습니다. 저는 주말 사이 글을 쓰다 쉬는 시간에 정리를 하려고 큰 상자를 갖고 왔습니다. 그 안에는 케일럽의 책상 서랍에 있던 사진들, 종이와 다른 잡다한 것들이 있었죠. 케일럽의 친구들을 위해 사진들을 정리해 나눠줄 생각이었고, 부동산 관련 서류를 찾으려 했어요. 그때까지도 그 상자를 열어보지 않았습니다. 저는 걸어가 그 상자를 열었습니다. 케일럽의 사진을 보고 꺼냈습니다. 그리고 다시 손을 뻗어 카드 하나를 꺼냈습니다. 그 카드 안에는 케일럽의 손글씨로 쓰인 구절이 있었습니다. 리처드 바크의 『갈매기의 꿈』에 나온 대목이었죠.

우정이 시공간에 달려 있다면, 우리는 이미 형제애를 잃은 것이다.
하지만 공간을 벗어나 당신이 갖고 있는 모든 것은 지금 여기에 있다.
시간을 벗어나면 당신의 모든 것은 현재에 있다.
그리고 지금 여기의 중간에서
우리는 서로를 한두 번쯤 만날 수 있지 않을까?

이제 와 돌이켜볼 때, 사람들은 그 꿈의 의미가 무엇인 것 같냐고 물었습니다. 많은 사람이 제가 오빠와 실제로 만났다고 느끼는지, 그것이 오빠가 저에게 말하고자 한 것이었는지를 알고 싶어했습니다. 제가 말할 수 있는 것은, 죽음과 미지의 것으로 나뉘어 가장 멀리 떨어져 있어야 했던 밤이었지만 그날 그가 가장 가깝게 느껴졌다는 것입니다.

이 길에서 기억해야 할 중요한 것들

- 누군가 "이제 네 삶을 살아야 할 시간이야"라는 말을 한다면 당신은 "내 시간과 신의 시간이지 당신의 시간이 아니야"라고 답

할 권한이 있습니다.

- 검은 옷을 입고 싶다면 그렇게 하세요. 애도하는 동안, 당신이 원하는 어떤 색의 옷을 입어도 괜찮습니다.

- 한동안 혼자 있고 싶다면 그래도 괜찮습니다. 당신이 원할 때 사람들과 함께 있으면 됩니다.

- 당신이 원할 때 '미쳐버릴 수 있는' 시간과 장소를 찾아보세요. 숲에서 소리 지르거나 나무에 돌을 던지거나 텔레비전에 대고 욕하거나 고인의 옷을 입고 잠자리에 드세요.

- 자신에게 친절히 대하세요. 완벽함은 필요 없습니다. 도달할 곳이라곤 없이 그저 갈 뿐입니다. 여행에서 어디쯤 와 있는지 평가할 필요도 없습니다. 여행 중이라는 것만으로 충분합니다.

- 미래에 전념하세요. 이 약속은 당신의 두려움, 심리적 회피와 변명을 뛰어넘어, 그 순간 당신이 경험하고 있는 것들을 직면하게 해줄 겁니다.

- 당신만의 방식에서 벗어나세요. 상실로 인한 치유를 방해하는 가장 큰 장애물은 있던 자리에만 있어서는 안 되고, 성장하려면 우리의 인식보다 더 나아가야 한다는 생각입니다. 이런 기대를 버리길 바랍니다.

- 스스로를 확인하세요. 당신이 누구였는지, 누가 될지보다 현재 당신이 누구인지가 중요합니다.

- 두려움이 언제나 나쁜 것은 아닙니다. 두려움을 거부하지 않고 완전히 받아들여 겪으면, 변혁을 시작하는 내부의 변화가 일어납니다.

이 생에서 더 많은 지식과 성장을 끌어낼 수 없는 경험이란 없습니다. 커다란 상실은 우리가 그것을 별로 생각하기를 그만두고 하나의 과정으로 바라볼 때 새로운 삶을 창조하는 수단이 될 수 있습니다. 이 과정은 한 관계의 죽음에서 시작되어, 그것이 인식되고 받아들여지며 슬픔과 애도를 거쳐 새로운 탄생으로 끝납니다.

고인의 존재를 느낄 때

고인의 존재를 느끼는 것은 '환각지' 증후군phantom limb syndrome, 사지가 절단된 후에도 마치 없어진 팔다리가 존재하는 것처럼 느끼고, 절단부의 통증이나 이상 감각을 그대로 느끼는 증상과 비슷합니다. 많은 유족이 자신의 일부를 잃은 것처럼 느낍니다. 어떤 배우자들은 침대에서 고인의 존재를 느끼기도 합니다. 애도 기간에 고인의 발자국 소리를 듣고, 그의 체취를 맡고, 목소리를 듣거나 한순간 환영을 보는 일은 흔합니다. 이런 현상은 종종 우리가 일어난 일을 합리화하며 이해하고자 애쓸 때 일어납니다. 누군가 우리에게 메시지를 보내는 것일까? 뭔가를 들은 것일까? 우리가 그것을 '잃고 있는' 것일까?

캐서린 M. 샌더스는 『애도에서 살아남기』에서 이 깜빡임 현상flicker phenomenon에 대해 "시야의 바깥 가장자리는 깜빡거리는 그림자처럼 보인다. 순간 고인의 생각이 떠오르지만 우리가 그것을 직접 볼 때는 아무것도 보이지 않는다"라고 설명했습니다.

이렇게 보거나 느끼는 사람은 우리를 위로하거나 우리에게 가까이 다가오려는 고인일 수도 있습니다. 이런 경험을 합리화하며 이해하려고 애쓸 때 우리는 그 마법적인 힘을 빼앗게 됩니다. 왜 예상치 못한 죽음이 일어났는지를 이해 못 하듯이, 이 현상을 지나치게 분석하려 애쓰지 말고 그냥 편히 받아들이세요.

고인의 존재를 느끼지 못할 때

어떤 애도자들은 남들과 달리 자신은 고인의 존재를 느끼지 못한다며 고통스러워합니다. 그들이 당신과 '소통'하려 하지 않는다고 느끼며 사랑했던 사람에게 사랑받지 못하거나, 중요하지 않은 존재였던 양 생각하지 말아야 합니다. 고인과 주파수를 맞추지 못했다고 스스로를 가혹하게 대하지 마세요.

어떤 사람들은 고인의 존재를 느낄 수도 있다는 가능성을 받아들이기 어려워합니다. 그런 경우라면 사랑했던 사람의 존재를 나타낼 만한 간단한 것들을 찾아보세요. 예를 들어 조지가 죽은 뒤 패멀라는 엘리베이터에서 그가 가장 좋아하던 노래를 듣고 그가 함께하고 있다고 느꼈습니다. 그리고 아버지가 돌아가셨을 때는 그분이 길들이곤 했던 매가 산책 중 자신의 주위를 도는 것을 보고 순간 아버지와 연결되었다는 느낌을 받았습니다.

고인과 소통하기(아직 못 했다면)

어떤 식으로든 사랑하던 고인과의 '소통'은 유족에게 커다란 안도감을 줄 수 있습니다. 패멀라는 치료실에서 내담자들에게 사랑하던 사람이 예기치 않게 세상을 뜨기 전에 못다 한 말을 해보도록 격려합니다. 예를 들어 잠을 자느라 남편과 출근길 작별 키스를 못 했던 어느 9·11 테러 희생자의 미망인은 남편에게 사랑의 편지를 쓰고 그 아래에 키스로 사인을 남겼습니다. 그녀는 패멀라의 치료실에서 처음 그 편지를 소리 내어 읽은 뒤 자조 모임에서도 읽었고, 그의 비석 옆에 그 편지를 묻었습니다.

어느 날 치료 시간에 그녀는 말했습니다. "출근길 운전 중이거나 할 때 그에게 말을 걸곤 해요. 아이들을 보살펴달라 하고 내 시간이 다할 때에는 내 곁에 있어달라고 부탁하지요. 어떤 때는 그가 대답하는 것 같고 어떤 때는 전혀 아니에요. 하지만 말을 거는 건 내게 도움이 되었고, 남들이 날 미쳤다고 생각하든 말든 신경 쓰지 않아요."

브룩의 내담자 중 한 명인 베스는 여느 애도자들과 달리 갑작스레 세상을 떠난 그녀의 엄마에게 말하려 하지 않았습니다. 그녀 외의 다른 자매들은 고인과 소통하거나 대화한다고 정기적으로 보고를 해왔죠. 자신의 감정을 탐색하자 베스는 스스로 엄마와 연결되기를 두려워한다는 것을 깨달았습니다. '만약 엄마가 내가 한 결정들을 인정해주지 않는다면? 엄마가 내 삶 전체를 볼 수 있어서 내가 하는 일들 중 어떤 건 좋아하지 않는다면?' 브룩은 베스가 조금씩 마음을 열도록 격려했습니다. 스스로에 대한 의심은 사랑했던 사람과의 소통 능력을 방해할 수 있습니다. 서로에 대한 진정한 사랑은 설사 이해하거나 동의하지 않더라도 조건 없이 우리의 강점과 약점을 모두 껴안는 것입니다.

세상이 꿈같이 느껴질 때

누군가를 갑작스레 잃은 많은 사람은 세상이 갑자기 비현실적이라고 느낍니다. 마치 보거나 이해하지 못하고 떠 있는 상태와 비슷하죠. 시간 개념이 사라지면서 모든 게 희뿌예집니다. 날짜 개념은 그가 죽은

우리는 저마다의 속도로 슬픔을 통과한다

날로부터 하루 뒤, 이틀 뒤…… 이런 식으로 세게 되고 모든 표준적인 개념이 희미해집니다. 어떤 사람들은 당밀층_{원료}에서 설탕을 추출한 뒤의 잔액을 통과하는 것처럼, 슬로모션 영화처럼 느려진다고 묘사하며, 마치 자기 몸 안에 있지 않은 듯한 느낌이라고 합니다. 아마 이것은 우리가 치유를 위해 자연적인 방식으로 스스로의 속도를 늦추는 일일 겁니다.

헬렌 피츠제럴드는 『애도 안내서The Mourning Handbook』에서 말했습니다. "이 애도의 초기 단계에서 당신은 멍한 상태로 주변 세상과 자신이 분리되어 있다고 느낄 것이다. 이 시기 사람들은 종종 마치 관객이 되어 자신의 연극을 보는 것 같다고 말한다. 어떤 사람들은 일어난 일이 그저 악몽일 뿐 깨어나면 모든 게 정상으로 되돌려질 것 같다고도 한다." 이런 현상은 당신의 몸이 비극적인 상실을 겪어나가는 과정에서 일어납니다. 우리 신체와 마음이 그런 강렬한 타격을 입은 직후, 스스로를 현실로 몰아넣는 것보다 더 나은 방식으로 반응하는 것입니다. 그렇게 우리는 천천히, 한 단계씩 일상생활로 되돌아가게 됩니다. 세상의 많은 것이 여전히 관심 밖이겠지만 한 번에 한 걸음씩 추스르는 것입니다.

물러날 시간

많은 사람이 애도 중에 멍한 상태에 놓입니다. 세상이 꿈 같거나 자신과 분리되어 흘러가고 있는 듯 보입니다. 한때 즐겁고 행복감을 주었던 경험이나 사람들이 이제는 무감하게 여겨집니다. 한때 좋아했던 활동들이 이질적으로 느껴집니다.

어떤 사람들은 이 멍한 시기를 다만 며칠 동안 상대적으로 짧게 겪지만, 어떤 이들은 더 길게 겪습니다. 이것은 사랑하던 사람의 죽음으로 인한 압도적인 감정으로부터 스스로를 보호하려는 우리의 신체적인 반응입니다. 멍해지면서 모든 정보를 동시에 처리하기보다 스스로 감당할 수 있는 정보만 거르는 것이죠. 감정은 돌아오겠지만, 시간을 요합니다.

탈진한 상태에서는 매일 하던 활동들, 예전에 즐겨 하던 일들조차 버겁게 느껴질 수 있습니다. 대부분의 사람이 충격을 받은 직후에는 다양한 활동을 유지하지 못합니다. 스트레스를 더하지 않기 위해 스스로에 대한 기대를 최소화하세요. 관리자나 담당자와 연락해 당신이 한동안 쉬어야 한다는 점을 알리시길 바랍니다. 예를 들어 당신이 아이들 집이나 학교 스케줄, 운동 코치, 정규 볼링 시합 등에 참여하고 있었다면 한동안 쉬는 게 좋습니다. 이때 당신은 이 힘든 시기를 지나가는 데에만 전적으로 집중해야 합니다.

이 조언은 많은 사람이 말하는 것과 반대되는 내용입니다. 다른 사람들은 당신에게 "계속 참여하세요" "좀더 맡아보세요" "새로운 것을 시도해봐요" 또는 "일상으로 돌아가세요"라고 할 것입니다. 하지만 이런 충고들은 무의미합니다. 자신을 돌볼 에너지가 없거나 집중할 수 없는데 왜 책임을 더 짊어져야 하나요? 물론 당신은 잠깐씩 애도 상태에서 벗어날 수 있습니다. 하지만 당신은 여전히 애도 중이죠. 여기에는 돌아갈 수 있는 길이 없습니다.

우리는 저마다의 속도로 슬픔을 통과한다

상처가 되는 독백

아래의 독백은 애도 과정을 막고 당신을 옴짝달싹 못 하게 할 수도 있다는 점에 주의하세요. 흔히 우리 마음에 떠오를 수 있는 오해거리입니다.

- 신이 이유가 있어 그 사람을 데려가셨으니 나는 슬퍼하면 안 돼.
- 애도는 정신병 같은 거야.
- 고인에게 화가 나는 건 잘못이야, 그런 마음을 표현해서는 안 돼.
- 상실을 깨닫는 순간, 나 역시 죽을 것 같아 두려워.
- 내가 먼저 죽었어야 했어.
- 슬퍼하면 사람들은 나를 나약하다고 생각할 거야.
- 너무 자주 슬픔을 보이면 가족들의 기분까지 처지겠지.
- 교회에서 울면 신도들은 내게 신앙심이 부족하다고 생각할 거야.
- 내가 슬퍼하는 것을 본다면 아이들이 더 힘들어하겠지.
- 고인은 내가 슬퍼하는 것을 원치 않을 거야.
- 고통을 견디고 묻어두어야 해.
- 슬퍼하는 것을 멈추면 사람들은 내가 다시 행복해지리라고 생각할 거야.

이런 상처가 되는 독백의 쳇바퀴를 굴리고 있다면, 균형을 위해 긍정적인 말을 떠올리는 게 중요합니다. 파괴적이거나 상처가 되는 생각을 적은 뒤 좀더 긍정적이고 현실적인 생각을 적어보세요. 예를 들어 "고인은 내가 애도하는 것을 원하지 않을 거야"는 도움이 안 되는 말입니다. "고인은 내 다양한 감정 상태를 이해하고 존중해줄 거야"라고 쓸 수 있는 거죠. 언제든 부정적인 생각이 떠오르면, 그것을 긍정적이고 좀더 현실적인 말로 바꿔보길 바랍니다.

충동적인 삶

어떤 유족들은 행동을 절제하지만 또 다른 이들은 충동적으로 활동합니다. "인생은 짧아. 내가 항상 해보고 싶었던 것들을 지금 다 해버리는 게 나아. 돈을 다 쓰고 집을 팔고 하와이로 이사 가서 책을 쓰고 이혼을 하고……" 이런 식의 생각을 하지요. 어떤 사람들은 불필요한 위험을 감수합니다.

1년간 자신의 행동을 주의 깊게 살펴보길 바랍니다. 충동적인 결정은 내리지 마세요. 집을 팔거나 다른 지역으로 이사 가거나 이혼 등을 할 시기가 아닙니다. 안개가 사라질 때까지, 가능한 선택들을 명확히 볼 수 있을 때까지 기다리세요.

즉각적인 되새김과 강박적인 생각들

애도의 한 시기에 우리는 마음속으로 고인과의 시간들을 되돌아보기도 합니다. 죽음의 다른 가능성을 떠올려보기도 하며 무슨 일이 일어났던 건지 이해하려 애씁니다. 어떤 경우에는 이런 되새김이 강박적으로 떠올라 아무리 애써도 다른 것은 전혀 생각할 수 없게 됩니다.

외상후스트레스장애를 겪을 경우 사망 전날, 또는 사망 직전의 시간을 되돌려 살기도 합니다. '만약 다른 길로 갔더라면…… 내가 가지 말라고 했더라면…… 내가 옆에 있었더라면 사고를 막았을 텐데'

우리는 저마다의 속도로 슬픔을 통과한다

와 같은 생각을 반복, 또 반복합니다.

누군가를 잃었다는 첫 소식을 듣는 순간, 우리 마음은 필터처럼 작용합니다. 그 즉시 사실과 세부 사항들은 날아가고 최소한만 알아듣게 되죠. 세부 사항까지 속속들이 안다면 우리는 견딜 수 없을 것입니다. 따라서 우리 마음은 육체와 심장이 조금이라도 견딜 수 있을 때까지 사실을 거르고 또 걸러냅니다. 어느 시점에 이르러 몸이 얼마쯤 회복되면 마음은 더 많은 정보를 받아들입니다. 이 시기에 우리는 본능적으로 해결책을 찾게 됩니다. 무슨 일이 일어난 건지 알아내고자 고군분투하면서, 생각의 되새김질이 시작되는 거죠. 기이해 보일지 몰라도 우리는 모든 가능성을 탐색합니다. 이런 탐색은 우리가 한때 알았던 삶이 이제는 바뀌었다는 사실을 천천히 내면화시켜줍니다.

이때가 바로 애도 과정에서 중심축이 되는 순간입니다. 이 시점에, 또는 이 시기에 다다르면서 우리는 마침내 죽음의 실체를 인정하게 됩니다.

'만약에'라는 사고방식

'만약에'는 많은 유족을 괴롭히는 죄책감의 게임입니다. 예상치 못했던 죽음이라면 '만약에'라는 의문이 강하게 떠오릅니다. 상황이 그야말로 '통제 바깥'에 있었기 때문에, 우리 본성은 이 비통제성을 통제하기 위한 방법을 찾고자 싸웁니다. 우리는 무의미함의 의미를 애타게 바라기 때문에 많은 경우 이 통제력의 유일한 길은 자기 비난이 됩니다.

'내가 알고 있었어야 했어.' '그와 2분만 더 이야기를 했더라면.' 유족들은 스스로에게 이렇게 말합니다. 이 죄책감을 알아차리는 것이 통제를 벗어난 상황을 통제하는 방법이고, 이것을 내려놓고자 노력해야 합니다. 죄책감이 들 때마다 그것이 통제를 원하는 스스로의 갈망임을 기억하고 빠져들지 않도록 하세요. 당신은 이미 일어난 일을 바꿀 수 없으며, 당신이 미리 바꿀 수 있었던 일이란 없습니다. 아무도 이런 일이 일어나리라는 것을 알 수 없었고, 그런 통제력과 예지력을 가진 사람은 어디에도 없습니다. 브룩 역시 '내가 알았어야 했는데'라는, 돌고 도는 러닝머신을 달렸습니다.

사랑하는 사람을 잃은 이들, 그리고 그에 대해 어떤 식으로든 자책하는 데 매달리는 상황을 많이 접했습니다. 정말 이상한 사고를 당했던 오빠의 죽음에 직면해서도 우리는 "알고 있었어야 했는데" "그걸 막았어야 했는데"라고 말할 만한 것들을 찾아냈습니다. 그런 말을 막으려 해도, 새어 나올 때가 있었습니다. 아무도 이런 현상을 막지 못했지요.

패멀라의 내담자인 바버라는 외동아들인 브라이언이 군인으로서 이라크전에 참전했다가 사망했을 때 느낀 죄책감을 숨김없이 말했습니다.

브라이언은 9·11 테러 이후 나라를 위해 봉사하려는 마음으로 가득했어요. 그 아이의 본성 중 어디에도 공격성이라곤 없다는 것을 알았기에 그런 갑작스런 가치관의 변화를 이해할 수 없었습니다. 브라이언

우리는 저마다의 속도로 슬픔을 통과한다

은 나라를 위한 봉사의 길일 뿐 아니라, 사회적인 삶을 위한 가치 있는 훈련 기회라고 고집했어요. 자기 아들을 기꺼이 전쟁터로 보낼 엄마가 어디 있었어요. 저도 절대 그런 엄마가 아니었습니다. 하지만 더 단호하게 못 가게 했어야 했습니다. 당신이라면 뭘 할 수 있었을까요? 차키와 아이패드를 빼앗았어야 했을까요? 브라이언은 자기 결정은 알아서 내리는 다 큰 성인이면서도 제게는 작은 아이였습니다. 그 애를 막을 방법을 찾아냈어야 했어요.

바버라는 이후 아들을 설득할 다른 방법이 없었다는 것을 깨달았습니다. 아들을 자랑스레 여기며 그녀의 죄책감은 줄어들었죠. 그녀는 최근 패멀라에게 "우리 모두는 자기 삶에 영향을 끼칠 결정을 내려요. 제 반대에도 불구하고, 브라이언은 스스로가 옳고 명예롭다고 느끼는 대로 했고, 저는 살아 있는 한 그 아이를 존중할 거예요"라고 말했습니다.

고통의 쳇바퀴를 돌게 스스로를 내버려두지 마세요. 자책을 멈출 수 없다면 전문 상담가나 치료사, 성직자를 찾으세요. 애도하는 동안 우리는 객관적이지 못합니다. 전문가는 우리 생각이 비현실적이며 근거가 없다는 것을 알도록 도와줄 수 있습니다.

두려움

애도 기간에 우리는 두려움으로 약해질 수 있습니다. 어떤 사람들은 한정된 영역에서 두려움을 느끼지만, 공포에 압도되는 사람도 있습니다. 두려운 것은 매우 자연스러운 일입니다. 우리는 가장 예상치 못했던 비극을 겪었습니다. 흔한 두려움은 다음과 같지요. 사랑하는 사람이 죽었던 상황과 어떤 식으로든 비슷한 상황에 대한 공포, 사랑하는 다른 사람들이 해를 입지 않을까, 내가 앞으로 나아가지 못하게 되지 않을까, 자살하지 않을까, 단순한 행동에서도 비극이 벌어지는 것은 아닐까.

이런 두려움엔 몇 가지 목적이 있습니다. 애도 초기의 두려움은 일어난 죽음 외에 다른 것에 집중하게 합니다. 또 잠재적인 통제감을 주기도 합니다. 차에 탔다가 죽게 되나 않을까 두렵다면 차를 타지 않는 선택을 하면서 우리가 상황을 통제하고 있다는 환상을 품을 수 있게 됩니다. 앞서 설명했듯이 비극적인 죽음이 닥치면, 우리는 일반적으로 어떤 통제력이라도 찾으려 합니다. 대부분의 두려움은 자연스럽게 진행됩니다. 어떤 두려움이라도 당신을 쇠약하게 만들었거나 혹은 만들고 있다면, 또는 공황 발작으로 표현되고 있다면 전문가를 찾아가길 권합니다. 애도란 우리 각자에게 독특한 경험일 것이라고 했던 이 책의 내용을 다시 떠올려보세요. 여기에 없는 증상들, 또는 사소한 증상을 겪고 있더라도 괜찮을 뿐 아니라 정상입니다. 기억해야 할 중요한 점은 당신이 이러한 감정을 다루어야 한다는 것입니다. 때로 다른 사람의 도움이 필요할 수 있습니다. 애도 과정을 거치고 있는 스스로를 살펴보세요. 마음속 깊은 곳에서 당신이 걸어가고 있는지, 초기나 중간에서 옴짝달싹 못하고 있는지 알 것입니다. 삶에는 우리가 홀로 대면해야 할 것이 많지만, 애도는 그런 것이 아닙니다.

우리는 저마다의 속도로 슬픔을 통과한다

4장

애도 과정에 대한 잘못된 믿음과 오해

애도가 당신에게 일어나는 수동적인 일일 필요는 없다.
애도는 삶에서 끔찍한 상실을 겪은 당신의 상처를 치료하기 위한
최우선의, 가장 중요한 것이다.

밥 데이츠, 『상실 이후의 삶Life after Loss』

———

애도는 우리 대다수에게 낯선 땅이자, 이해하지 못할 내면의 언어로 말하고 듣는 법을 찾아야 하는 세계입니다. 낯선 곳에서는 가이드가 도움이 되기 때문에, 이 장에서는 애도라는 영역을 탐색하는 데 도움이 될, 공통된 잘못된 믿음과 오해에 대해 설명하려 합니다.

삶이 비극으로 무너져 내릴 때, 특히 갑작스럽고 예기치 않았던 죽음의 상황에서 감정적으로나 실질적으로 예상할 수 있는 바가 무엇인지 가르쳐줄 학교나 가정은 거의 없습니다. 갑작스러운 상실은 우리를 감정과 본능의 회오리바람으로 에워싸고 뒤틀며 흔들어 우리 자신을 마치 다른 행성의 이방인처럼 느끼게 합니다. 토네이도가 닥쳤을 때처럼 준비할 시간이 없습니다. 경고의 신호는 아주 미미하거나 전혀 없습니다.

우리는 삶이 이토록 미약하고 취약할 거라고는 미처 생각지 못했습니다. 끔찍한 상실을 한번 경험하고 나면 우리는 더 이상 삶을 예전처럼 마주할 수 없게 됩니다. 우리는 인간이라는 유기체의 연약함을 깨닫고, 과거와 전혀 다른 방식으로 삶은 소중해집니다.

당신은 '애도는 벌어진 무언가'라는 느낌에서 '애도는 나를 치유하는 무언가'로 의식을 전환할 수 있습니다. 인생이 당신의 통제에서 벗어났다고 느꼈던 때를 떠올려보세요. 이번엔 통제력이 당신에게 있고

우리는 저마다의 속도로 슬픔을 통과한다

어떻게 애도할 것인지도 당신이 결정할 거예요. 이 점이 큰 힘이 되어 줄 수 있습니다.

이 장에서는 사람들이 애도에 대해 흔히 갖고 있는 잘못된 믿음을 다루려 합니다. 당신이 이미 마주쳤을 수도 있는 것들이죠. 우리는 이 것들을 이해함으로써 더 잘 이겨낼 수 있을 겁니다.

잘못된 믿음 1
죽음은 죽음이니 갑작스럽든 천천히 준비하든
우리는 모두 같은 방식으로 애도한다

물론 애도 과정에 일부 공통점은 있습니다. 하지만 사실 우리는 삶의 경험과 나이, 성별, 유연성, 기존에 겪은 상실의 경험, 건강 상태, 문화 적 경로, 그리고 고인과의 관계에 따라 고유한 방식으로 '애도를 하 게' 됩니다. 고인과의 똑같은 과거를, 똑같은 경험을 갖고 있는 사람 은 아무도 없죠.

예고 없이 누군가를 잃은 우리가, 장기간의 병이나 부상으로 인한 상실을 겪은 사람들과 같은 방식으로 슬퍼하고 회복해야 한다는 것 은 잘못된 믿음입니다. 우리 모두가 똑같은 방식으로 애도하고, 매뉴 얼대로 고인을 떠나보낼 수 있다면 그보다 쉬운 일은 없겠지만, 애도 는 그런 것이 아닙니다. 다른 사람들에게 당신의 애도가 다를 거라고 설명하는 일은 중요하지 않아요. 애도를 겪는 당신만의 길을 스스로 이해하는 것이 중요합니다.

잘못된 믿음 2

바쁘게 살면 애도를 줄이거나 없앨 수 있어

고통을 피하기 위해 바쁘게 지내려고 하는 유족들이 있습니다. 집이나 옷장을 청소하고 선반의 먼지를 털거나 하는 일에 시간을 들이는 거죠. 하지만 이런 '바쁨'은 그저 잠깐의 효력을 발휘할 뿐이며 곁길임을 알게 될 것입니다.

애도를 피할 방법은 없습니다. 바쁘게 지내는 것이 (술, 마약 또는 과식처럼) 기분을 일시적으로 바꿔줄 순 있겠지만, 결국에는 마음 깊이 아끼던 누군가가 사라졌다는 현실을 직면해야 하죠.

잘못된 믿음 3

난 미쳐버리거나 '정신이 나갈' 거야

갑작스러운 죽음은 살아남은 이들에게 많은 부분에서 정신적 외상을 남깁니다. 외상을 입은 이는 사람들의 기대와는 다른 식으로 행동할 수 있습니다. 멍해지거나 매사에 무심해지는 것이지요. 당신 주변의 사람들은 당신이 정신을 완전히 놓을 거라고 예상했다가 "와, 넌 정말 잘하고 있구나"라거나 "네가 더 안 좋은 상태일 줄 알았어"라는 말을 할 수도 있습니다. 당신은 결정을 내리지 못한 채로 안갯속을 걷는 듯한 기분일 수도 있습니다. 그럴듯하게 행동하면서 겉으로는 더 잘 지내는 것처럼 보일 수도 있습니다. 마음이 상상도 하기 어려운 것과 씨름 중일 때 허공을 응시하는 것은 흔한 일입니다. 얼마 동안은 훌쩍이지도, 울지도, 통곡하지도 않을 수 있습니다. 주변 사람이나 가족에게는 수수께끼처럼 여겨지겠지만, 이런 행동은 대다수의 유족이 보고

우리는 저마다의 속도로 슬픔을 통과한다

한 경험입니다. 정상적이고 일시적인 감정이죠.

일부 토착 문화에서는 '미쳐버리는 것'을 완전히 용인하지만, 현대 문명에서는 유족이나 가족을 그런 감정으로부터 보호하기 위해 치료를 합니다. 그런데 우리가 왜 이런 감정을 두려워해야 할까요? (적정선 안에서) 미치는 것은 애도 과정에서 충분히 수용 가능하고 건강한 부분입니다. 우리는 고통스러운 감정을 표현함으로써 치유 과정을 촉진할 수 있습니다.

잘못된 믿음 4
너무 오래 애도하지 않아야 해, 1년이면 충분하겠지

때로 사회적, 종교적인 신념은 시간제한, 입어야 할 옷, 해야 할 행동, 언제 어디서 그리고 누구에게 죽음에 대해 이야기해야 하는지 등등 애도에 대한 규칙을 강요합니다. 다른 많은 죽음과 마찬가지로 갑작스러운 죽음의 경우에도 우리는 삶을 다시 포용하기 위한 자신만의 길을 찾아야 합니다. 갑작스러운 죽음 이후 재조정 시기는 2년이 넘게 걸리기도 하며, 어떤 면에서 우리는 결코 그 상실을 '극복'하지 못합니다. 애도에 대한 표현은 무의미한 비극처럼 느껴지는 상황에서 의미를 만들거나 이해하려는 시도로부터 벗어나야 하며, 여기에 시간제한이란 있을 수 없습니다.

잘못된 믿음 5

신이나 주변 상황에 대한 분노를 표한다면

나쁜 사람이고 그 '대가'를 치르게 될 거야

어떤 이들에게는 분노의 감정이 굉장히 불편하게 다가오지만, 바로 그 표현이 가장 중요한 것입니다. 만약 당신이 신에게 화가 났다면 스스로를 너무 엄격하게 재지 마세요. 얼 그롤먼이 말했죠. "신에게 고함을 쳐도 괜찮다. 받아들이실 수 있는 분이다."「시편」은 부당함에 대하여 하느님을 향해 쏟아내는 격노로 가득합니다. 하느님은 우리가 내던지는 모든 것을 다루실 수 있다고 우리는 믿습니다. 그러나 분노가 (귀중품을 깨뜨리거나, 누군가를 위협하고 죽이려 한다든지, 교회나 병원을 불태우려고 하거나, 자살 생각이 드는 식으로) 통제를 벗어날 때에는 즉각 전문가로부터 적절한 도움과 지도를 구해야 합니다.

잘못된 믿음 6

친구들이 이제는 놓아줘야 할 때라고 하네

다른 사람들도 삶에 다시 적응했으니 나도 그래야 하겠지

당신은 받은 사랑과, 배운 것과, 얻은 선물에 대한 기억을 붙들고 있기로 할 수 있습니다. 마음속 특별한 장소에 고인에 대한 사랑을 간직할 수도 있습니다. 가족이나 친구들의 말과 달리, 과거의 중요한 부분을 지키고자 하는 마음은 당신을 가로막는 것이 아닙니다. 브룩의 어머니도 그랬죠. 그분은 자식을 한 명 잃었는데도 항상 당신을 두 아이의 엄마라고 말합니다. 죽음은 고인과, 고인이 우리 삶에 미친 영향을 없앨 수 없습니다. 고인을 기억하고 특별한 순간들을 다시 체험하는

우리는 저마다의 속도로 슬픔을 통과한다

일은 계속해서 당신이 삶을 영위해나가도록 해줄 수 있습니다. '난 잊지 않기로 했어'라는 태도가 내려놓음의 개념과 반대되는 것처럼 보일 수 있지만, 실은 당신의 회복을 돕고, 통제 불능의 상황에 대해 얼마간 통제감을 주기도 하죠.

친구와 친척들은 (자기네 일정에 따라) 당신이 다시 살아가게 하고자 "이제 과거는 흘려보내고 네 삶을 살아"라고 격려할 수도 있습니다. 그들의 의도는 선할뿐더러 부분적으로는 옳습니다. 하지만 당신에게는 먼저 마쳐야 할 미완의 작업이 있을 수 있습니다. 고인에 대한 감정을 간직하고 현재를 존중하며 미래로 나아가고자 하는 만큼, 과거의 추억을 소중히 지키길 권유합니다.

잘못된 믿음 7

정해진 기간 동안에는 검은 옷을 입어야 해
그러지 않으면 고인을 모욕하는 거야

검은 상복은 고대로부터 내려오는 풍습입니다. 그것은 사람들이 영혼에 대해 믿고 영향을 받던 시절, 특히 악령이 시체 주위를 맴돌 거라고 믿던 시기에 그 연원을 둡니다. 검은 상복은 악령의 눈에 띄지 않고 문제가 되지 않으려는 의도로 입었습니다.

19세기에는 애도 기간과 각 시기에 입어야 할 의복에 대한 규칙이 정해져 있었습니다. 남편을 잃은 아내는 정확히 2년간 깊은 애도를 해야 했습니다. 마거릿 M. 코핀은 『초기 미국의 죽음Death in Early America』에서 다음과 같이 적고 있습니다. "빅토리아 시대에는 여성이 자신의 부모나 자녀의 죽음을 애도할 때 1년간 어두운 색 옷을 입었다. 이 기간은 전통적으로 아내가 남편의 죽음을 애도하는 기간의 절반이었고, 의복은 유사했다. 조부모와 형제들, 유산을 남긴 지인들을 위해서는 6개월 동안 애도복을 입었다. 이모나 삼촌, 조카에 대한 애도 의무는 3개월에 그쳤고, 흰 테두리 장식이 허용되었다."

다행히 현대의 애도 의복은 크게 바뀌어서 우리는 더 이상 의복 색으로 상실의 깊이를 평가받지 않습니다. 더구나 의복은 우리가 스스로를 어떻게 생각하는지에 뚜렷한 영향을 미칩니다. 밝은 색은 우리와 주위 사람들의 영혼을 고양시키는 데 도움이 됩니다. 그러니 당신을 기분 좋게 하는 옷이라면 어떤 것이든 입기를 망설이지 마세요.

패멀라가 아는 한 여성은 남편의 장례식과 이후의 몇 개월의 애도 기간에 붉은색, 흰색, 푸른색미국 국기의 세 가지 색 옷을 입었습니다. 그녀의 남편은 전쟁 중 국가에 봉사했으며, 갑작스럽게 죽었을 때에도 애국자였죠. 그녀가 선택한 복장은 명백히 남편을 기리기 위한 옷이었습니다.

잘못된 믿음 8

슬픔을 덜어줄 술이나 약에 의존하면
기분이 나아지고 슬퍼하지 않게 되겠지

어떤 유족은 임의로 술이나 항우울제를 먹는다든가 복용량을 늘립니다. 그래도 애도의 감정은 사라지지 않습니다. 일시적으로 수면 아래 잠복해 있다가 다시 나타날 기회를 엿볼 뿐이죠. 사람들은 '이겨내기 위해 술(약)을 먹으면 정신을 차릴 때쯤 슬픔도 사라져 있을 거야'라고 잘못 생각합니다. 진실로부터 멀어질 수는 없습니다. 술이나 약을 끊으면 당신은 중단했던 시점에서 다시 애도를 시작하게 되죠. 지름길

우리는 저마다의 속도로 슬픔을 통과한다

이란 존재하지 않습니다.

물론 안정제를 처방받는 것은 어렵지 않고 술 한 병을 사는 것도 쉽지만 이를 장기적인 해결책으로 삼는다면 해가 되는 면이 훨씬 큽니다. 혼란을 부추기고 회복 과정을 더디게 하죠.

하지만 극단적인 불안과 우울을 겪거나, 감정이나 결정을 마주할 만큼의 휴식을 취할 수 없다면 약물의 도움을 받을 수도 있습니다. 사랑하는 사람을 잃은 직후 단기적으로 수면보조제나 항불안제를 처방받아 도움을 받는 사람은 드물지 않습니다. 전문가가 이 과정을 도울 수 있습니다.

『상실 이후의 삶』에서 밥 데이츠는 "애도를 제어하려면, 모든 감각을 동원해 상실과 마주해야 한다. 평온하게 마취된 상태에서는 그럴 수 없다"고 쓴 바 있습니다.

잘못된 믿음 9
사랑했던 사람의 상실에 대해 말한다면 더 고통스러워질 거야

당신은 그에 대해 이야기하고, 이야기하고, 더 이야기해야 합니다. 당신이 더 이상 말할 수 없을 때까지…… 적어도 당분간은 당신의 말을 듣고 대화를 해줄 누군가를 찾으세요. 다시 말해야 할 때에는 처음부터 모든 이야기를 하세요. 경험하지 않으면 슬픔을 헤쳐나갈 수 없습니다. 숨기거나 부인하면 기간만 더 연장될 뿐입니다. 이 과정을 거쳤던 다른 사람들을 만나서 대화하는 것이 도움이 될 겁니다. 『상실과 함께 살아가기: 애도하는 아내들을 위한 명상Living with Loss: Meditations for Grieving Widows』에서 엘런 수 스턴은 "원하는 만큼 최대한 많이 말하도록 두는 것이 반드시 필요하다. 사랑하던 사람을 회상하고, 그의 마지막 날, 장례식, 그리고 죽음을 둘러싼 다른 세부 사항들을 정리하면서 치유가 촉진된다. 지금은 당신을 지지하고 이해해주며 필요한 만큼 말하는 것을 기꺼이 들어줄 사람들과만 시간을 보내라"고 썼습니다.

엘런의 이야기

엘런은 38세 남편의 예상치 못한 죽음에 막 적응하기 시작한 단계였습니다. 그녀는 주변에 친구가 없다고 느꼈습니다. 고립감이 너무 압도적이어서, 자신이 겪는 불안에 대한 처방이 필요하다고 생각했습니다. 또 아는 게 거의 없었던 재산과 부동산 문제를 처음 다뤄야 했지요. 이것은 그녀를 더욱 불안하게 만들었습니다. 그녀는 자조 모임에 곧 합류했습니다. 단 두 차례의 만남을 가졌을 뿐인데 고양감이 일어 긍정적인 상태가 되었습니다. 엘런은 현재 이 모임에 정기적으로 참석하고 있으며 덜 '미친' 것처럼 느끼고 통제감을 좀더 갖게 되었습니다. 모임의 도움을 받아 변호사와 회계사에게 일을 천천히 진행하고, 좀더 분명하게 설명해줄 것을 요구했죠. 너무 많은 결정을 내려야 하는 상황은 조금 뒤로 미루고, 모임 멤버들로부터 부동산 문제에 대해 더 많은 정보를 얻으면서 자신의 재정 문제를 의논했습니다.

잘못된 믿음 10

'견딜' 수 있을 만큼 강해야 하지 않을까?

이 시기를 혼자 견딜 수 있을 거라고 기대하지 마세요. 구할 수 있는 모든 지원을 구할 필요가 있습니다. 가족과 친구들에게 도움을 청해야 합니다. 한동안은 홀로 견뎌야 한다는 잘못된 생각을 할지도 모릅니다. 하지만 우리는 정직하고도 애정 어린 분위기 속에서 받아들여질 때 상실로부터 회복될 수 있습니다. 고통을 함께 나눌, 그 어떤 질긴 죄책감도 다룰 수 있는, 미래에 대한 희망이 비치는 자조 모임을 찾거나 만드세요. 당신의 개인적인 성장을 '볼' 수 있는 가장 좋은 방법 중 하나는 당신이 '얼마나 멀리 왔는지' 확신을 주는 자조 모임과 함께하는 것입니다. 모임 안에서 우리는 우리가 한때 있었던 과거의 어느 자리에 있거나 우리 앞에서 회복 중인 다른 사람들, 그리고 새로운 관계를 시작할 준비가 된 이들과 아주 초기 단계에 있는 사람들을 보게 됩니다. 그들이 애도 과정 어디에 있든지 당신은 많은 공통점을 발견하고 또 당신의 경험을 공유하면서 영감을 받을 것입니다.

갑작스러운 상실로 인한 충격과 고립으로부터 회복하는 과정은 엄청나게 힘이 들며, 당신의 건강에 해를 끼칠 수도 있습니다. 어려움을 겪고 있을 때, '그 자리에 있어봤고 그 과정을 겪었던' 누군가와 이야기해보는 게 위로가 되지 않을까요? 당신이 겪고 있는 고통스러운 과정과 삶의 변화를 이해하는 누군가와 함께하는 곳에는 위안이 되는 무언가가 있습니다. 성취뿐 아니라 고통을 말할 때에도 공감해주는 많은 사람을 대하는 일은 실제로 큰 치유력을 발휘합니다. 연구에 따르면, 모임이 줄 수 있는 장점 중 하나는 면역력을 향상시켜준다는 것입니다! 다른 사람을 도울 때, 당신 스스로의 치유 과정도 좀더 속도를 내게 된다는 것을 알게 될 것입니다. 크든 작든, 전문적으로 운영되든 회원들이 운영하든, 모임에서 이해와 지지를 받을 뿐 아니라 유용하고도 실질적인 정보를 주고받을 수 있습니다.

잘못된 믿음 11
가족과 몇몇 친구가 거리를 두는 걸 보니 내가 뭔가 잘못한 거야

가족과 친구들도 저마다 애도를 겪어나가면서 당신과 멀어지는 시기가 있을 것입니다. 당신에게 자신의 감정을 표현하면 당신의 애도에 불필요한 영향을 미칠 거라고 생각할 수도 있습니다. 어떤 이들은 그저 당신이 '앞으로 나아가길' 원하고, 당신이 더 이상 상처받는 것을 보고 싶어하지 않을 수도 있습니다. 가족과 친구들로부터 지지를 받지 못한다면 당신은 버림받은 기분이 들고 화가 날 겁니다. 그들을 바꾸려 하거나 할 수 없는 일을 하게 하려고 애쓰기보다는 지지를 받을 다른 곳을 찾으세요.

잘못된 믿음 12
고인이 더 이상 고통받지 않는다는 것에 안도해야 해

당신은 아마 "순식간에 죽었잖니, 그나마 그것에 감사하렴" 같은 말을 들었을 것입니다. 만약 고령이거나 오랜 고통 속에 있었던 분을 갑자기 잃었다면 당신도 아마 그런 식으로 생각했을지 모릅니다. 하지만 우리 대부분은 때 이른, 남겨진 사람에게는 너무나 급작스러운 죽음을 겪었습니다. 그들이 빨리 사망했다는 사실은 거의 어떤 위로도 되지 못합니다.

잘못된 믿음 13
언젠가 또 다른 상대(배우자, 아이, 부모, 사랑하는 사람 등)를 만날 테지
그 사람이 이 고통을 지워주고 잃어버린 자리를 채워줄 거야

맞습니다, 당신은 언젠가 '다른 사람'을 만나겠지만 그가 당신이 잃은 그 사람의 자리를 대신해줄 거라는 기대는 그들에게 불공평한 짐이 될 뿐 아니라 미래에 더 많은 고통이 될 것입니다. 당신이 언젠가 누군가를 사랑하고 비슷한 관계를 맺을 수 있으리라는 점을 편히 받아들이고, 동시에 그 자리가 다른 사람으로 대체되지 않으리라는 현실을 직면하는 것이 건강하고 희망적인 자세입니다.

잘못된 믿음 14
애도의 한 단계를 끝냈으니, 이제 다음 단계로 넘어가면 돼

잘 알려진 '애도의 다섯 단계'(퀴블러로스)의 측면에서, 어떤 이들은 애도가 직선적인 일련의 과정이라고 잘못 생각하기도 합니다. 앞서 언급했듯이 회복은 당신을 절망의 1층에서 평화와 이해의 최고층으로 데려다주는 엘리베이터 같은 것이 아닙니다. 앞으로 조금 나갔다가 뒤로 몇 걸음 물러서고 같은 곳으로 되돌아오며, 시작점에 서 있게 되기도 하는 미로 같은 것에 더 가깝죠. 유령의 집 안의 사방이 거울로 된 방처럼, 빠져나갈 때까지 왜곡되고 변형된 자신의 모습을 보고 또 보게 되는 것과 비슷합니다.

잘못된 믿음 15

좋았던 시간을 떠올리며 안도하면 결국 고통 속에 갇힐 거야

우리를 막히고 갇혀 있게 만드는 기억과 삶으로 나아갈 수 있게 해주는 기억들이 있습니다. 시간이 지나면서 당신은 그 차이를 알게 될 것입니다. 당장은 사랑했던 사람의 기억이 당신을 가둘 거라는 걱정 같은 건 하지 마세요.

잘못된 믿음 16

아이들은 죽음을 잘 이해하지 못하니,

장례 계획이나 추도식에 참여하게 할 필요가 없을 거야

9장 「아이들의 애도 돕기」에서 언급되듯이, 발달 단계에 따라 아동들은 죽음을 이해하고 깊은 상실감을 느낍니다. 갑작스럽고 예상하지 못했던 죽음을 맞으면 안전한 세계에 대한 아이들의 믿음은 변합니다. 연령과 할 수 있는 바에 따라 어떤 식으로든 아이를 장례식이나 추도식에 참여시키도록 하세요. 어떻게 느끼는지를 짧은 편지나 그림으로 표현하도록 하고 그것을 관에 함께 넣어주세요. 어떤 아이들은 고인의 모습에 겁을 먹을 수도 있는데, 이 두려움을 존중해줘야 합니다. 아이들이 겁먹거나 불편해하는 일은 절대로 하지 않도록 하세요. 마찬가지로 그들이 분명하고 일관성 있게 참여하길 원한다면 배제하지 마세요. 이런 통제 밖의 상황에서 그들에게 마무리할 기회를 주고 얼마간 통제감을 주는 일에 참여시키는 것은 분명히 그들을 위하는 일입니다.

잘못된 믿음 17

고인을 제대로 기리려면 반드시 전통적인 경야經夜와 매장 방식을 따라야 해

많은 사람이 편히 받아들이고 선택하는 기본적인 장례 형태가 있지
만, 여기에도 다른 많은 선택지가 있습니다. 케일럽을 잃었을 때, 브룩
의 가족에게는 장례식이라는 게 적절하지 않게 여겨졌습니다. 그들이
생각하기에 케일럽은 자신을 기리는 파티나 기념행사를 좋아할 것 같
았죠. 가족들은 케일럽이 가장 좋아하던 시내의 술집과 음식점에서
파티를 열었습니다. 400명이 넘는 사람이 찾아왔고, 시내 곳곳의 많은
가게가 음식과 음료를 기부했습니다. 브룩과 어머니는 지역 묘지에 묘
비를 세우는 대신 케일럽이 가장 좋아하는 호수의 바위 위에, 그가 가
장 좋아하던 글귀를 새긴 청동 패를 두었습니다. 당신에게 가장 좋다
고 느껴지는 방식대로 하세요. 고인이 더 원했을 거라고 생각되는 것
을 두고 장례식장이나 성직자가 권하는 장례 형태를 따르지 마세요
(부록의 추도식 부분을 참고하세요).

잘못된 믿음 18

애도를 거쳐 '상실을 극복'할까봐 두려워
그를 잊고 싶지 않아!

애도란 우리가 '이겨'내거나 마치 병에서 치유되는 듯 이뤄지는 것이
아닙니다. 그것은 삶에서 새로운 단계로 가는 하나의 여정입니다. 목
표는 잃거나 해결하는 것이 아닙니다. 삶과의 조화가 그 목적입니다.
　고통과 상실의 시간 동안 우리는 모든 순간과 기억에 매달리려 합
니다. 많은 유족이 고인의 개인 물건에 손대지 않으려 합니다. 아내는

남편의 옷을 옷장에 남겨둡니다. 부모는 아이들의 방문을 닫아두려고 하죠. 당신이 준비가 되었을 때 따로 보관하거나 기증한다고 해서 추억을 무시하는 것은 결코 아닙니다.

고인을 잊어버릴까, 추억이 희미해질까 하는 두려움은 매우 강력한 불안감이지만, 그들의 유품을 그대로 두는 것은 우리를 억압하고 잡아두며 때로는 우리의 성장마저 멈추게 합니다. 결국 우리의 목표는 붙잡아두기와 내려놓기 사이의 균형입니다. 당신의 특별한 추억에 감사하고, 기억하고 기록하며, 포기하지 마세요. 동시에 우리가 성장할 것이며, 유품 중 일부를 떠나보낼 수 있을 만큼 에너지를 회복할 거라고도 생각해야 합니다.

잘못된 믿음 19

도와줘, 반복되는 되풀이 상태에 빠졌어

이 생각에서 벗어날 수가 없어, 뭔가 잘못됐어

되풀이되는 생각이 무서운 이유 중 하나는 우리가 한 선택에 대해 끊임없이 의문을 달게 된다는 점입니다. 예를 들어 오랜 시간 '내가 더 빨리 구급차를 불렀어야 하지 않았나? 내가 심폐소생술을 할 줄 알았더라면 결과가 달라지지 않았을까? 내가 놓친 어떤 신호가 있지 않을까? 그걸 막기 위해 내가 뭐라도 했어야 하지 않았을까?' 같은 생각을 끊임없이 되새김하는 것은 수용과 마무리를 방해합니다.

생각의 되새김은 받아들일 수 없는 상태를 다루는 마음의 대처 방식입니다. 어떤 즉각적인 되새김은 필요하겠지만 너무 많이 한다면 자신을 가로막게 됩니다. 강박적으로 생각을 되새김하게 된다면, 하루에

우리는 저마다의 속도로 슬픔을 통과한다

10분씩 시간을 따로 정해서 해보세요.

또 다른 기술은 치료사들이 '생각 멈추기'라고 하는 것입니다. 의식적으로 그 생각을 멈추고 일부러 주제를 바꾸는 거죠. 생각 멈추기는 당신이 생각하는 것보다 쉽고 복잡하지도 않습니다.

고인의 사망이 충격적이었다면, 그 상황이 마음속에서 계속 재생될 수 있습니다. 만약 당신이 고인의 사망 직전 마지막 몇 분이나 끔찍한 장면을 지독한 영화처럼 되돌려 재생하게 되는 상황이라면, 그 끔찍한 마음을 알아차리는 순간 고인을 처음 만났을 때의 이미지로 바꿔 떠올려보세요. 한 장면을 다른 장면으로 바꿔보는 겁니다.

폴 G. 스톨츠는 『역경 지수: 장애물을 기회로 삼기Adversity Quotient: Turning Obstacles into Opportunities』에서 말했습니다. "멈춤 장치로 무장하라. 위기가 닥칠 때마다 느끼는 불안은 흔하면서도 쓸모없는 반응이다. 또 감정적으로 산불처럼 퍼져나가기 때문에, 문제를 더 잘 해결할 합리적인 대처를 불가능하게 만든다. 곧 당신은 '파국 반응'을 시작하고 무기력해지며 절망하게 된다. 당신의 에너지와 시간은 걱정에 낭비된다. 최악의 상황에 대한 상상을 피하려면, '멈춤 장치'라고 부르는 것들을 써서 통제력을 되찾도록 하라."

- 압도되는 듯한 느낌이 들 때 무릎이든 어디든 단단한 데를 쳐보세요. "그만!" 하고 외쳐보길. 따끔함이 당신을 깨워 좀더 이성적인 상태로 되돌릴 수 있습니다. 어떤 사람들은 손목에 고무줄을 두르고는 불안할 때 그것을 튕기기도 합니다.
- 펜이나 벽지 무늬, 가구 장식 같은 엉뚱한 물건에 완전히 집중해

보세요. 잠깐의 순간만이라도 마음이 위기 상태에서 벗어난다면, 효과적인 행동을 할 수 있는 차분한 상태로 돌아올 것입니다.

- 잠시 휴식 시간을 가지세요. 단 15분, 20분만 산책이나 운동을 해도 마음을 비워주고 에너지를 채워주며 좀더 긍정적인 기분이 들도록 뇌를 깨워줍니다.

- 스스로를 주변 환경보다 왜소한 상태에 둬보세요. 파국적인 반응은 삶 자체보다 문제를 크게 만듭니다. 시선을 바꿔보면 그것들의 크기도 작아지죠. 바닷가로 가서 해변을 바라보세요…… 커다란 나무뿌리 위에 서보세요…… 구름을 올려다보세요…… 아니면 훌륭한 음악을 들으며 그 장엄함이 당신의 몸을 씻어내도록 해보세요.

잘못된 믿음 20

이런 일이 우리 가족에게 일어날 순 없어

아마 지금까지 살아오면서 죽음을 겪어본 적이 없었을 당신은, 이제 갑자기 폭력적이고 충격적인 죽음에 직면하게 됐습니다. 당신은 아마 좋은 이웃들과 살고 법을 어긴 적도 없이 교회도 착실히 다니며 신앙심도 깊은데 어떻게 이런 일이 내 가족에게 일어날 수 있냐고 생각할지도 모르겠습니다.

우리는 비합리적인 상황에 대해 합리적으로 생각하려 애씁니다. 이런 식의 생각은 부정의 형태이기도 합니다. 부정을 다루는 가장 좋은 방법은 상황을 계속 다루고 당신이 할 수 있는 만큼 조금씩 조금씩 현실을 흡수하는 것입니다.

이에 대한 훌륭한 책인 『왜 착한 사람에게 나쁜 일이 일어날까』에서 해럴드 S. 쿠슈너는 "자연의 법칙은 선한 사람들에게도 예외를 두지 않는다. 총알엔 의식이 없다. 악성 종양이나 통제 불능의 자동차 역시 마찬가지다. 이것이 바로 왜 좋은 사람들도 다른 모든 사람과 마찬가지로 아프고 다치는지에 대한 답이다"라고 말합니다.

잘못된 믿음 21

뭔가 잘못된 게 틀림없어, 울음이 안 나와

'다른 사람들은 다 우는데 나만 아니잖아. 아마 나는 내가 생각했던 것만큼 그를 아끼지 않았나봐!'

눈물이 나지 않을 수도 있는데 그게 당신이 진심이 아니었다는 뜻은 아닙니다. 당신이 울지 않는 것은 한번 울기 시작하면 멈추지 못할 것 같은 두려움 때문일 수도 있습니다. 남들 앞에서 울면 안 된다고 교육받았거나 문화적인 영향으로 울지 못할 수도 있죠. 어떤 경우든 어떻게든 당신은 배워야만 합니다.

눈물을 흘리는 것은 몸에 '갇혀' 있던 슬픔을 내보내는 데 도움을 줄 수 있습니다. 울음은 "정신을 위한 건강식품이자 영혼의 청결제"로 알려져왔습니다. 눈물을 흘린 후 안정과 평온함을 느끼는 것은 과학적으로 입증된 바입니다. 연구에 따르면 건강한 사람일수록 더 자주 운다고 합니다. 울 때 당신의 눈물은 스트레스와 고통에 맞설 화학물질들을 분비합니다. 의사들의 보고에 따르면 눈물은 신체적 또는 정서적 통증을 완화시키는 엔케팔린enkephaline과 진정 효과가 있는 부신피질자극호르몬ACTH을 함유하고 있습니다.

잘못된 믿음 22

나는 애도를 제대로 하고 있지 않아, 뭔가 다르게 해야만 해

'너무 빨리 업무에 복귀했나봐. 그(그녀)를 정말로 사랑했다면 더 비탄에 빠져 있어야 하는데!'

　이런 식의 자기 평가는 애도를 가로막고 해로울 뿐 아니라 자기 패배적입니다. 아마 당신은 다른 사람들의 애도 방식들을 보며 자신을 그들과 비교하고 있을 겁니다. 한 행성에 똑같은 사람이 둘일 수 없듯이, 똑같은 방식으로 '애도하는' 사람이 둘일 수는 없습니다. 어떤 이들은 내면을 성찰하려 하고 다른 이들은 울고불고하며 일시적 분노를 표출합니다. 이런 차이는 애도 단계와 성향에 많은 영향을 받습니다. 문화적 차이 역시 영향을 끼치며, 남성과 여성은 다르게 애도하는 경향을 보입니다. 또 다른 중요한 변수는 당신이 그동안 삶에서 겪어온 상실들입니다. 많은 상실은 복합적으로 작용해 당신의 애도 방식에 영향을 미칩니다. 여러 차례 언급했듯이 우리 모두는 각자의 고유한 방식으로 애도합니다.

잘못된 믿음 23

죄책감을 느껴야 해

죽음에 대해 직접적인 책임이 없어도 '생존자 죄책감survivor guilt'을 느낄 수 있습니다. 『생존자의 죄책감Survivor Guilt』에서 아프로디테 맷서키스는 "생존자 죄책감은 왜 당신이 다른 사람들보다 덜 괴로워하는가 또는 타인이 죽었는데 왜 나는 살아 있는가라는 존재론적인 질문을 포함한다"고 했습니다.

　　　　　　　　　　우리는 저마다의 속도로 슬픔을 통과한다

'왜 내가 아니고 그 사람이?'라는 질문에 매달리는 것은 필요 이상으로 애도에 더 오래, 더 심각하게 갇혀 있게 만드는 엄청난 불안과 고통, 자기 의심을 만들어냅니다. 당신은 이 죄책감이 살아남은 것에 대해 '속죄하는' 방법이거나, 당신이 사랑했던 고인을 기리는 방법이라고 느낄 수도 있습니다. 그러나 이 죄책감은 갈수록 더 많은 것을 원합니다. 믿을 만한 친구, 치료사 또는 성직자와 함께 죄책감을 다루세요. 고인을 기리는 최선의 방법은 죄책감을 넘어 스스로를 때리던 회초리를 거두고 나아가는 것입니다.

잘못된 믿음 24

화를 내서는 안 돼

고인을 향한 분노는 모든 감정 중에서도 가장 당혹스러운 것일 수 있습니다. 그러나 당신이 당신의 분노를 표현하지 않는다면 막힌 상태에 갇힐 수 있습니다. 놀랍게 들릴 수도 있는데, 예상치 못했던 상실에 대해 분노를 표현하는 것은 결과적으로 화를 줄이는 데 도움이 될 수 있습니다. 분노와 증오를 허용하지 않는다면 당신의 영적·감정적 성장은 위태로워집니다. 당신은 인간입니다. 분노를 지니고도 그것을 속에 품고 있다보면 진이 빠질 대로 빠지고, 회복 기간에 필요한 에너지를 모두 탕진하게 됩니다. 분노를 표현하세요(3장의 베개 때리기 등의 예시를 보세요).

잘못된 믿음 25

난 다시는 행복해질 수 없어

살면서 고난이나 상실을 마주하면, 비관적이고 부정적인 사람이 되기 쉽습니다. 인터뷰했던 한 분은, 최근 주변 사람 세 명이 죽었고 본인도 실직한 상태였습니다. 그는 고립되어 분개했으며 애쓸 만한 다른 이유를 찾지 못했습니다. 어두운 장소에 끌렸고 집 안에 있는 것에 익숙해졌습니다. 뭔가에 익숙해질수록 그것이 설령 어둡고 우울한 것이더라도 떠나기가 어려워집니다. 하지만 이런 감정은 고통과 재건의 노력을 회피하기 위한 변명입니다. 재건 과정은 느리고 어렵지만 우리가 진정 원하고 전력을 다하면 언제라도 이뤄질 겁니다.

잘못된 믿음 26

시간이 지나면 더 이상 상실에 대해 생각하지도, 뭔가를 느끼지도 않게 될 거야

가장 예상치 못했던 순간 애도가 급습해올 수 있습니다. 우리는 사랑했던 사람을 잊거나 애도에서 벗어나지 않습니다. 이따금씩, 삶의 전반에 걸쳐 상실에 대한 감정들을 다시 겪을 것입니다.

잘못된 믿음 27

애도를 효과적으로 다루려면 애도의 다섯 단계를 밟아나가야 해

많은 사람이 잘 알려져 있는 '애도의 다섯 단계'로 이 복잡한 과정과 치유의 길을 설명합니다. 그런데 사람들은 애도의 다섯 단계가 엘리자베스 퀴블러로스의 연구에 기반하고 있으며, 죽음의 과정을 겪고 있는 죽어가는 사람의 현실을 묘사하는 것이라는 사실은 잘 모릅니다. 각 단계는 다음과 같습니다. 엘리자베스 퀴블러로스의 저서 『인생 수업』에 따르면 각 단계는 부정-분노-타협-우울-수용이다.

충격-부정-우울-분노-수용.

즉 이것은 죽어가는 사람을 위한 글이기에, 많은 애도자는 자신들이 '틀에 딱 들어맞지' 않는 것에 당황합니다. 각 단계는 갑작스러운 죽음의 생존자들에게는 부분적으로만 적용됩니다. 이 단계들에 더해, 갑작스러운 죽음의 생존자들은 더 많은 단계와 분노를 겪게 되지요.

미지의 영역에서 우리가 얻을 수 있는 애도의 시기, 단계, 수준들은 지침이 됩니다. 인간의 마음은 구조와 질서 위에서 잘 작동합니다. 혼란스런 시기에 우리는 그런 모델이 견디고 앞으로 나아갈 수 있게 도와주리라고 기대하죠. 그러나 액면 그대로 '단계' 또는 '시기'를 받아들이는 것은 비현실적인 기대를 강요할 수 있습니다. 반드시 모든 '단계'를 경험한다거나 순서대로 겪는다거나 하지도 않을 것입니다. 당신은 한 시간, 1분, 또는 하루 사이에도 널뛰는 듯한 감정과 단계를 겪을 것입니다.

연구나 우리 경험에 따르면, 누군가를 잃었을 때 본격적인 애도 기간은 회복기의 상황에 따라 2년에서 5년 정도 지속됩니다. 장기간 진행되는 죽음은 사망 전에 애도 과정이 있으며, 그래서 실제로 죽음이 닥치면 가족과 친구들은 이미 일정 기간 애도 중인 상태에 있죠. 갑작스러운 죽음은 상황이 다릅니다. 갑자기 죽음이 닥치면 다양한 단계가 1시간, 1분, 또는 하루에 압축되기도 합니다.

현실의 애도는 바닥에서 평화와 이해의 최고층으로 올라가는 엘리베이터이기보다는 감정의 미로에 가깝습니다. 미로에서처럼 우리는 앞으로 조금 나갔다가도 같은 곳에서 뒤로 돌아갑니다. 감정적으로 미로를 헤매고 있을 때조차도 스스로를 사랑하고 받아들이는 법을 배우면, 우리는 스스로의 인간성과 약점을 개인적인 성장의 지표로 바라보기 시작할 수 있습니다. 설령 아무리 자신이 '미치고' 길을 잃은 것처럼 느낀다 해도, 당신은 미로에서 빠져나올 것이며, 혼자가 아니라는 것을 믿는 게 중요합니다.

잘못된 믿음 28

애도의 마지막 단계는 수용이야

수용은 이해하기 가장 어려운 개념입니다. 누군가 천천히 죽어갔다면, 당신에게는 천천히 그것을 받아들일 기회가 주어집니다. 하지만 갑작스럽게 죽었다면, 수용은 극도로 힘든 일입니다. 패멀라는 상담실에서 수용에 의문을 품은 내담자를 만난 적이 있습니다.

> 한번은 내담자가 "왜 자꾸만 회복의 최종 단계가 수용이라고 말하나요? 수용이라는 단어가 무슨 허락의 단어 같아요. 죽음이 제게 괜찮다는 승인을 받았다는 것처럼요. 전 허락한 적 없어요. 남편의 죽음은 저에게 절대로 괜찮지가 않아요…… 애도의 마지막 단계가 수용이라는 게 무슨 뜻인가요?"라고 말했습니다.

『미국문화유산사전The American Heritage Dictionary』은 수용의 뜻을 다

　　　　　　　　　　　　우리는 저마다의 속도로 슬픔을 통과한다

음과 같이 정의합니다.

1. 받아들이는 행동이나 과정.
2. 받아들여지거나 받아들일 수 있는 상태.
3. 호의적인 환영, 인정.
4. 무엇에 대한 믿음, 동의.

이 단계를 '수용acceptance'이라 하지 말고 '인지acknowledgement'라고 정의하는 게 낫습니다. 수용은 '승인'의 뜻에 가까운데, 어떤 사람이 누군가를 갑자기 잃는 것에 동의할 수 있겠습니까? 당신은 3개월에서 6개월쯤 지나, 또는 1년 이상이 걸려 상실을 인지할 준비가 될 것입니다. 기분을 약간이라도 나아지게 하려 한동안 부정으로 돌아가고 싶을 때가 있겠지만, 치유로 가는 길은 인지의 고통을 지나가게 됩니다.

———

이것이 우리가 10년간 유족들과 긴밀히 작업해오면서 가장 흔하게 발견된 잘못된 믿음이자 치유의 장애물들입니다. 당신은 틀림없이 다양한 경우와 형태의 방해물들을 마주치게 될 것입니다. 자조 모임과 자조 연습이 이런 방해물을 헤쳐나가는 데 가장 도움이 될 것이고, 이 책 22장 「애도 회복 과정과 안내용 연습 자료」에서 몇몇 예시를 들고 있습니다.

뒤집힌 세계

산산이 흩어진 자신을 모으기

충격과 멍함이 가라앉으면서 우리는 삶이 영원히 바뀌었다는 것을 깨닫고 부서진 조각들을 단단한 것으로 교체하게 됩니다. 여기서 우리는 다시 세워야 할 우리 자신의 남은 조각들을 탐색합니다.

잘 알고 있듯이, 상실은 우리 세계를 멈추게 했지만 나머지 세상은 예전에도 그랬고 앞으로도 하루하루 끊임없이 나아갈 것입니다. 갑작스런 상실을 겪어보지 않았기에 왜 우리가 '정상으로 돌아갈 수' 없는지 알지 못하는 수천 명의 사람과, 그리고 이 세계와 다시 연결되려 노력할 때 우리는 어려움을 겪습니다. 세상에서 숨어버리고 싶겠지만, 길게 보면 세상은 선물과 미래, 희망이 가득한 곳입니다.

2부에서는 타인과의 연결과 사랑하는 사람이 없는 우리 삶을 다시 정의하는 데 있어서의 어려움을 탐색할 것입니다. 또한 자신과 사랑하는 사람들, 배우자, 자녀, 가족을 도울 방법을 찾아볼 것입니다.

5장

뒤집힌 세계

8시 30분쯤 초인종이 울렸다.
올 사람이 없었던 터라 이상하다는 생각이 들었다.
현관문 렌즈로 밖을 살펴보니 동생 덴버와 그의 아내 앨리슨이
복도에 서 있는 게 보였다. 그들을 안으로 들어오게 했다.
깊은 침묵이 흘렀고, 동생의 눈빛에서 무슨 일이 일어났다는 것을 알 수 있었다.
말을 할 필요도 없었다. 그는 나를 안았고, 내 세상은 영원히 바뀌어버렸다.
내 눈은 아들의 어린 시절 사진을 향했고,
사진 속 아이는 짧은 붉은색 머리카락에 커다랗고 파란 눈으로 날 보고 있었다.
세상은 어둠에 휩싸여갔고 나는 다시는 예전처럼 살 수 없게 되었다.

주디 콜린스, 아들 클라크의 죽음에 대한 글

"그날 나무 뒤로 넘어가던 해를 바라보던 게 기억나요. 태양이 지지 않기를 제 전부를 다해 빌었던 것도. 그날이 제 아들이 살아 있는 마지막 날이 되리라는 걸 알고 있었어요." 한 어머니가 말했습니다. 하지만 태양이 우리가 사랑하는 사람과 함께한 날들을 기습하면서 세상은 새롭게 바뀌고, 우리는 그곳에서 스스로의 자리에 의문을 품도록 떠밀립니다.

많은 유족이 모든 게 '거꾸로 뒤바뀐' 또는 '잘못된' 느낌을 받습니다. 몇 초 사이에 세상이 변했고, 다시는 예전 같지 않으리라는 것을 알게 되죠. 충격의 단계가 뒤따릅니다. 준비를 하고 사전에 계획을 세워둘 수 있는 천천히 진행되는 죽음과 달리, 갑작스러운 사망은 모든 일을 즉각 해결하도록 우리를 몰아붙입니다. 준비되어 있지 않은 순간 발생한 죽음을 해석하고 이해하도록 강요받을 때, 질문과 목적의 상실이 따라옵니다. 영적인 질문과 종교적 믿음을 재평가하게 될 수도 있습니다. 이 장에서는 세상이 뒤집히는 방식과 그 혼란스러운 시기에 어떻게 대처해야 하는가에 대한 몇 가지 생각을 살펴보겠습니다.

산산조각 난 기대

갑작스러운 상실로 인해 고군분투할 때, 우리는 스스로에 대한 몇 가

우리는 저마다의 속도로 슬픔을 통과한다

지 기본적인 기대를 재고하게 됩니다. 약해졌다고 느끼며 생명이 보잘 것없다고 생각하기 시작합니다. 세상이 의미 있고 질서가 있는지에 의문을 품게 됩니다. 처음으로 스스로를 약하고도 궁핍한 사람으로 보기 시작합니다. 갑작스런 사망의 충격을 겪지 않은 이들 역시 이러한 의문을 가질 때가 있지만, 생존자들에게 닥친 방식으로 강요당하지는 않습니다.

우리 모두는 죽음에 직면해야 합니다. 대다수의 사람은 중년의 시기에 이 문제를 다루게 되지요. 우리는 자신의 노화 징후들을 보기 시작하거나 부모 또는 조부모의 임박한 죽음을 경험합니다. 이것은 자연의 순리입니다. 하지만 갑작스러운 사망의 생존자들로서 우리는 나이와 무관하게, 외상 시점에 인간이 죽음을 피할 수 없는 존재라는 것을 강제로 직면당합니다. 보통 사망에 직면한 뒤 몇 분, 몇 시간 또는 며칠 내에 생명의 근본적인 취약성에 대한 경각심이 갑자기 높아집니다.

『트라우마 후의 신뢰Trust After Trauma』에서 아프로디테 맷서키스는 "삶을 최선을 다해 살도록 하는 독려가 되기도 하지만, 생존자들에게나 죽음의 피할 수 없음을 직면하고 싶지 않아하는 사람들에게는 위협과 제압이 될 수도 있다"라고 언급했습니다.

아마 당신은 '나한테는 일어나지 않을 거야'라고 생각해왔을 수도 있습니다. 하지만 그 일은 일어났고, 당신은 세상이 더 이상 안전하지 않다고 느낄 것입니다. 취약하다는 감각은 비극적인 운명에 대한 생각이나 자기 앞날 역시 단축되었다는 생각을 불러일으킬 수도 있습니다. 이런 충격적 외상은 반복될 것이고, 다른 가족, 연인, 친구 역시 죽을 것 같다는 강한 공포를 느끼기도 합니다.

맷서키스는 말합니다. "세상의 철학은 당신에게 일어난 일을 설명할 수 없다. 당신은 자신이 사려 깊고 정직하며 선한 사람이면 재난을 피할 수 있을 거라 생각했을 것이다. 그러나 외상은 최선의 노력이 최악의 상황을 막을 수 없다는 것을 가르쳐준다. 아마 무고한 죽음이나 부당하게 다친 사람들을 본 적이 있을 것이다. 세상에 질서가 있고 선은 보상받으며 악은 처벌받는다고 믿고 싶겠지만, 당신은 그런 믿음에 배치되는 경험을 한 것이다."

토대가 흔들리면 삶의 근본에 대해 의문을 품게 됩니다. 미친 것 같겠지만 기대가 산산조각 나는 것은 정상적인 애도의 일부분입니다. 우리는 한때 사실이라고 믿었던 것들을 재평가하고 부서짐을 통해 나아가며 배운 것을 통해 새로운 기초를 만들어야 합니다.

목적의 상실

많은 유족이 목표를 상실한 듯한 느낌을 갖게 됩니다. 우리는 확실한 삶을 알고 있었지요. 그 사람이 거기에 있을 거라고 확신했으며, 의문을 품지 않았습니다. 그런데 갑자기 다음과 같은 의문들과 함께 남겨졌습니다. 왜 이런 일이 일어난 거지? 사람이 이렇게 갑자기 죽을 수 있다면 성취를 이루고자 노력하며 살아간 목적은 뭐였던 걸까? 브룩은 케일럽의 장례 때 이런 생각들과 싸웠습니다.

저는 항상 과잉 성취자였습니다. 삶을 계획하고 질서를 만들어 좀더 높은 곳에 닿기 위해 산을 넘고 또 넘어왔습니다. 케일럽이 죽자 이렇게 올라온 것의 의미가 무엇이었는지 의문을 품게 되었습니다. 일

우리는 저마다의 속도로 슬픔을 통과한다

흔은커녕 다음 주까지 산다는 보장도 없다는 것을 갑작스레 깨달은 거죠. 수확할 기회가 없을 수도 있는데 씨를 뿌리는 목적은 뭔가요? 이 질문에서 길을 잃은 저는 멋진 친구이자 교구 목사인 제프를 찾아갔습니다. 우리는 종종 점심을 같이 했고, 저는 그의 말에 항상 위로받았습니다. 저는 테이블 건너편의 그를 쳐다보고 그저 "뭐가 중요한 걸까?"라고 물었습니다. 그는 수수께끼 같은 문장으로 답했죠. 단지 "아무것도 중요하지 않기 때문에 모든 게 중요한 거야"라고. 저는 점심을 먹는 내내 마음을 완전히 뒤흔든 그 문장을 이해해보려 노력했습니다. 결국에는 그에게 좀더 해석해달라고 부탁했죠.

제프는 장기적으로 보거나 계획을 세우는 것은 중요할 수 없다고 설명했습니다. 물론 우리는 미래를 위해 어느 정도 준비되어 있어야 하지만, 거기에 지나치게 몰두한다면 인생이 너무 빨리 사라져갈 수 있기 때문에 어리석은 일이죠. "이 순간 네가 하는 모든 일이 중요한 거야"라고 그는 설명했습니다. "너는 지금, 삶을 살아가야 해. 내일을 위해 사는 사람들은 진정 살아 있는 게 아니야." 그 당시 저는 작가로서의 제 경력과 다음 프로젝트에 대해 고심 중이었습니다. 책 한 권을 더 낸다는 생각이 위축되고 의미 없게 여겨졌습니다. 결코 끝을 낼 수 없을 것 같아 뭔가를 시작하는 것이 두려웠습니다. 제프는 그 순간 저에게 가장 중요한 게 뭐냐고 물었습니다. "살아가는 거야"라는 게 제 대답이었지요. 우리는 눈을 마주쳤고, 바로 그게 중요한 것임을 알게 되었습니다. 제게 의미가 있기 때문에 그에 대한 책을 쓸 것이고, 내일 삶이 없어진다고 할지라도 오늘의 제게 만족할 것입니다.

미래의 모든 것이 의미 없기 때문에 지금, 여기의 모든 것이 의미를 지닙니다. 현재를 사는 법을 배우고, 이 순간의 선물을 거둬들이는 것이 누구에게나 해당되는, 특히 우리를 위한 최선입니다.

자신을 재정의하기

누군가를 잃으면, 우리는 종종 자신의 일부를 함께 잃습니다. 고인과의 관계가 가까웠을수록, 자신의 더 많은 부분에 대한 재정의가 요구됩니다. 우리의 정체성 중 많은 부분은 타인과의 관계에서 비롯됩니다. 30여 년간 스스로를 아내이자 어머니로 불러왔던 여성이 비행기 사고로 가족을 잃었습니다. 아내이자 어머니의 정체성을 지녔던 그녀는 남편과 아이들 없이 남겨졌습니다. 타인에 의해 우리를 정의하는 것은 삶을 풍부하게 만들어주지만, 상실을 겪게 될 때는 그 결과인 공허감을 재정의해야 함을 의미하기도 합니다.

재정의가 필요할 때 가장 먼저 기억할 것은 당신이 모든 대답을 알 필요는 없다는 것입니다. 아무도 당신에게 강요하거나 하룻밤 사이에 당신을 재정의하게 할 수 없습니다. 이것은 하나의 과정입니다. 여기에는 영혼을 찾는 일, 용기와 재발견이 포함됩니다. 과거의 당신을 떠나보내야 할 필요가 없다는 사실, 미래에 적응하기만 하면 된다는 사실을 깨달으세요. 앞에서 언급한 여성은 아내와 어머니가 어떤 존재였는지 알고 있을 것입니다. 남은 인생 동안 그녀는 생각과 행동 속에서 자신의 역할을 기억하고 다시 살아갈 것입니다.

갑자기 삶이 거꾸로 뒤집혔고 우리 역할이 바뀌어버렸다 해도, 과거의 중요성을 부정할 수는 없습니다.

우리는 저마다의 속도로 슬픔을 통과한다

단순하게 '그래서 지금은?'으로 시작하는 질문을 해보세요. 삶이 어떤 특정 코스를 밟아가는 것이라고 기대했다면, 삶은 그 생각과는 거리가 먼, 고유의 것입니다. 다시 한번 천천히 받아들이세요. 우선 확실히 알고 있는 한 가지를 고르세요. 색칠하는 것을 늘 좋아했다면, 미래에 화가가 될 수도 있다고 생각해야 합니다. 스스로에 대해 알고 있는 것에 집중해보세요. 언제나 원해왔던 것들을 생각해보고 그중 하나에 집중해보길 바랍니다. 한 번에 한 단계씩, 준비되는 만큼 다른 '부분'을 더해가세요. 어떤 경우에는 이 재건 작업에 몇 달이 걸리고 어떤 이들에게는 평생이 걸리기도 하지만, 한 조각, 한 부분씩 당신은 다시 설 수 있습니다. 이런 재건 작업을 시작할 준비가 되면 21, 22장에서 시작해볼 만한 아이디어를 찾아보길 바랍니다.

지금 중요한 것은 무엇일까?

자신을 재정의하는 동안 우리는 '무엇이 중요한가? 이제 내 목표는 무엇인가?'라는 질문을 던질 수 있습니다. 우리가 그동안 내일을 그리며 품어온 모든 꿈과 목표가 아무런 신호 없이 찢길 수 있다는 것을 깨달으면서 그것들이 의미 없게 보일 수도 있습니다. "내일이 존재하지 않을 수도 있는데 그것을 위해 살 이유가 있을까요?"라고 한 사람이 물었습니다. 어떤 형태로든, 우리 중 많은 사람이 그런 질문과 관련될 수 있습니다.

우리 각자는 영혼의 길을 모험하고 자신만의 탐험을 해야 합니다. 우선순위를 재평가해야 합니다. 가족과의 시간이 중요하다면 지금 당장 시작하세요. 가족만이 우리의 관심일 때 '더 나은 날'을 기대하며 힘들게 일해서는 안 됩니다. 그 대신 일상생활에서 우선순위, 필요한 것과 꿈을 통합시키는 법을 배워야 합니다. 당신의 우선순위는 뭔가요? 무엇이 중요한가요? 어떻게 다르게 살 수 있을까요? 가장 중요하게는, 하루하루를 어떻게 중요하게 만들 수 있을까요? 많은 방법 가운데 우리가 고인을 기리는 가장 좋은 방법은 그들이 우리 삶을 영원히 변화시키는 영향을 미치도록 하는 것입니다. 당신의 인생 형태가 변화하도록 두세요. 당신이 중요하게 생각하는 것과 사랑하는 것이 드러난다는 사실을 즐겨도 되며, 그것으로 살길 바랍니다. 그렇게 할 때, 우리가 잃어버린 고인에게 가장 큰 헌사가 됩니다. 비록 떠났지만 우리 삶을 바꿔 좀더 풍요롭게 살게 해주었다는 것을 그들에게 보여주는 것입니다. 생각해보세요. 만약 당신이 내일 죽는다면, 남은 사람들이 더 완전히 살도록 돕는 것보다 더 나은 유산이 있을까요?

시작과 중간, 끝을 찾기

비극적으로 누군가를 잃으면, 질문이 많아집니다. 오랜 기간 투병한 누군가를 잃는 경우와 달리 우리에게는 의사에게 묻거나, 진단을 이해하거나, 믿음과 싸우거나, 작별 인사를 할 시간이 적거나 거의 없습니다.

우리는 성장하면서 삶의 주기를 중심으로 삶을 이해하는 법을 배웁니다. 나이의 주기를 압니다. 학교생활의 주기를 알죠. 업무 일정도 알고 있습니다. 식사와 운동 시간도 알죠. 거의 모든 것은 시작, 중간, 끝의 주기로 이해가 가능합니다. 우리 마음은 일순간 비극적인 상실 경험도 마찬가지 방식으로 이해하려 할 것입니다. 시작(무슨 일이 일어

우리는 저마다의 속도로 슬픔을 통과한다

난 거지?), 중간(그는 어떻게 느끼고 반응하고 진행했을까?)과 끝(고통스러웠을까? 마지막으로 남긴 생각이나 말이 있었을까?)을 찾겠죠. 하지만 우리는 꼬리를 무는 물음들과 함께 남겨졌습니다. 경험을 전체로 생각할 수 있으려면, 우리는 가능한 한 많이 알아야 합니다.

이것이 고인과 마지막 순간을 보낸 사람들과 대화를 하는 것이 지극히 당연한 이유입니다. 유족들은 반복, 또 반복해서 이야기를 하고, 이해하려 노력하며 애씁니다. 더 많은 정보를 얻을 다른 방법들도 종종 있습니다. 경찰, 증인이나 의사도 일어난 일에 대한 단서를 줄 수 있습니다. 우리에게 충분한 단서들이 있을 때 그것을 모아 의문을 해결할 하나의 이야기로 만들 수 있습니다. 질문이 줄어들면서 치유할 여유를 더 갖게 될 수 있습니다.

『귀환: 위기와 상실 후 삶을 재건하기Coming Back: Rebuilding Lives After Crisis and Loss』에서 앤 카이저 스턴스는 이렇게 제안했습니다. "상실이나 위기에서 이해가 안 되는 부분을 확인하기 위해 의식적으로 노력하라. 스스로에게 질문을 던져야 할 수도 있다. 그 상황과 그의 죽음에서 가장 혼란스럽거나 괴로운 부분은 무엇인가? 애도의 어떤 부분이 힘든가? 다른 어떤 것들이 당신을 힘들게 하는가?"

당신만의 시작과 중간, 끝을 찾기 전에 이 질문들을 연습하는 것이 도움이 될 수 있습니다. 당신의 질문을 맞닥뜨리세요. 당신의 감정을 탐색하고 생각들을 기록하길 바랍니다. 이것을 필요한 정보를 얻는 데 지침으로 사용할 것을 권합니다.

브룩과 그녀의 어머니는 많은 질문을 품었다고 합니다.

시작하자면, 엄마와 저는 초과민반응 쇼크anaphylactic shock라는 단어를 들어본 적도 없고 발음할 줄도 몰랐습니다. 불신이 너무나 깊어서, 병원에 단 하나의 질문도 하지 않았습니다. 하지만 시간이 지나면서 질문이 꼬리에 꼬리를 물었습니다. '케일럽은 한 달 전에 쏘였는데, 그럼 독이 누적된 것이었나? 예전에 가슴에 통증이 있었지만 진단을 안 받고 지나간 적이 있는데 그게 죽음과 관련된 것일까? 피 검사로 알레르기 반응을 확진했던 건가? 사망증명서에는 사망 시각이 12시 54분이고 친구들은 11시 15분에 의식을 잃었다고 했는데, 그럼 그사이에 무슨 일이 일어난 거지?'

가능한 조사를 모두 한 뒤 의사에게 면담을 요청했습니다. 최선을 다했다고 믿는다면서 그를 안심시켰고, 실제로도 그의 능력에 의심을 품지 않았습니다. 제가 던지는 질문들이 사건이 일어난 순서를 이해하려는 것임을 알렸습니다. 우리는 한 시간 가까이 이야기했습니다. 그의 말과 제 조사 결과를 종합해보고, 저는 케일럽이 벌에 쏘인 데 대한 치명적인 반응으로 죽었다는 것을 확실히 할 수 있었습니다. 그는 구급차가 도착하기 전 혹은 도착 몇 분 후에 사망했고 그보다 더 전에 의식을 잃었습니다. 의사가 기적을 바라고 애를 썼기 때문에 12시 54분까지 사망이 선고되지 않았던 거죠. 너무 젊고 건강했기 때문에 의료진은 그를 다시 살리고자 응급실에서 악전고투를 벌였습니다. 저는 벌 알레르기가 유전성이 아님을 알게 되었습니다. 하지만 알레르기가 있다는 것을 아는 사람들은 에피네프린 주사기를 갖고 다닌다는 것 역시 배웠죠. 에피네프린 주사는 쇼크 반응을 완화시키거나, 치료받을 시간을 벌어줍니다. 이런 지식과 마음의 평화를 얻기 위해

우리는 저마다의 속도로 슬픔을 통과한다

알레르기 분야의 전문가를 찾아가 세 살 난 딸과 함께 검사를 받았습니다. 결과는 음성이었습니다. 그러나 알레르기라는 건 언제든 발생할 수 있기 때문에 의사는 우리가 좀더 안심할 수 있도록 아드레날린 키트를 주었습니다. 전 세계에서 1년에 오직 열 명만이 곤충에 대한 치명적인 반응으로 사망한다지만, 제게는 위안을 얻는 것이 중요했습니다.

다른 사람들과의 대화는 당신이 시작, 중간, 끝을 이해하는 데 필요한 정보를 얻을 때 도움이 될 수 있습니다. 이 정보 수집 과정이 애도의 '무엇이 일어난 것이지' 단계를 넘어 재건의 단계로 넘어가는 데 중요한 촉매제가 됩니다. 이것은 우리 마음이 누가, 무엇을, 언제, 어디서, 왜, 그리고 어떻게의 의문들 사이에서 길을 잃고 질문 앞에 멈춰서는 대신 그 사건을 전체로 인식하면서 흘러갈 수 있게 해줍니다.

왜 이런 일이 벌어졌을까?

유족들은 운명과 천국에 대한 질문에 매달리며 의문을 품습니다. 왜 이런 일이 벌어졌을까요? 당연히 여기에 명확한 답은 없습니다. 추측할 따름이죠. 우리는 자신과 가족들에게 위로가 될 답을 찾으려 노력하지만, 결국 아무것도 알지 못합니다. 예상치 않게 누군가를 잃었을 때 이것이 아마 가장 어려운 부분일 것입니다. 현대사회에서 사람들은 답을 구하는 데 익숙합니다. 우리는 2 더하기 2는 4라는 것을 알죠. 달에 우주왕복선을 보낼 수 있다는 것도 알고 있습니다. 자신의 연금 상태를 알고, 5월이면 정원에 꽃이 피기 시작한다는 것도 압니다. 우리는 답을 찾는 존재이기에, 답 없이는 편치 않음을 느끼는 문화 속에 살고 있습니다.

하지만 애도 과정에서는 답이 없음을 받아들여야 하는 도전을 받습니다. '유일한 질문'을 그대로 남겨두는 것이 애도 작업에서 가장 어려운 부분 중 하나입니다. 시인 라이너 마리아 릴케가 강조했듯이 말이죠. "질문을 그대로 두라. 그러면 아마도, 모르는 사이에, 머지않아 답을 구하게 되리니."

브룩은 결국 언젠가는 이해할 수 있으리라고 믿게 되었습니다.

많은 사람이 어디서 그 믿음이 나오느냐고 물었습니다. 알아내려고 애쓰던 수많은 밤에서 나왔죠. 저는 왜 이 일이 일어났는가에 대한 모든 가능성과 순서를 찾았습니다. 그중 어느 것도 답을 주지 않았습니다. 사실 위로가 되는 것도 거의 없었죠. 결국 저는 어디서도 답을 찾을 수 없음을 깨달았습니다. 어딘가에 도달하는 유일한 방법은, 제가 답을 모른다는 사실에 항복하는 것이었습니다. 항복하고 찾기를 포기하고 무지를 받아들이는 것은 어려운 일입니다.

어느 밤, 저는 제 마음을 우주의 기슭에 내려놓았습니다. 저는 지구에, 세상에 말했습니다. '난 이것을 이해하지 못해. 그리고 이해하려는 노력을 그만둘 준비가 됐어. 세상이 나보다 더 많이 알고 있고, 준비가 되면 이해할 것임을 받아들일 준비가 됐어. 그때까지, 나에게 평화를 주렴.'

평화는 하룻밤 사이에 오진 않았지만, 와주었습니다. 그리고 그와 함께 새로운 믿음이 찾아왔습니다. 한때 제가 알던 것과는 다른 믿음이

우리는 저마다의 속도로 슬픔을 통과한다

었죠. 그것은 누군가가 제 옆에서 저를 지켜보고 있다는 것, 그리고 제가 알아야 할 것이라면 저를 그것으로 인도하리라는 믿음이었습니다. 기대를 품지 않고 모르는 것에 항복할 수 있는 믿음이었습니다. 저는 그 과정을 믿었고, 때가 되면 모든 것이 밝혀지리라는 것을 믿었습니다.

애도를 극복할 수 있을까?

심각하고도 갑작스러운 상실에서의 회복은 평생 거쳐야 할 과정입니다. 시간이 약이라는 말은 맞지만, 때로 애도가 급습해올 것입니다. 사망 후 11년이 지난 어느 기념일에 덮칠 수도 있습니다. 아들이나 형제가 학교를 졸업하는 해, 모래밭에서 놀고 있는 아이들이나 공원을 거니는 연인들을 볼 때, 행복한 재혼을 한 뒤에도, 애도는 반복해서 당신을 덮쳐올 수 있습니다. 지그문트 프로이트는 아들을 잃은 남자에게 편지를 썼습니다. "이런 상실 뒤의 급성기 애도가 점차 줄어들 것임을 알지만, 우리가 가눌 수 없는 슬픔의 상태에서 그를 대체할 수 있는 대상을 결코 찾을 수 없으리라는 것 역시 알고 있습니다. 그 간극을 무엇으로 메우든, 설령 완전히 메워진다 할지라도 그것은 무언가 다른 것으로 남습니다. 그리고 사실 그래야만 하지요. 그것이 우리가 포기하고 싶지 않은 사랑을 영원히 가져갈 유일한 방법입니다."

당신이 행복을 찾았을 때, 그 기쁨도 매우 클 겁니다. 단지 다를 뿐이죠. 좋은 날들이 나쁜 날들보다 많을 거라 기대하세요. 그럴 겁니다. 삶의 중요성에 대한 새로운 감각이 드러날 것을 기대하세요. 애도에 대해 느끼는 방식이 시간의 경과에 따라 달라진다는 것은 케일럽 어머니의 「애도Grief」라는 시에서 잘 나타납니다.

극복하지 못한다
그저 통과하는 것이다
결코 그것을 피할 수 없기에 그냥 지나갈 수 없다
그것은 '나아지지' 않는다
그저 달라질 뿐이다
매일매일……
애도는 새로운 얼굴을 하고 있다

게이 헨드릭스는 『스스로 사랑하는 법을 배우기Learning to Love Yourself』에서 고통스러운 사건과 감정들을 바라보는 또 다른 방법을 제시했습니다. "고통스러운 감정이 들판의 모닥불 옆에 있는 것과 같다고 생각해보라. 처음에는 뜨겁고 가까이 가기 어렵다. 나중에도 불씨가 남아 타고 있을 수 있다. 시간이 지나면 당신은 통증 없이 땅 위를 걸어다닐 수 있겠지만, 거기에 아직도 불씨의 가능성이 남아 있다는 것을 안다. 서두를 필요는 없지만 땅 위로 걸어가야 한다. 당신이 도망치려는 것이 무엇이든 다시 당신에게 다가올 것이므로, 꼭 그렇게 해야만 한다."

우리는 저마다의 속도로 슬픔을 통과한다

6장

다른 이와의 연결

"가세요. 전화하지 마요. 말 걸지 말아요. 당신의 목소리가 들리지도 않고,
당신도 내 말을 들을 수 없을 거예요. 돕고 싶다면, 음식을 가져다줘요.
그게 아니라면 가세요."

스테퍼니 에릭슨, 『어둠 속에서의 동반자』

애도를 경험하면서 세상이 바뀌고 다른 이, 특히 비극적인 상실을 직접 겪지 않은 '타인들'과의 관계가 어려워질 수 있습니다. 세상에 대해 바뀐 시각은 여러모로 우리를 바꾸고 자연스럽던 상호작용도 힘들게 할 수 있습니다. 어떤 상황들은 노력을 요합니다. 이 장에서는, 다른 사람들을 대할 때 오르게 될 몇몇 산에 대해 살펴보려 합니다.

정곡을 찔릴 때

상실 이후 한동안, 예전과 비슷한 상황들이 다루기 어려울 수 있습니다. 예를 들어 자녀를 잃은 부모에게는 다른 부모가 자녀와 함께 있는 장면을 보는 게 힘겨울 수 있습니다. 남편을 잃은 사람은 연인들 주변에 있기 어려울 수 있습니다. 정곡을 찌르는 상황을 예측하기란 어렵습니다. 어떤 상황은 예측 가능하지만, 난데없이 다가오는 상황들도 있죠.

한 웨이트리스는 자신이 남편의 사망 이후 잘 회복하는 중이라고 여겼습니다. 6개월 뒤 그녀는 일터로 복귀했습니다. 그리고 1년 가까이 지났을 무렵, 남편과 동년배로 보이는 남성이 연인과 함께 들어왔습니다. 그리고 남편이 가장 좋아하던 와인을 주문했죠. "그 순간 제가 조각나는 듯 느껴졌어요. 지난 몇 개월 동안 잘 지내왔는데 한순간 견딜 수 없게 돼버렸어요."

조절 가능한 상황이라면, 준비되기 전에 이런 상황으로 자신을 몰고 가지 마세요. 여기에 '제한 시간'이나 '옳고 그른' 방법은 없습니다. 남들로 하여금 당신에게 '이래라 저래라' 하게 두지 마세요. 대신 당신의 마음과 신체가 주는 단서를 따르세요. 어떤 상황이 강렬한 감정을 불러온다면, 그곳에서 벗어나 감정들을 풀어놓고 터뜨릴 곳을 찾길 바랍니다.

당신은 다른 사람입니다

브룩은 오빠의 죽음 이후 다른 사람이 된 자신을 발견했습니다……

케일럽이 죽고 몇 주 뒤 친한 친구와의 전화 대화가 생각나요. 그녀가 저에게 뭔가, 지금은 기억나지 않는 뭔가를 말했어요. 그리고 잠시 침묵하더니 말하길, "브룩, 너 안 같아"라고 하더군요.

제 입에선 생각지도 않은 대답이 나왔어요. "난 3주 전과는 다른 사람이고 다시는 그 전의 내가 될 수 없어."

저는 그 대답에 스스로도 놀라서 케일럽이 죽고 저를 도와주던 치료사에게 그 말을 털어놓았습니다. 그녀는 "당연히 아니죠"라면서 "스스로를 위해 할 수 있는 가장 좋은 것 하나는, 이제 당신이 다른 사람이라는 것을 아는 거예요"라고 했습니다.

하지만 곧바로 두려움이 엄습해왔습니다. 이제 세상이, 삶이, 그리고 스스로가 이렇게 다르게 느껴지는데 어떻게 예전의 친구들과 같이 지낼 수 있을지 갑자기 걱정이 됐죠. 한때 제가 친구들과 토론하던 것들이 너무 사소해 보였습니다. 저도 한때 집중해서 얘기하던 그들의 직업 고민과 연애사가 바보 같은 일처럼 느껴졌습니다. 그들에게 고함 칠 것만 같았습니다. "날 믿어, 네가 숨을 쉬고 있다면 삶이 그렇게 나쁜 상태는 아니잖아"라고 말하고 싶었습니다. 친구들은 저의 상실에 가슴 아파했지만 충분히 이해하는 것은 아니었습니다. 겪어보지 않는 한, 아무도 비극적인 상실이 가져다주는 영향을 이해하지 못합니다.

어느 밤, 저는 엄마에게 케일럽을 모르는 친구들은 이런 나를 이해하지 못할 것이기 때문에 더 이상 친구로 지낼 수 없을 것 같다고 했습니다. 엄마는 시간을 좀 가지라고 하셨죠. 하지만 저는 친구들과 연락을 끊고 점심 약속이나 정기 모임에 나가지 않았습니다. 그들이 기대하는 원래의 나인 척하고 싶지 않았기 때문입니다.

어느 날 아침, 친한 친구 세라가 들렀습니다. 그녀는 함께 아침을 먹자며, 같이 나가거나 아니면 오믈렛을 사 오겠다고 했습니다. 저는 그녀의 단호한 태도에 웃었습니다. 우리는 밖으로 나가 멋진 아침 식사를 했고 저는 그 과정이 매우 편안해서 놀랐습니다. 우리는 모든 것, 케일럽, 일, 저의 일주일에 대해 이야기했습니다. 대화를 나누면서 그녀는 듣고 받아들이며 저와 함께 있어주었습니다. '새로운' 브룩과.

다리를 건너지 못한 친구들도 있었습니다. 하지만 저는 세라로부터 저마다의 우정에 기회를 주는 것이 매우 중요하다는 것을 배웠습니다. 우정은 다리와 세계를 건널 수 있습니다.

웃어도 괜찮아요

재클린 미처드의 소설 『바다의 깊은 끝The Deep End of the Ocean』에는 믿지 못할 장면이 나옵니다. 소설은 아들을 납치당한 가족에 대한 이야기입니다. 엄마인 베스는 수사반장 캔디의 사무실에 앉아 있습니다. 두 여성은 조사하던 몇 주간 상당히 친해집니다. 엄마는 조사 내내 암담하고 우울하며 위축돼 있었습니다. 한 장면에서 형사가 한 말에 엄마가 웃었습니다. 그녀는 아주 잠깐 웃었을 뿐이지만 순간 공포, 고통 속의 공포가 떠올랐습니다. 다음은 그 장면에서 발췌한 것입니다.

캔디는 우편물을 들었다. "사실 도와달라는 소리로 속이 꽉 차 있는 거야." 그 얘기에 베스는 웃었지만, 순간 그녀의 눈은 공포에 질려 숨이 막힌 듯했다. 캔디는 벌떡 일어나 책상 쪽으로 왔다.
"베스, 베스, 들어봐."
"넌 웃었어. 그냥 웃은 거야. 네가 웃었다고 우리 상황의 반대로 갔다는 뜻은 아냐. 웃거나 빈센트에게 책을 읽어주거나 좋아하는 걸 먹었다고 행운의 점수판에서 점수가 깎이는 게 아냐." 베스는 울기 시작했다. "날 믿어야 해." 캔디는 계속 말했다. "영화를 보거나 음악을 듣거나, 거지 같은 기분을 나아지게 할 뭔가를 하기만 하면, 그 순간의 작은 행복이 벌 받을 일같이 느껴질 거야……"

이 장면은 납치 사건을 둘러싼 상황을 묘사한 것이지만, 우리 중 많은 이가 이런 감정에 익숙할 것입니다. '나아가는 것'에 대한 죄책감으로 때로는 웃는 것도 힘에 겹습니다. 웃음이 애도를 덜 현실적으로 만들까, 기억을 희미해지게 만들까, 사람들이 고인을 그리워하지 않는다고 생각하지나 않을까 신경 쓰게 됩니다.

어떻게 애도해야 하는가에 대한 정확한 규칙이 있다면 얼마나 수월할까요. 어떻게 보여야 할까요? 어떻게 행동해야 할까요? 우리가 즐거워 보인다면 사람들이 어떻게 생각할까요? 잠시 잊어도, 일어난 일들로부터 잠시 벗어나거나 벗어나려고 해도 괜찮을까요?

대답은 모두 당신의 마음속에 있습니다. 남 때문에 해야만 하는, 행동해야 하는 것은 없습니다. 다른 사람들이 당신을 어떻게 보는지에 대해 걱정하지 마세요. 코미디 쇼를 보고 웃으며 잠시 벗어나도 괜찮습니다.

10일 증후군

상실 직후 우리는 방문객, 음식, 도움을 주겠다는 이야기, 전화, 꽃과 애도의 표현으로 폭격을 당합니다. 그리고 10일 증후군이 발생합니다. 대다수의 주요 뉴스는 언론에서 10일 정도 다루면 곧 새로운 뉴스의 등장으로 옛날이야기가 됩니다. 애도 경험도 종종 이와 비슷합니다. 시간이 흐르면서 전화와 애도, 위로는 점점 줄어듭니다. 마치 모두가 비극이 일어나기 전 '그들의' 세상으로 돌아가려 애쓰는 것처럼 보입니다. 반면 우리는 그 어느 때보다 도움이 필요한, 애도의 길고도 어려운 길을 이제 막 시작하게 됩니다.

델로리스 달은 『갑자기 홀로Suddenly Alone』에서 이렇게 묘사했습니다. "전화, 방문, 음식…… 외로울 시간도, 떠났다는 현실을 소화할 시간도 없이 죽음 뒤에 많은 일이 있었다. 불신과 혼란의 첫 며칠간, 집을 가득 채운 도움과 사랑에 압도되었다. 하지만, 모든 경우가 그렇듯, 추도식이 끝나면 곧장 모두가 그들의 집으로, 그들의 삶으로 돌아가고…… 나는 혼자 남겨졌다."

우리는 전혀 그렇지 못한데 삶이 '정상'인 양 살아가는 타인들에게 짜증이 나거나 화가 나는 것은 전혀 드문 일이 아닙니다. 당신에게는 온 세상이 멈춘 것 같지만, 다른 사람들에게는 그대로 유지되고 있다는 사실이 불쾌하게 여겨지는 일도 드물지 않습니다. 브룩과 그녀의 어머니는 어느 저녁 이에 대해 이야기했습니다.

엄마는 꼭 사야 할 게 있어서 쇼핑을 하러 갔어요. 케일럽이 죽은 후 처음이었죠. 잠시 뒤 엄마는 친구들이 쇼핑 중인 것을 봤어요. 그들은 함께 웃고 물건을 고르고 카트에 그것들을 담고 있었죠. 먼발치에서 엄마는 '어떻게 저 사람들은 그냥 잘 살고 있지? 내가 무슨 일을 겪고 있는지 모르는 거야'라고 생각했다고 해요.

통화 중에 저는 엄마에게 우리가 과거에 겪었던, 가족 혹은 가까운 지인이 아닌 이들의 죽음에 대해 얘기했습니다. 우리가 직접 상실을 겪기 전 누군가를 잃었던 사람을 모두 생각해봤습니다. 그때 우리는 무엇을 했던가요? 우리도 다른 사람들과 똑같이, 카드를 보내고 전화하거나 애도를 표했고, 삶으로 돌아왔습니다.

할 수 있는 일이라곤 거의 없는 채 삶은 흘러갑니다. 우리는 죽음을 어떻게 대해야 하는지 배우지 못했고, 그래서 사람들은 대개 기본적인 전화나 편지 또는 선물로 애도를 표하는, 그들이 할 수 있는 최선의 행동을 합니다. 그 고통스러운 길을 걸어야만 했던 사람들만이 이 괴로움을 알 겁니다. 10일 증후군이 덮쳐올 때 당신이 연락할 사람들은 바로 그들입니다. 지지 네트워크 중 한 명이나 지인들 중 앞으로 1년간 당신을 지지해줄 수 있을 만한 사람을 찾으세요.

이야기 반복하기

애도에서 가장 어려운 부분 중 하나는 일어났던 일을 다시 말하는 것입니다. 우리는 치유 과정을 잘 통과하고 꽤 괜찮은 한 주를 보내다가, 상실을 모르는 사람들과 만나는 일이 있을 겁니다. 브룩의 어머니는 그런 경험을 여러 번 했습니다. 그분이 사는 위스콘신의 시골 마을은 사람들이 여름 별장으로 이용하는 곳이었습니다. 케일럽은 가을에 세상을 떠났죠. 이듬해 여름, 많은 지인이 돌아오면서 "아들딸은 잘 있나요?"라고 물었습니다. 과거의 애도는 지난 가을과 겨울의 싸늘한 일들을 말하면서 완전히 현실로 돌아왔습니다.

불행하게도 이 문제를 풀 방법은 없습니다. 당신이 할 수 있는 최선은 이런 상황에 어떻게 대처할 것인지를 미리 결정하는 것입니다. 말하고 싶지 않다면 그리 해도 좋습니다. "겨울에 아들을 잃었는데, 오늘은 그 얘기를 할 준비가 돼 있지 않아요." 짧고도 갑작스러운 말로 생각될 수도 있겠지만, 당신에게는 그렇게 말할 권리가 있습니다. 한편 이야기를 하는 게 낫다고 생각하는 사람들도 있습니다.

어색한 질문들

사회적인 자리에서 가족 이야기는 흔히 오가는 주제입니다. "아이는 몇 명인가요?" "형제자매가 있나요?" "결혼은 했어요?" 등의 질문을 우리는 자주 접합니다. 여기에 답하는 게 어려워질 수도 있습니다. 브룩은 위스콘신에서 오리건으로 이사하면서 이런 경험을 했습니다.

저는 많은 이웃이 함께하는 상당히 지역사회 중심인 이웃 환경에서 살고 있습니다. 갓 이사를 온 터라 많은 사람이 제게 어디에서 왔는지, 가족은 어디에서 살고 있는지, 형제자매가 있는지 물었어요. 친근한 대화를 하며 저를 알아가려는 것이었지요. 처음에는 "오빠가 있었는데 6개월 전에 죽었어요"라고 답했다가 상대방이 곧 할 말을 잃었고 우리는 어쩔 줄 모르는 어색한 상황에 빠졌습니다. 몇 분간의 사소한 대화 뒤에 그녀는 자리를 떴습니다. 무언가를 그처럼 빨리 공유한다는 게 상대를 불편하게 만들 수 있다는 것을 알게 됐지만, 그럼 뭐라고 답해야 했을까요? 그녀가 질문한걸요!

다음부터는 형제자매가 있느냐는 질문에 그저 "아니오"라고 답했습니다. 그러면 그 사람은 "외동으로 크는 것은 어떤가요?"라고 물었습니다. 다시 제가 20대 중반까지 '외동'이 아니었다는 것을 설명해야 했죠.

마침내 제게도 자연스럽게 느껴지는 두 가지 답을 생각해냈습니다. "오빠가 하나 있지만 멀리 가서 만날 수 없어요"나 "한 살 위의 오빠가 있었는데 1년 전 세상을 떠났어요. 하지만 난 여전히 그와 가까운 사이라고 느낍니다"라고 말했습니다. 이런 대답은 질문한 사람도 편히 받아들이는 듯했습니다.

웅크리고 혼자 있고 싶을 때에도 가능한 한 다른 사람들과 연결되는 것이 중요합니다. 한 번에 한 사람씩 하는 것이 가장 좋습니다. 한 발 더 나아가 누군가와 이야기하세요. 어떤 속도든 당신에게 적절하다고 생각되는 속도로 나아가세요. '삶으로 다시 뛰어들' 수 없다는 것에 부끄러워하거나 죄책감을 느끼지 마세요. 평형을 되찾는 데에는 시간이 걸립니다. 서두르거나 걱정하지 마세요.

우리는 저마다의 속도로 슬픔을 통과한다

7장

힘겨운 시기들: 명절, 기념일, 기타

전통은 규칙 같은 것이다. 하지만 의도가 좋았던 것이라도 깨질 수 있다.
어릴 때 우리는 규칙과 전통을 깨고 다른 길로 빠져나갈 기회를 엿보았다.
왜 기쁨을 느끼면 안 되는가?
식사를 바꾸고 자리를 옮기고 새로운 전통을 만들라.
당신의 삶은 엄청나게 바뀌었다. 그러니 전통도 바뀌야 한다.

스콧 밀러,
「명절 동안 애도하는 사람들을 위한 조언 Tips For Those Grieving During the Holiday Season」

명절, 생일, 그 외 고인과 관련된 특별한 날들은 상당한 난제입니다. 상실이 고통스럽도록 분명해지고, 감정은 무의미해지며 흐려집니다. 때마다 찾아드는 좌절에 놀라지 않도록 하세요. 이 장에서는 예상되는 바에 대한 몇 가지 생각을 다루겠습니다. 무엇이 일어날 수 있는지 알면 당신은 이런 상황에 필요한, 스스로를 위한 몇 가지 선택을 할 수 있을 것입니다.

생일

고인의 생일은 기억하는 시기입니다. 몇 년간은 그들의 생일이 다가올 때마다 새로운 상실감을 느낄 수도 있습니다.

당신의 생일 역시 다르게 느껴질 거예요. 왜 나는 살아 있고 그들은 살아 있지 않은지 의문스럽고, 한동안은 내 삶을 기념하는 것이 어려울지 모릅니다. 나이가 많은 형제자매를 잃은 사람들은, 자신이 형제자매의 나이를 넘어서는 해에 극심한 스트레스를 받을 수 있습니다. 당신의 손위 형제보다 나이가 많아지는 것은 기이한 느낌을 줍니다.

많은 사람이 고인의 생일을 축하할 의식을 만들고 특별한 장소를 찾습니다. 당신은 고인과 가까웠던 사람들과 함께할 수도 있습니다.

우리는 저마다의 속도로 슬픔을 통과한다

자연 속에서 산책하며 그저 생각하고 울고 소리치고 큰 소리로 말할 수도 있습니다. 22장에서 유용한 몇 가지 의식을 찾아보세요.

기념일

어떤 사람들은 거의 1년간 잘 지내다가 기일 즈음의 애도에 사실상 무력해지기도 합니다. 어느 아침, 정확한 이유도 모른 채 무거운 기분으로 일어납니다. 그리고 고인의 기일이나 고인과의 특정 기념일이 당신을 덮칩니다.

기일이 되면 많은 유족이 단기적인 우울증을 겪습니다. 매년 기일 전후로 몇 주간 불편, 슬픔, 우울감을 겪는 일은 드물지 않습니다. 당신은 아마 이 어려운 시기를 잘 넘어가고자 허브나 비타민, 치료에 관한 책 같은 해결안을 찾을 수도 있습니다. 지지 네트워크의 힘도 도움이 될 수 있습니다. 많은 사람이 1년간 '잘' 지내다가 이런 중요한 시기에 무너집니다.

어떤 종교는 사망 1년째의 기일에 의식을 치릅니다. 예를 들어 유대교에서는 율법에 따라 '죽음의 날', 즉 사망일의 기념 의식이 있습니다. 그날엔 감정을 밖으로 내보입니다. 비석은 1년 뒤에 공개됩니다. 해마다 집에 특별한 초를 켭니다. 당신의 종교에서 언급되는 전통이 없더라도, 기일에는 깊고 극적인 감정을 느낄 수 있습니다. 기일을 아직까지 표현해보지 못했던 것들을 느끼고 애도할 또 다른 기회로 생각해보세요.

다음은 '그 외의 감정들'을 느낄 가능성이 있는 기념일들입니다.

- 살아 있는 고인을 마지막으로 봤던 날.
- 처음 만났던 날.
- 결혼 또는 약혼일.
- 사망을 알게 된 날.
- 함께 여행했던 날의 기념일.

고인과 당신의 관계에 따라 다른 기념일이 더 있을 수 있습니다. 이 기념일에 감정적으로 힘들 것을 예상한다면, 충격을 덜 받게 될 것입니다. 힘든 감정이 올 것이고, 그게 언제일 거라는 사실을 안다면 더 잘 대처할 수 있을 것입니다. 가능하다면 당신을 위한 특별한 준비(직장에 휴가를 내거나 아이들을 돌볼 도우미를 고용하거나 혼자 있을 시간과 장소를 구하거나 묘소를 방문하기 등)를 해두세요. 기일 의식을 고려해볼 수도 있습니다. 이 책 22장의 연습 부분에 예시해둔 것들이 있습니다.

결혼식

당신이 배우자의 죽음을 애도하고 있다면, 결혼식에 가는 일은 특히 더 어려울 수 있습니다. 신랑 신부는 행복해 보이지만 '순식간에 이 모든 게 끝장날 수 있다는 것을 모르겠지!' 싶을 수도 있습니다. 사랑의 서약에서 "죽음이 우리를 갈라놓을 때까지"란 말을 듣게 된다면 눈물이 솟아납니다. 어린 딸이나 아들을 잃었다면 당신이 그들의 결혼과 손자 손녀를 볼 수 없으리라는 생각에 분노와 슬픔을 느낄 것입니다. 애도의 초기 단계에 있다면 결혼식 장면들을 대하기보다 환영연에 자리하거나 부조만 하는 것이 좋을 수도 있습니다. 그날은 신랑 신

우리는 저마다의 속도로 슬픔을 통과한다

부와 그 가족을 위한 날입니다. 그들이 기쁨과 축하 상태를 나누느라 당신을 피한다고 해도 놀라지 마세요. 그런 행동을 개인적으로 받아들이지 마세요.

당신이 결혼하는 사람이라면, 결혼식 날 감정적이 되리라는 것을 예상해야 합니다. 분노가 그런 감정 중 하나입니다. '엄마가 여기에, 제일 첫 줄에 있어야 했는데. 난 빈 의자만 봐야 해. 너무해!' '자매가 내 들러리가 되어주었어야 했는데, 가장 친했던 그 친구가 들러리가 됐어야 했는데!' 당신은 분노와 슬픔을 견디기 어려울 수 있습니다.

기쁨과 슬픔의 눈물이 나리라는 것을 예상하세요. 꽃다발이나 주머니에 손수건 혹은 휴지를 준비해놓으세요. 진행자에게 당신이 겪고 있는 것을 미리 알리세요. 주례자에게 당신이 고인을 위한 초를 켜는 동안 잠시 침묵의 시간을 갖게 해달라고 할 수도 있습니다.

패멀라는 범종교 사제여서 많은 결혼식을 주관했습니다. 다음은 최근에 상실을 경험한 신부의 결혼식에서 읊은 내용입니다. 당신도 이 글이나 다른 유사한 글을 사용해볼 수 있습니다.

초를 밝히는 동안, 우리 앞의 모든 사람, 특히 데니즈의 어머니인 루스의 사랑과 존재를 느낍니다. 그분이 오늘 우리와 함께하고, 이 성스러운 식에 축복을 더하고 있다는 걸 느낍니다. 여기에 보이는 분이든 보이지 않는 분이든, 데니즈와 마이클의 가족은 이 두 가정의 결합을 유지하고 보살피기 위해서라면 무엇이든 하리라는 것을 희망하고 또 기도합니다.

명절

가까운 가족을 상실한 뒤에는 명절을 비롯한 특별한 날들이 힘겨워 집니다. 명절은 종종 전통과 친밀한 기억으로 가득합니다. 사랑하는 이 없이 이런 날들을 맞게 되면 그 빈자리는 더 크게 느껴집니다. 새로운 전통을 만들고 명절 동안 흔히 찾아오는 어려움을 이해하면 견디기가 좀 나아질 수 있습니다.

미국 은퇴자협회AARP는 '배우자를 잃은 사람이 흔히 하는 질문'에 대한 조언을 제공했습니다.

- 미리 계획하세요. 중압감을 줄이는 데 도움이 됩니다.
- 우선순위를 정하세요. 불편한 일들을 해나가는 것이 조금 쉬워질 수 있습니다.
- 새로운 전통을 만들길 바랍니다. 새로운 삶의 단계는 새 전통을 지닐 자격이 있습니다.
- 고인의 이름을 대화 중에 언급하세요. 다른 사람들이 고인에 대해 편하게 이야기할 수 있게 해줍니다.
- 기분을 표현하세요. 대다수의 사람은 당신이 울 수 있다는 것을 이해하고 받아들입니다.
- 당신이 도울 누군가를 찾아보세요. 타인에게 도움을 주는 것은 큰 충족감을 안겨줍니다.
- 스스로에게 뭔가 특별한 것을 선물하세요. 당신은 큰 상실을 겪었으니 스스로에게 잘해주세요.
- 자신에게 인내심을 가지세요. 일을 마치는 데 시간을 넉넉히 잡

길 바랍니다.
- 쉬고 마음을 놓을 시간을 가지세요. 애도의 스트레스를 줄여주
  거든요.

가장 중요한 것은 명절을 지나는 동안 자신에게 시간을 투자하고
잘해주어야 한다는 것입니다.

명절의 전통

기존 전통이나 과거에 했던 방식에 연연하지 마세요. 당신의 가족은
바뀌었습니다. 기존 명절 의식을 바꿔도 괜찮습니다. 새로운 전통을
생각해보세요. 당신이 크리스마스를 항상 집에서 보냈다면, 며칠간 오
두막을 빌릴 수 있습니다. 트리를 일찍 장식했다면 이번에는 나중으
로 미뤄보세요. 식사를 집에서 준비했었다면 대신 외식을 해보세요.
일을 다른 방식으로 해보는 겁니다. 명절이 다가오면 추억은 더 강해
집니다. 정례 의식을 바꾸는 것이 약간의 즐거움을 찾을 수 있는 가장
좋은 방법입니다.

브룩의 가족은 매년 해오던 것을 케일럽의 죽음 이후 바꿨습니다.

케일럽의 죽음은 크리스마스 두 달 전이었어요. 엄마와 저는 쇼핑을
거의 다 해둔 상태였죠. 크리스마스가 가까워졌지만 우리는 여전히
깊은 슬픔에 빠져 있었고, 이 선물들을 어떻게 해야 하나 싶었어요.
우리는 그것을 케일럽의 친구들에게 주기로 했습니다. 매년 해오던
형식을 바꾸기 위해, 엄마 집에서 해오던 크리스마스 행사를 대신해

엄마가 우리 집으로 왔습니다. 케일럽은 항상 우리 마음속에 있지만, 고통의 일부는 내려놓을 필요가 있다는 것, 그리고 무언가를 하는 것과 새로운 전통을 만드는 것이 살아가는 데 도움이 된다는 것을 배웠습니다.

브룩이 했던 방식으로 우리는 사랑하는 고인을 기릴 수 있습니다. 우리 기억 속에서 고인의 흔적을 지우거나 그들을 존중하지 않는 것처럼 느껴질 수도 있겠지만, 사실 우리는 살아감을 통해 그들을 기리는 것입니다.

엘리자베스는 최근 남편을 잃은 상태에서 명절을 맞았습니다.

'명절이라니, 세상에, 날 그날들에서 구해줘…… 그날들이 사라지게 해달라고!' 16년 전 남편을 잃고 두 아이와 남겨졌을 때, 추수감사절과 크리스마스 같은 것을 합쳐서 넘기려고 했던 게 기억나요. 올해는 그냥 다 잊어버리면 안 될까? 세상은 내가 얼마나 고통스러운지 모르는 거야? 저는 자조 모임의 다른 여성과 추수감사절을 함께 보냈어요. 그녀와 그녀의 아이들을 집에 초대해서 저녁으로 칠면조 요리를 대접했습니다. (남편이 매년 솜씨 좋게) 칠면조를 손질하던 장면을 혼자 떠올리지 않는 데 도움이 됐습니다. 어쨌든 저는 행복한 크리스마스 캐럴을 들으며 그날들을, '그'게 뭐든 간에 보냈습니다.

첫해의 크리스마스는 정말이지 이상했어요. 두 아이와 크리스마스 선물을 열어보고, 앉아서 트리를 쳐다보면서 선반 장식물을 집어던지고 거실을 불태우는 상상을 했습니다. 그러고는 두 시간 동안 꼼

우리는 저마다의 속도로 슬픔을 통과한다

짝 않고 거실의 녹색 의자에 앉아 있었습니다.

명절 동안 어디에 가야 할까?

어디로 가야 하는 걸까요? 남들을 위해 행복하고 재미있는 척해야 하나요? 원한다면 올해를 축하하고 즐겨도 되는 걸까요? 애도의 많은 과정과 마찬가지로, 이런 경우에는 우리 내면의 지침을 들어봐야 합니다. 혼자 있고 싶다면 그렇게 하세요. 당신이 선택하면 됩니다. 아이들과 무언가를 같이 해야 할 것 같다면 그것도 좋습니다. 아이들이 기뻐한다면 그게 침대 바깥으로 나갈 이유가 되어줍니다. 당신에게 의존하고 있는 사람들의 필요 외에는 '다 괜찮'은 척하면서 남들을 신경쓸 필요가 없습니다.

명절 기간에 친구와 가족에게 찾아갈 경우 아래의 사항들을 미리 알려놓으세요.

- 생각보다 일찍 자리를 뜰 수 있습니다. (스트레스를 많이 받아 최근 쉽게 피곤해집니다.)
- 식사 뒤에는 혼자 산책할 수도 있습니다. (행복한 가족들 주변에서 오래 있기 힘듭니다.)
- 어떤 음악을 들으면 예상치 못하게 울 수 있습니다. (과거 좋았던 추억이 떠오르면 눈물을 참기 어렵습니다.)
- 당신이 주는 음식이나 간식을 다 먹지 못할 수 있습니다. (식욕이 예전 같지 않고 '삼키기 어려운' 경우도 있습니다.)

가족이나 친구의 갑작스러운 죽음이 아니더라도, 명절은 힘겨운 감정을 불러일으키곤 합니다. 이 가운데 우울이 가장 어려운 감정입니다. 특히 이즈음에는 우울감을 막기 어려울 것에 대비해야 합니다. 모두가 너무 행복해 보이고, 가족들이 모이는데, 당신의 삶에는 커다란 구멍이 있습니다. 쇼핑몰을 걷다보면 고인에게 완벽히 어울릴 것 같은 선물들이 눈에 띄어 눈물이 넘쳐날 수 있습니다. 이미 고인의 선물들을 사두었던지라 포장된 상태 그대로 남아 있기도 합니다. 명절 즈음의 슬픔을 쉽게 바로잡을 수 있다고 생각하는 것은 극도로 오만한 일입니다. 우리는 아직도 주기적으로 찾아오는 명절 우울감에 시달리고 있습니다. 시간을 들여 도움을 필요로 하는 배고픈 이들을 돕는 것이 약간의 안도감을 줄 수 있습니다. 불행하거나 비슷한 상실을 겪은 다른 사람들을 돕는 데 헌신하는 것이 자신만의 슬픔에서 잠시 벗어나게 해주기도 합니다.

올해는 명절을 가장 빨리 생각해보는 사람이 돼보세요. 자조 모임은 이 어려운 시기 동안 특히 도움이 될 수 있습니다. 동료들이 휴일을 쉽게 만들 만한 행사 등의 아이디어를 주거나 필요할 때 기댈 상대가 되어줄 수 있습니다.

새해맞이

지금 당신은 상태가 달라졌고 미래를 긍정적으로 대하기 시작했을 수 있습니다. 축하합니다! 회복 단계로 이동하고 있군요. 다른 사람들, 특히 회복 초기 단계(첫 3년)인 사람에게 긍정성은 어려운 것입니다. 사랑하던 고인이 없는 첫해는 특히나 힘들 수 있습니다. 선의를 가진 친

우리는 저마다의 속도로 슬픔을 통과한다

구와 가족은 다른 생각을 갖고 있을 수 있습니다. "새해야, 너도 새로 시작해야지, 더 행복하게 살 기회야, 울고 한탄하는 건 그만해" 등의 말을 들을 수도 있습니다. 회복에 대한 그들의 판단이나 걱정을 맞닥뜨리면, 그것이 당신의 회복임을 떠올리세요. 치유에 대한 당신의 시간 계획표는 그들의 것이 아닌 당신 것입니다.

그저 새해라고 알고 내버려두세요. 고인이 2년 전 세상을 떠났다면, 회복 시기가 2년이나 지났으니 지금쯤이면 기분이 나아졌어야 한다고 잘못 생각할 수도 있습니다. 날짜는 신경 쓰지 마세요.

새해 전야 축하 파티(아니면 어떤 방식이든 축하 행사)를 생각하면 고인과의 좋았던 시간을 잃은 것이나 좋지 않은 유의 기억(예를 들어 음주나 안전하지 않은 운전)이 떠올라 깊은 슬픔에 빠질 수 있습니다. 어떤 경우든 어디에서나 스스로를 존중하는 것이 중요합니다. 자신만의 새해 의식, 즉 내 마음에 맞춰 매달 혹은 매해 초를 태우거나 향을 피우는 것, 와인이나 음료수로 스스로에게 건배하기 등을 해볼 수도 있습니다. 살아가기 시작하게 될 수도 있습니다! 작년과 견줘 자신이 감정적으로 어떤 상태인지 헤아려보기 좋은 시기일 수도 있습니다. (22장 참고.) 지난해 당신은 일주일 내내 머리끝까지 이불을 뒤집어쓰고 침대에 머물렀는데, 지금은 일주일에 사흘 정도만 그런 생각을, 그것도 머리끝까지 이불을 뒤집어쓰지 않고 하고 있을 수 있습니다! 이건 작은 변화가 아닙니다. 애도 회복의 길에서 큰 걸음이고, 당신은 칭찬과 인정을 받을 자격이 있습니다.

이듬해

이듬해에는 약간 덜 고통스럽고 기분이 조금은 나아질 수도 있습니다. 음악을 듣는 것이 가능해지기도 합니다. 나눠줄 것이 더 늘어날 수 있습니다. 누군가를 도울 준비가 더 되어 있을 수도 있습니다. 힘들다는 것은 알지만, 점점 덜 힘들어지리라는 것도 알고 있습니다. 다음에는 한 번에 하루씩, 특별한 날, 기념일이나 명절이 와도 좀더 스스로를 조절할 수 있고 덜 고통스러우며 상황도 덜 어려워지고 다시 삶을 축하할 수 있게 될 것입니다.

우리는 저마다의 속도로 슬픔을 통과한다

8장

따로 또 함께 애도하기
: 남성과 여성의 애도에 대한 이해

필요한 것: 내가 누구인가를 깊이 깨닫고 애도하게 할 만큼

현명하며 강하고 깊이 있는 사람,

그리고 내 고통을 듣고도 도망가지 않을 만큼 강한 사람.

조 머호니 신부

애도를 함에 있어 남녀 차이를 이해하는 것은, 우리가 타인을 이해하고 지지하는 데 꼭 필요한 부분입니다. 여기서는 대다수의 남성과 여성이 애도를 하는 데 어떻게 반응하는지를 다룰 텐데, 개인차가 클 수 있습니다. 즉 일반적인 경향일 뿐 절대적인 것은 아닙니다.

남녀 모두 애도의 시기에 이 책에 쓰인 대부분의 경향과 느낌, 감정을 겪습니다. 당신이 애도하고 있는 누군가를 돌보는(또는 이해하려고 노력하는) 사람이라면 이 책을 전반적으로 읽어볼 것을 권합니다.

남녀는 감정을 다르게 다루도록 교육받았습니다. 이성을 이해하거나 지지해주어야 하는 경우라면 이런 차이를 잘 아는 것이 의사소통에서 오해가 없도록 도와줄 것입니다. 중요한 차이점은 세 종류로 나눌 수 있습니다. 첫째, 문제 해결. 둘째, 처리. 셋째, 의사소통.

문제 해결과 어려움을 대하기

의사소통의 커다란 장벽 중 하나는, 남성과 여성이 대화를 벗어나려하는 것입니다. 여성들은 주로 대화하고 탐색할 상대를 구하는 반면, 남성은 주로 '문제를 해결'하려 합니다. 일반적으로 남성들은 '감정을 느끼고 이를 표현'하기 전에 '문제를 풀고 생각'하려 합니다. 애도에 직면했을 때에도 남성들은 감정을 탐색하기 전에 어떻게 가족을 부양하고 자리를 잡을지 찾아내려고 합니다.

많은 남성이 자신에게는 가족을 돌볼 책임이 있다고 생각합니다. 이런 믿음은 부양자가 되어야 한다고 생각할 때 감정을 내보이기 더 어렵게 만듭니다. 많은 경우 죄책감으로 인해 이것은 더 복잡해집니다. 가정의 '보호자'로서, 가까운 가족이 사망한 것에 대해 죄책감을 느끼거나 자신이 실패했다고 여기기 쉽습니다. 어려움이나 문제를 대하게 된 남자들이 가장 흔하게 보이는 반응은 행동으로 옮기거나 해답을 찾는 것입니다.

여성들은 인간관계를 삶의 중심으로 보는 경향이 더 강합니다. 여성들에게는 흔히 인간관계 및 아이들과 배우자에 대한 감정적 유대가 자신을 돌보는 것은 물론, 다른 무엇보다 우선순위가 됩니다. 갑작스런 죽음을 겪으면 많은 여성은 '외부 세계'와 '살아가는 것'에 대한 걱정을 줄이고 집 안에서의 삶에 더 신경을 씁니다. 여성에게 있어 문제를 해결하고 어려움을 이겨나갈 때 가장 필요한 것은 연대에 초점을 둔 솔직하고 열려 있는 대화입니다.

애도를 처리하기

'지지하다'를 저마다 다르게 정의한다는 점을 알고, 타인의 정의에 대해 열린 자세를 보여주길 바랍니다. 사회는 오랫동안 남성들이 리더 역할을 하며 자립적이어야 한다고 주입해왔습니다. 남성들은 자신을 책임지고 필요한 것은 다룰 수 있길 원합니다. 여성들은 흔히 다른 사람의 도움을 구하고 다른 여성들과 대화하는 것에 익숙해지도록 교육받아왔습니다. 반대로 남자들에게는 자신의 감정을 안전하게 나눌 기회가 거의 없었습니다. 슬픔이 닥쳐오면 여성들은 지지 그룹을 찾는 경향이 있는 반면 남성들은 혼자 있으려는 성향이 더 강합니다.

남성들은 자신의 어려움을 타인과 '나누는' 것을 내켜하지 않습니다. 그들은 애도를 '나만의 문제'라 느끼고 혼자 힘으로 참고 견뎌야 한다고 생각하곤 합니다. 남성들에게는 사적인 공간에서 애도를 '견딜' 시간을 갖는 게 대응하는 데 도움이 될 수도 있습니다.

여성들이 대화와 소통으로 안도감을 찾을 때, 남성들에게는 신체적인 분출구가 도움이 되곤 합니다. 펀치백, 달리기, 테니스 등 어떤 신체 활동이든 억눌린 감정을 푸는 데 도움이 될 수 있습니다.

브룩의 오빠가 죽고 몇 주 뒤 그녀의 어머니는 안 쓰는 잡동사니로 가득한 다락방을 치우려 했습니다. 아들의 수집품은 아니었지만, 혼돈에서 질서를 잡으려는 시도였습니다. 브룩의 남편 앤디가 커다란 쓰레기함을 가져왔습니다. 케일럽의 친구 열두 명이 도우러 왔습니다. 그들은 공격적으로 쓸모없는 물건들을 쓰레기함에 던졌습니다. 유리가 깨지고 문도 부서졌습니다. 그들은 분노를 터뜨리고 쏟아냈습니다. 그리고 쓰레기함은 잡동사니로 가득 찼습니다. 다락방은 깨끗하게 정리됐고, 어떤 식으로든 그들은 홀가분함을 느꼈습니다. 애도의 여행길이 이제 막 시작됐지만, 그들은 그들의 분노를 이 과정에서 얼마간 쏟아낼 수 있었습니다.

표출이 광범위할 필요는 없습니다. 축구를 하거나 펀치백을 치거나 그들의 감정을 건강한 식으로 쏟을 어떤 신체활동도 이 과정을 도울 수 있습니다.

우리는 저마다의 속도로 슬픔을 통과한다

의사소통하기

여성들은 자신의 생각과 감정을 좀더 명확하게 잘 표현하는 경향이 있습니다. 여성은 보통 다른 여성들과 감정을 다루는 데 많은 시간을 들입니다. 그들에게는 감정을 다루는 것이 일반적으로 자연스럽고 쉬운 일이므로, 왜 남성은 그러지 못하는지 이해하기 어려울 수 있습니다.

느끼는 것을 알고 이를 말로 표현하는 기술은 후천적으로 습득된 것입니다. 일과 중 의례적으로 감정을 이야기하곤 하는 가정에서 자란 성인이라면 감정을 말하기가 쉽습니다. 반대로 감정을 거의 다루지 않아왔다면 우리가 마주하게 된 이 복잡한 감정을 언어화하는 일이 어려울 수 있습니다.

남성사회에서 감정을 표현하고 설명하는 것은 드문 일입니다. 감정을 표현하도록 요구받을 때 남성들은 쉽게 좌절을 느낄 수 있습니다. 여성은 '차단'되었다고 느낄 때 좌절을 느끼는 반면, 남성은 여성들이 원하는 식으로 표현할 단어를 찾지 못해서 좌절감을 느낍니다.

여성이 자신의 애도감을 남성에게 표현하려고 하면 '들어주고 이해받지' 못한다고 느낄 수 있습니다. 남성들은 자신의 감정을 조용히 금욕적으로 다루도록 교육받아왔기 때문에 여성이 원하는 식으로 반응해줄 수 없는 경우가 많습니다. 이런 상황에서 불편한 감정을 말하거나 나누어야 한다는 압박을 느낀다면 사실 여성은 자신이 잘 아는 방식으로 그와 연결되기 위해 노력하는 것이지만, 남성은 존중받지 못한다고 느낄 수 있습니다.

남성에게 있어 '그저 들어주는' 작업은 믿을 수 없을 만큼 어려운 일일 수 있습니다. 그들은 다른 사람들이 고통스러워하는 것을 보는 걸 싫어하고, 자신이 아끼는 상대가 고통스러워하는 것을 막거나 그런 상황을 '해결'해야 한다고 생각합니다. 하지만 여성은 그저 들어줄 누군가를 필요로 한다는 점을 감안하는 것이 중요합니다. 여성에게 듣는다는 것은, 몸짓 언어 같은 비언어적 의사소통에도 세심한 주의를 기울이는 것이 포함된 행위입니다.

전 남자인데, 자조 모임이나 구성원들의 지지라는 건 전부 여자들을 위한 것 같습니다. 제게 필요한 도움은 여기서 못 찾을 것 같아 걱정입니다.

남성의 애도는 여성과 다릅니다. 그들은 종종 행동 혹은 사적이고 상징적인 의식에 몰두하는 경향을 보이며 조용하고 외롭게 문상을 합니다. 그들은 애도에 인지적인 방식으로 접근하려는 경향이 있어 차갑고 무심하다며 오해를 사곤 합니다. 그들은 혹독한 감정을 겪는 중이라도 그 상실감의 깊이를 가까운 사람에게 잘 드러내지 않습니다.

남성들은 지지 자원을 찾기보다 '참고 견디는' 편입니다. 하지만 일단 지지 네트워크를 찾으면, 대다수는 다른 남성과 강한 유대감을 갖고 감정을 표현할 안전한 장소로 생각합니다. 켄은 남자로 구성된 그룹에 참여하도록 권유받았습니다. 마지못해 회의적인 태도로 참석하까지 몇 달이 걸렸습니다. 모임 후 켄은 큰 안도감을 드러내며 눈물이 고인 채 말했습니다. "아내의 얼굴에서 딸이 보일 때마다 심장이 찢어지는, 뉴욕에서 유일한 남자라고 생각했습니다." '남자답게' 애도하는 방법은 없다고 전문가들은 말합니다. 성별보다는 성향에 따라 상실에 대처하는 다양한 방법이 있습니다. 그렇지만 전형성은 있습니다. 예를 들어 아내를 잃은 남성은 두세 달 슬픔에 빠져 있다가 '그것을 삼키고' 살아간다고 합니다.

미국에서 배우자를 잃은 1300만 명 중 여성과 남성의 비율은 8대 1입니다. 아내를 잃은 감정이 표류하는 상황이 되는 것도 당연할 것입니다. 사회는 남성들이 남성과 관련된 지원은 거의 없이, 애도 과정을 '당당히 걸어가길' 기대합니다.『중년 위기의 남성Men in Midlife Crisis』의 저자 짐 콘웨이는 집단 치료를 신뢰합니다. 짐은 아내가 죽은 뒤 네 명의 애도 그룹에 참여했습니다. 콘웨이는 그것을 익명의 알코올 중독자들Alcoholics Anonymous, 알코올중독으로부터의 회복을 위해 모인 사람들의 국제 공동체에 비유합니다. "'애도 중입니다'라고 말할 때 그 뜻이 뭔지 설명하지 않아도 된다. 나는 그저 가서 앉아 듣고 우는 것이 필요했다. 내가 정상임을 알 필요가 있었다. 1년이 지나자 도움을 받던 상태에서 다른 사람들을 돕는 것으로 주 목적을 바꾸어야겠다는 것을 알았다."

다른 상실들과 다른 세계들: 커플 중 한 사람이 비극을 겪었을 때

브룩은 부모님, 오빠와 그녀가 전부인 가족에서 자랐습니다. 이제 그녀와 엄마만이 남았습니다. 하지만 그녀의 남편 앤디의 가족은 대가족이었습니다. 그의 오형제는 대부분 다 결혼해서 자녀를 두었습니다. 정정하신 조부모님과 숙모, 삼촌, 사촌들이 있어 2006년의 추수감사절에는 40명이 모이고 강아지도 열 마리나 될 정도였습니다!

오빠의 죽음 직후 브룩은 추수감사절을 보내기가 힘겨웠습니다. 형제들이 모여 대화하는 것을 보면서, 이들은 서로가 있다는 게 얼마나 운 좋은 일인지 진심으로 알까 싶었습니다. 기회가 될 때마다 그녀는 앤디에게 형제들과 가까이 지내라고 했습니다.

브룩은 추수감사절 모임이 서로의 연결을 위한 시간이지만 자신은 고립되고 외롭다는 것을 깨달았습니다. 이 대가족의 웃음과 농담 속에서 자기 가족의 상실이 더 크게 보였습니다.

그해 추수감사절을 보내고 브룩은 이런 감정을 남편에게 얘기한 뒤 '1, 2년'쯤 빠져도 될지 물었습니다. 그는 브룩의 뜻을 이해하고 어머니에게 설명했고, 서로 간에 상처가 되지 않았습니다.

현재까지 앤디의 가족은 급작스럽거나 비극적인 상실을 경험해보지 못했습니다. 신의 뜻에 따라 그들은 앞으로도 그럴 일이 없을 것입니다. 13년의 결혼생활 동안 브룩은 앤디가 이해하지 못하는 방식의 애도를 겪으며 살아왔기 때문에 그 둘은 세상을 매우 다르게 봅니다. 이 비극은 그들을 떨어뜨리지 않고 더 가깝게 만들었습니다. 브룩은 그것이 앤디와 자신의 다음과 같은 면들 덕분이었다고 말합니다.

- 비극의 시기 동안 곁에 머물며 이야기를 들어주었던 앤디의 헌신.
- 브룩의 고통을 없앨 '치료'나 '정답'을 원하는 게 아니라는 것을 알고 들어주는 앤디의 능력.
- 이 일이 아내의 인식과 요구를 얼마나 바꾸었는지, 설령 당장 이해하지는 못하더라도 존중해준 것.
- 아내에게 필요한 만큼의 공간과 친밀함을 이해하고 애도에 있어

우리는 저마다의 속도로 슬픔을 통과한다

'시간제한'을 두지 않았던 것.

- 느끼는 바를 최대한 공유하려고 했던 브룩의 노력.
- 가족들 사이에서 얼마나 외롭다고 느끼는지를 비롯해 많은 사람이 말하지 않고 넘어가는 다른 힘든 것들을 털어놓았던 브룩의 진솔함.

남성적인 애도

테리 마틴과 케네스 J. 도카는 『갑작스런 상실 후 애도와 함께 살아가기Living With Grief After Sudden Loss』에서 "남성적인 애도는 사적이고, 감정보다는 생각 위주이며 행동주의적이다. 남성적인 애도를 하는 이 대다수는 남자이지만, 많은 여성도 이런 방식으로 대처한다. 전통적인 치료는 애도자들에게 그들의 감정적 고통을 털어놓고, 괴로운 사건을 떠올리라고 하지만 남성적인 애도자들은 감정의 극복을 권하고 존중하는 사적이고도 문제 해결 지향적인 방식에 잘 반응한다"고 요약했습니다.

두 저자는 남성적인 애도 패턴을 다음과 같이 정리합니다. 아래의 글을 읽으면 남성들은 자신의 패턴을 알고, 자신에게 더 맞는 창조적인 방식으로 애도 과정을 보내는 데 도움이 될 것입니다.

- 감정은 제한적이고 절제되어 있다.
- 감정보다 생각이 우선하며 지배적이다.
- 감정을 표현하기보다 문제를 해결하는 데 초점을 둔다.
- 밖으로 표출되는 감정은 종종 분노나 죄책감이다.

- 강렬한 감정은 속으로 겪곤 하며 대개 남들과 나누는 것을 꺼린다.
- 극심한 애도는 상실 직후, 사망 후의 행사에서 종종 억제되어 있다.

남성들은 다르게 애도하기 때문에 남성들로만 구성된 자조 모임으로 시작하거나 참여하는 것이 좋을 수 있습니다.

애도하는 커플들을 위한 지침
만약 당신이 커플로서 상실을 겪게 되었다면 아래의 내용이 도움이 될 수 있습니다.

이 장을 함께 읽으세요
애도와 그것이 우리에게 끼치는 영향을 두 사람 다 이해하는 것이 중요합니다. 이 장을 함께 읽고 대화해보세요. "당신도 이런 걸 겪었어요?"나 "이걸 한번 해볼까요?" 등 여기 적힌 내용을 서로에게 질문할 토대로 활용하세요.

또 다른 도움을 찾으세요
많은 부부가 잘못 생각하는 것이, 한 명의 상대 배우자가 자신의 모든 필요를 충족시켜주리라 기대하는 것입니다. 이것은 비현실적일뿐더러 상대에게 너무 많은 부담을 지우는 것입니다. 한 사람의 요구는 무척 다양해서 이것을 만족시키려면 마찬가지로 다양한 사람이 필요합니다. 이것은 애도의 경우도 마찬가지입니다. 우리에게는 배우자뿐 아니라 다른 많은 사람이 필요합니다.

집 밖에서 토론하세요

집이란 환경은 감정과 추억이 가득한 장소입니다. 복잡다단한 감정과 주의가 분산되는 것을 피하려면 집에서 벗어나 말하고 의견을 나눌 시간을 가지세요. 이 상황의 강렬함에서 잠시 쉬어갈 시간을 주세요. 외식하기 위해 외출하고 상대에게 집중해서 즐거운 것, 문제, 고통, 그리고 삶에 대해 이야기하세요.

상대에게 메모를 전하세요

치료사인 톰 골든은 "애도를 말할 때는 끔찍한 시간을 보내다가 상대에게 메모를 남기기 시작하면서 서로를 훨씬 더 잘 이해하게 된 부부가 있다"고 말합니다. (그는 남성과 애도에 대해 많은 자료가 실린 훌륭한 인터넷 사이트인 Tom Golden: Crisis, Grief & Healing을 운영하고 있습니다.) 그는 이런 말도 전했죠. "남성에게 시간을 좀더 주는 방법은 말하는 것보다 써서 전달하는 것이다. 노트는 그에게 한 번 이상 읽을 여유를 주고 간직할 수 있게 해준다…… 그리고 자신의 시간에 맞게 반응할 수 있다는 것이 (더욱) 중요하다. 또 다른 이점은 쓰는 것이 비언어적인 소통 방식이기에 '목소리 톤'을 상황에서 배제할 수 있다는 점이다."

당신의 요구를 전하세요

직장과 우정, 결혼에 이르기까지, 어떤 관계에서든 잘못된 의사소통이 가장 큰 문제입니다. 이런 잘못된 소통이 애도 과정을 더 복잡하게 만들도록 방치하지 마세요. 당신이 필요한 것을 어렴히 알리라는 기대를 버리고 특정해서 말하세요. "내게 필요한 것은……" "당신이 하려는 게……"로 문장을 시작하도록 노력하세요.

시간을 주세요

남자가 자신의 감정을 표현하는 데에는 시간이 걸릴 수 있습니다. 대다수의 남성이 여성과 달리 안전한 상황에서 기분을 표현할 기회를 갖지 못해왔다는 점을 염두에 두세요. 질문한 뒤 남자가 그에 대한 반응을 보일 때까지 시간을 좀 주어야 합니다. 몇 분이나 몇 시간, 또는 하루가 걸릴 수도 있습니다.

콕 집어 질문하세요

남자는 보통 여자와 달리 자신의 기분이나 감정에 익숙하지 않습니다. "기분이 어때요?"나 "요즘 어떻게 지내고 있나요?" 같은 질문에 "그만 좀 물어봐요"나 "괜찮다니까"라는 대답이 돌아오기 쉽죠. 남자들은 대답을 회피하는 게 아니라 항상 그래왔듯이 답하는 것뿐입니다. 이럴 경우 좀더 세부적으로 질문해야 제대로 된 답을 들을 수 있습니다. "장례식에서 어떤 부분이 가장 힘들었어요?" "그 사람이 오늘 우리에게 바란 게 뭐 같아요?"와 같은 질문이 대화의 문을 열 수 있습니다.

우리는 저마다의 속도로 슬픔을 통과한다

9장

아이들의 애도 돕기

저 수많은 별 중 하나의 별에

내가 살고 있을 거야.

그 별들 중 하나에서

웃고 있을 거야.

아저씨가 밤하늘을

바라볼 때면

모든 별이

웃는 것처럼 보일 거야.

앙투안 드 생텍쥐페리, 『어린 왕자』

———

자녀나 돌봄이 필요한 아이들을 대하면서 어떤 일들을 겪게 될지 이해하기 위해 우리는 이 장을 영유아기부터 초기 성인기까지 시기별로 정리했습니다. 발달 시기에 따라 죽음을 직면한 아이들에게 어떤 일이 있을지, 그리고 어떻게 하는 게 가장 도움이 될지 약간의 길잡이가 되어줄 것입니다.

예전에는 아이들을 성인의 축소판이라 보고, 성인처럼 행동하도록 교육했습니다. 지금은 아이들과 성인의 애도가 다른 방식으로 이루어진다는 것이 잘 알려져 있습니다.

성인과 달리 아이들은 지속적이고 강렬한 감정상·행동상의 애도 반응을 겪지 않습니다. 아이들이 상황에 따라 짧게 애도를 겪는 것처럼 보일 수 있지만, 실제로는 대개 성인보다 오랜 기간 지속됩니다. 이것은 강렬한 감정을 다루는 데 아이의 능력에 한계가 있기 때문일 것입니다. 애도 중인 아이는 나이가 들면서 거듭거듭 다뤄야 할 필요가 있습니다. 사별은 시간의 흐름에 따라 지속되는 과정이기 때문에 아이들은 반복해서, 특히 캠프를 가거나 학교를 졸업하거나 결혼하거나 아이를 낳아 부모가 된 뒤 등 자기 삶에서 중요한 순간에 상실을 더욱 떠올립니다.

아이들의 애도는 상실 당시의 나이, 성격, 발달 단계, 죽음에 대한 이전의 경험, 고인과의 관계에 따라 영향을 받습니다. 환경, 죽음의 원

우리는 저마다의 속도로 슬픔을 통과한다

인, 가족 간의 소통 능력, 죽음 후에도 가족이 지속되는 것 역시 애도 과정에 영향을 줍니다. 아동이 보살핌을 받아야 하는 정도, 아이가 자기감정과 추억을 표현할 기회가 있는지 여부, 부모가 자신들의 스트레스에 대처하는 능력, 다른 어른들과 아동의 꾸준한 관계도 여기에 영향을 미칩니다.

미국 보건사회복지부에 따르면, 아이들은 어른과 다른 방식으로 상실에 반응합니다. 애도하는 아이들은 그들의 감정을 어른처럼 드러내지 않습니다. 위축되어 고인에게 빠져 지내는 대신 활동에 매달리기도 합니다(1분 정도 우울해하다가 곧장 노는 등). 종종 어른들은 아이가 죽음을 이해하지 못하거나 극복했다고 여깁니다. 하지만 둘 다 사실이 아닙니다. 아이들의 마음은 그들이 다루기에는 너무나 강력한 것으로부터 스스로를 보호하려는 것입니다. 어른들은 며칠간 애도할 수 있지만 아이들은 짧은 시간 동안, 때로는 한 번에 몇 시간이나 몇 분 정도 애도를 합니다.

아이들은 죽음을 이해하기 어렵고 감정을 표현할 단어를 잘 알지 못하기 때문에 종종 행동으로 자신을 표현합니다. 분노와 버림받음에 대한 두려움의 강렬한 감정이 애도 중인 아이들의 행동 이면에 깔려 있을 수 있습니다. 그들은 자기감정이나 불안을 다루고자 종종 죽음과 관련된 게임을 하기도 합니다. 이런 게임은 아이들에게 친숙하고 안전하게 자기감정을 표현할 기회를 줍니다.

아이들은 자라면서 발달의 단계마다 상실을 재경험합니다. 예를 들어 만 5세의 아이는 공상을 바탕으로 하던 과거와 달리 현실을 바탕으로 죽음을 이해하게 됩니다. 배우고 이해해갈수록 상실을 돌아보고 재경험합니다. 마침내 죽음을 이해하면, 아이들은 죽음의 의미를 다시 해석하게 됩니다. 이 과정을 이해하는 것이 중요하며, 아이가 발달의 한 단계에서 죽음에 집착하게 될 때 '뒤로 후퇴한 것'처럼 느끼지 않게 해줄 것입니다. 아이들에게 가장 큰 어려움 중 하나는 어린 시절이 안전한 곳이라는 그들의 믿음을 잃는 것입니다. 이때까지 아이들은 자신이 영원히 살고 상처받지 않을 것이며 그 무엇도 그들의 친구, 부모와 형제들을 해칠 수 없다고 믿었습니다. 어린 시절에 비극적인 상실을 겪으면 이런 깊은 믿음이 깨집니다. 아이의 행동이 변하기도 합니다. 애도 중에 아이들이 감정적 혹은 신체적으로 퇴행하는 것은 드문 일이 아닙니다. 화를 내고 떼를 쓰거나 학교에서 잘 지내지 못하고 겁먹거나 내성적이 될 수 있으며 잘하던 것을 못하고 악몽을 꾸기도 합니다.

인내심과 사랑은 당신의 자녀가 퇴행에서 벗어나는 것을 돕는 열쇠입니다. 이 인내심과 사랑은 당신이 당신의 애도와 감정을 다루고 스스로를 잘 돌볼 수 있을 때에만 가능합니다.

영유아기(생후부터 18개월까지)

아이들은 질문하진 못하지만 자연적으로 상실에 대한 본능적인 경험을 합니다. 그들은 환경에서 상실을 감지하고 온몸으로 느낍니다. 영유아의 자기중심적 시각에서는 모든 일이 자신에게 일어났으며 그 원인은 자기한테 있다고 믿게 됩니다. 아마 당신은 아이가 짜증스러워하고 다루기 더 어려워지는 경험을 했을 수도 있습니다. 이것은 고인과 아기의 관계에 따라 나타납니다. 아이들은 가족이나 다른 친척의 사망보다 부모 중 한 명 혹은 부모 모두가 사망했을 때 상실을 더 크게 겪습니다.

우리는 저마다의 속도로 슬픔을 통과한다

아이들은 종종 신경질적이고 달래기 어려우며 분리에 공포 반응을 보입니다. 수면 문제나 야경 증상sleep terror, 뇌 발달이 완성되지 않은 아이들이 수면 중 보일 수 있는 증상의 하나로, 자다가 깨어 달래지 못할 정도로 울거나 소리치는 등의 격한 반응을 보이다가도 아침이 되면 밤사이의 증상을 본인이 자각하지 못하는 현상을 보일 수 있습니다. 아이의 규칙적인 생활 패턴을 유지하면서 그들이 애도를 경험하도록 안전한 기준을 제공해주세요. 이 시기 동안 좀더 편하게 해주고 안아주며 위로하는 시간을 갖는 것이 중요합니다. 좀더 큰 아이들이라면 아직 말을 못 하더라도 당신의 말을 종종 이해할 수 있다는 것을 염두에 두세요. 안심되는 말을 들려주고, 죽음에 대한 자세한 이야기가 아이한테 들리지 않도록 조심해주세요.

아이들의 연령에 따라 당신이 할 수 있는 최선의 행동은 당장 신체적인 위안을 주는 것뿐만 아니라 아이를 도울 것이라는 약속을 하는 것입니다. 당신이 영유아의 주보호자라면, 자신뿐 아니라 아이의 필요를 모두 보살피는 것은 어려울 수 있습니다. 가능하다면 당신의 삶 또한 정돈하고 애도할 시간을 가질 수 있게, 가족 외에 아이 돌봄을 도와줄 사람을 구하길 바랍니다.

걸음마 유아기(18개월부터 만 3세까지)

이 시기의 부모, 보호자의 주요 과제는 아이에게 적절한 제한을 두는 것입니다. 그런데 갑작스러운 사망으로 당신의 세상이 뒤집힌 상태라면, 기존의 제한을 유지하기가 어렵습니다. 하지만 그것은 아동의 복지에 필수입니다. 걸음마기의 아이는 퇴행하고 보호자와 분리될 때 극도로 공포에 질리기도 합니다. 사망 시기에 아이가 배변 훈련 중이었다면 아마 다시 퇴행할 것입니다. 지나치게 요구가 많아지고 징징거리며 매달리기도 합니다. 원래 먹던 식으로 먹으려 들지 않거나 잠을 잘 못 잘 수도 있습니다. 원래의 규칙적인 생활을 잘 유지하는 것이 이런 어려움을 줄이는 데 도움이 됩니다.

이 시기 아이들은 삶에서 무슨 일이 일어났다는 것은 알지만 이를 말로 거의 표현하지 못합니다. 그들은 죽음의 개념을 알지 못하고 사랑하던 사람이 돌아올 거라고 생각합니다. 어른인 보호자를 걱정하거나, 당신이 울 때 따라서 울 수 있습니다. 당신의 경험을 아이에게 "_____해서 내가 슬프구나"와 같이 언어로 표현해주는 것도 괜찮습니다.

어떤 질문에도 열린 자세로 솔직하게 답해주는 것이 중요합니다. 아이에게 고인이 "단지 잠든 것"이라든가 "신이 데려가셨어"라고 말하는 것은 심각한 공포와 불안을 불러올 수 있습니다. 아이가 잠드는 것을 무서워하게 되거나 신이 자기도 데려가지 않을까 공포를 갖게 될 수 있습니다. '죽음'이라는 단어를 사용해도 괜찮으며 이를 알려줄 방법을 찾아보는 것이 좋습니다(예를 들어 강아지가 죽었을 때, 수족관 속 물고기가 떠 있을 때, 새가 둥지에서 떨어졌을 때 등).

이 시기에는 아이들의 직접적인 질문을 받아주기 어려울 수 있습니다. 당신이 감정적으로 진이 빠져 있는 상황에서, 직접적인 질문은 감당하거나 답하기 어렵습니다. 브룩의 딸 역시 이런 직접적인 질문을 하는 시기가 있었습니다.

오빠가 죽었을 때 서맨사는 만 세 살이었습니다. 처음에는 딸아이가

우리는 저마다의 속도로 슬픔을 통과한다

질문을 많이 하지 않았는데, 몇 달이 지나자 질문이 쏟아져 나왔습니다. "왜 엄마랑 할머니랑 슬퍼해?" "왜 벌이 삼촌을 쏘았어?" "레르기 (알레르기)가 뭐야?" "벌이 나도 쏠까?" "엄마랑 나는 안 죽을 거야, 그렇지?" 이런 질문에 답하는 가장 좋은 방법은 솔직함이었습니다. 저는 보통 사람들은 나이가 들면 죽는데, 어떤 사람은 젊은 나이에도 죽을 수 있다고 설명했습니다. 그리고 의사에게 확인해봤는데, 딸에게는 알레르기 반응이 없었다고도 설명해주었죠. 아이가 죽은 사람들이 어디로 가느냐고 물었을 때, 그건 나도 모르지만 좋은 곳으로 갈 거라고 생각한다고 말해주었습니다.

걸음마 시기의 아이들에게 죽음의 개념은 이해하기 어려운 것입니다. 이를 이해할 경험을 거의 해보지 않았을 테니까요. 좋아하는 만화에서 어떤 캐릭터가 '죽어'도 다음 에피소드에서는 또 나옵니다. 최후라는 것이 낯설죠. 지금까지 죽음은 영화나 만화에서 그냥 일어나기도 하는 일이었지만 아무도 진짜로 죽지는 않았습니다. 이 시기의 아이들은 보통 죽음과 잠을 혼동하고, 만 3세가 되면 불안 반응을 보일 수 있습니다. 그들은 말하기를 멈추고 전반적으로 힘들어하는 것처럼 보일 수 있습니다.

우리가 할 수 있는 최선은 나이에 맞는 내용으로 아이들에게 무슨 일이 일어났는지를 이해시켜주는 것입니다.

어린아이들

아이들은 만 4세경이 되기 전까지는 발달학적으로 세상이 자기를 중심으로 돌아간다고 믿고, 심지어는 어떤 식으로든 본인이 그 죽음의 원인일 거라고 걱정할 정도로(내가 더 착한 아이였다면 아빠가 죽지 않았을 텐데 등) 죽음의 개념을 이해하지 못합니다. 만 5세에서 9세 사이의 아동은 죽음을 이해하기 시작하고 그것이 최후임을 깨달아갑니다. 그들은 버림받음에 대해 상당히 민감하고 돌봄을 받지 못할까봐 걱정합니다(누가 내 먹을 것을 챙겨줄까? 나는 어디로 가게 되는 걸까? 등) 대부분의 성인은 애도의 첫 단계를 거의 즉각 시작하지만, 아이들은 대개 사망 몇 주 또는 몇 달 후에 시작합니다. 『빈 의자를 두고 살아가기: 애도에 대한 안내서Living with an Empty Chair: A Guide Through Grief』를 쓴 로버타 템즈 박사는 "부모가 사망했을 때 아이들의 돌봄이나 이기성, 자신의 필요에 대한 걱정을 비난해서는 안 된다. 누군가 울고 있는 상황에서 아이가 '그럼 누가 날 경기에 데려다줄 거예요?'라든가 '이제 누가 아침마다 내 머리를 땋아줄 건데요?' '오늘 저녁 메뉴가 뭐예요?'라고 물어도, 이는 지나친 이기주의가 아니다. 아이는 아이답게 반응하고 있는 것이다"라고 설명했습니다.

아이들의 애도는 주로 세 종류의 기본적인 질문으로 표현됩니다.

1. 내가 그 죽음을 일어나게 한 건가요?
2. 나도 죽게 되나요?
3. 누가 날 돌봐줄 건가요?

"나로 인해 그 죽음이 일어난 건가요?" 아이들은 종종 자신이 마법적인 힘을 갖고 있다고 생각합니다. 엄마가 화나서 "너 때문에 내가

우리는 저마다의 속도로 슬픔을 통과한다

죽겠다"라고 한 적이 있는데 나중에 사망했다면, 아이는 자신이 실제로 엄마를 죽게 만들었다고 여길 수 있습니다. 또는 다투다가 아이 한 명이 "네가 죽었으면 좋겠어"라고 말하거나 그렇게 생각한 적이 있는데 상대가 죽었다면, 자기 생각 때문에 진짜로 상대가 죽었다고 생각할 것입니다.

"나도 죽게 되나요?" 다른 아이의 죽음은 특히 아이들에게 힘든 상황이 됩니다. 죽음을 (부모나 의사가) 막아줄 수 있는 것이라고 생각했다면, 이제는 자신도 죽을 수도 있다고 생각할 수 있습니다.

"누가 날 돌봐줄 건가요?" 아이들은 부모나 다른 성인의 돌봄에 의존해야 하는 존재이기 때문에 중요한 사람의 사망 이후 누가 자신을 돌봐주게 되는지 궁금해합니다.

만 3세에서 6세의 아이들

이 시기의 아이들은 죽음을 잠자는 것과 비슷하게 봐서, 살아 있지만 제한된 형태일 뿐이라고 생각합니다. 아이들은 삶과 죽음을 완전히 분리해서 볼 수 없습니다. 아이들은 그 사람이 묻혔다고 해도 여전히 살아 있다고 생각하는 까닭에 고인에 대한 질문들을 하기도 합니다(어떻게 밥을 먹고 화장실을 가고 숨을 쉬고 놀아요? 등). 어린아이들은 신체적으로는 죽음이 일어났지만 일시적이고 되돌릴 수 있으며 마지막이 아니라고 생각합니다. 이 시기 아이들의 죽음에 대한 개념에는 또한 마법적인 사고방식이 포함되어 있습니다. 예를 들어 아이는 자기 생각이 다른 사람을 아프게 했거나 죽게 했다고 여기기도 합니다. 만 5세 이전의 애도 중인 아이는 먹고 자고 대소변을 가리는 데 어려움을 겪기도 합니다.

현대사회에서 애도하는 성인들은 틀어박혀 타인과 대화를 하지 않는 경향이 있습니다. 하지만 아이들은 종종 주변 사람(모르는 사람까지도)들의 반응을 보고 자신의 반응에 대한 단서를 얻을 겸 말을 합니다. 아이들은 혼란스러운 질문을 하기도 합니다. 예를 들어 "할아버지가 죽었다는 건 알아요. 그런데 할아버지는 언제 집에 와요?"라고 물을 수도 있습니다. 이것은 현실을 테스트해보고 죽음에 대한 이야기가 변한 게 없는지 확인해보는 방법입니다.

만 3세에서 6세 사이의 아이들은 많은 것을 반복을 통해 배웁니다. 이런 이유로 이 시기 아이들이 똑같은 질문을 하고 또 하거나 약간만 바꿔서 자꾸 묻는 것입니다. 어른에게는 진 빠지는 일이겠지만, 대답하기 전에 시간을 가지세요. 아이들의 또래 역시 죽음에 대해 아는 것이 거의 없고 친구를 도울 만큼 감정적으로 성숙한 상태가 아니라는 것을 명심하세요. 아이들이 지원을 받을 수 있는 유일한 사람은 당신입니다.

만 6세에서 9세의 아이들

이 시기 아이들은 보통 죽음에 대해 강한 호기심을 가지며, 죽었을 때 고인의 몸이 어떻게 되는지 질문하기도 합니다. 죽음을 해골, 유령, 죽음의 신이나 귀신같이, 살아 있을 때의 고인으로부터 분리된 사람이나 영혼의 형태로 생각합니다. 그들은 또 죽음이 마지막이고 두려운 일이긴 하나 (자신에겐 해당되지 않고) 대부분 나이 든 사람에게 일어나는 것이라고 생각합니다. 애도하는 아이들은 학교에 가지 않으려 하고 배우기 어려워하거나 반사회적이고 공격적인 행동을 하거나, 자기 건강에 대해 과도한 염려를 하거나(예컨대 상상의 병 증상을 보임) 혼자 있으

우리는 저마다의 속도로 슬픔을 통과한다

려 합니다. 또는 지나치게 달라붙고 매달리기도 합니다. 남자아이들은 보통 슬퍼 보이기보다 (학교에서 과격한 행동상의 문제를 보이는 등) 공격적이고 파괴적인 행동을 합니다. 부모 중 한 명이 사망한 경우라면, 살아 있는 부모 역시 애도 중으로 아이를 감정적으로 돌볼 상태가 아니기 때문에 아이는 부모 모두로부터 버림받았다고 느끼기 쉽습니다.

만 9세 이상 어린이

만 9세 정도의 나이가 되면 죽음은 피할 수 없는 것이며, 벌이 아니라는 것을 알게 됩니다. 12세 시기에는 죽음이 마지막을 의미하며 모두에게 일어날 수 있는 일임을 인식하게 됩니다.

애도와 발달 단계		
연령	**죽음에 대한 이해**	**애도의 표현**
영아~ 만 2세	이해하지 못함	조용히 있음, 짜증, 활동의 감소, 수면 이상, 체중 감소
	엄마와의 분리가 변화를 일으킴	
만 2~6세	죽음은 잠자는 것 같다	질문을 많이 함((고인이) 화장실은 어떻게 가요? 밥은 어떻게 먹어요?)
		식사, 수면, 배변 이상
		버림받음에 대한 공포
		떼쓰기
	죽은 사람도 살아가고 어떤 식으로든 지낸다	마술적인 생각 (내가 뭘 하거나 생각해서 죽게 한 건가? 싫다고 말했거나 죽었으면 좋겠다고 생각해서?)
	죽음은 일시적인 것이고 마지막이 아니다	
	죽은 사람도 삶으로 돌아올 수 있다	

		죽음에 대한 호기심
만 6~9세	죽음을 사람이나 영혼의 형태(해골, 유령, 귀신)로 생각한다	자세한 질문
		학교에 대한 불안이 커질 수 있음
	죽음은 마지막이고 두려운 일이다	(특히 남자아이의 경우) 공격적인 행동
		상상 속의 병에 대한 걱정
	죽음은 다른 사람들에게도 일어날 수 있지만 나에게는 일어나지 않을 거야	버림받은 것처럼 느낄 수 있음
만 9세 이상	모두가 죽는다	감정, 죄책감, 분노, 수치심의 고조
		스스로의 죽음에 대한 불안이 높아짐
		감정 동요
	죽음은 마지막이며 변하지 않는다	거절에 대한 두려움, 또래와 다르게 보이고 싶지 않음
	나 역시 죽을 수 있다	식습관의 변화
		수면 문제
		퇴행 행동(야외 활동에 대한 흥미를 잃음)
		충동적인 행동
		살아 있음에 대한 죄책감 (특히 형제나 또래의 죽음의 경우)

청소년기

패멀라의 아들 이언은 아버지가 죽었을 때 열두 살이었습니다.

당시 열두 살이었던 이언은 새로 한 치아 교정기를 아빠에게 보여주고 싶어했어요. 새로운 경험이자 통과의례 같은 것이라 이언은 그 경험을 아빠와 나누고 싶어했지요. 조지와 저는 오래전에 이혼했지만, 우리는 친구였고 아들의 일상을 즐겁게 공유했어요. 아들을 아빠의 사무실로 데려다주었는데 그는 아빠를 향해 크게 웃어 보이며 새 교정기를 보여

우리는 저마다의 속도로 슬픔을 통과한다

줬고, 조지는 아들을 안아주었죠. 그것이 마지막 포옹이었습니다. 조지는 이튿날 세상을 떠났어요. 열두 살이던 이언은 적어도 의사소통이 가능했고 아주 조금이지만 자신의 슬픔과 분노를 말했어요. 자신의 감정을 말로 표현하지 못하고 그 갑작스러운 상실에 대한 강렬한 감정을 경험한다고 생각해보세요. 이것이 더 어린 아이들이 겪는 곤경입니다.

청소년기는 가장 나은 상황일지라도 감정적 변화를 겪을 뿐 아니라 모두에게 어려운 시기입니다. 게다가 가장 준비가 덜 됐을 때에 가까운 누군가가 갑자기 죽는 경험이 더해지니, 삶의 의미에 의문을 갖게 되는 것은 당연합니다. 또래의 지지는 청소년기에 매우 중요합니다. 청소년의 아이가 친한 친구를 잃었다면, 또래와 만나고 시간을 보내도록 격려해서 시간을 건설적으로 쓰도록 도와야 합니다.

비슷한 종류의 상실을 겪은 아이들로 구성된 애도 자조 모임은 큰 도움이 됩니다. 이런 집단은 아이가 안전하게 자신의 감정, 특히 분노를 표현할 방법을 찾을 수 있게 도와줍니다. 이런 그룹을 찾지 못한다면 학교나 종교 단체에서 찾을 수 있도록 격려해주세요. 패멀라는 아이와 함께 학교의 지원을 찾아봤습니다. 이 시기 아이들의 또 다른 도전 과제는 독립에의 욕구입니다. 부모를 밀어내고 자신만의 정체성과 독립성을 찾기 시작하죠. 『최악의 상실』에서 바버라 D. 로소프는 적었습니다. "심리적인 독립성을 향해 성장하기 위해 [청소년은] 평생 부모에게 연결되어 있던 의존의 매듭을 느슨하게 해야 한다. 이것은 장기간의 과정이라, 10여 년간 변덕스럽게 진행된다. 그들이 멀어지기 시작하려는 때, 형제(또는 다른 가까운 사람)의 죽음으로 생긴 강렬하고도 고통스러운 감정을 당신과 공유하려는 생각은, 위험하게 퇴행한 듯한 기분을 불러일으킨다. 이것은 청소년들이 그동안 힘들게 벗어나 성장하려고 애써왔던 매우 의존적인 관계로 되돌아갈 위협이 된다."

이런 이유로 외부의 도움을 줄 존재는 필수적입니다. 교회나 학교를 통해 이런 그룹을 구할 수 없다면, 학교의 상담가나 그 외 다른 전문가가 당신의 자녀를 지지해줄 수 있도록 해주세요.

이언이 학교에서 일대일로 애도에 대한 카운슬링을 받을 수 있다는 것은 우리에게 커다란 행운이었습니다. 아버지의 죽음 후 학교 사회복지사와 2년 가까이 충실하게—제 독촉이 거의 없이—상담에 참여했습니다. 이언이 이렇게 잘 대처한 것은 학교의 인식과 조치 덕분이라고 봅니다. 하지만 간혹 아이는 집에서 분노를 쏟아내기도 했습니다. 엄청난 애도를 표현할 언어가 없었던 이언은, 많은 남자아이가 그러하듯이 장례식에서 신체적인 행동화를 보였습니다. 아무 말 없이 그는 새어머니가 준 종교적인 책을 들고 집을 나갔습니다. 저는 그가 비에 젖은 땅에 그 책을 집어던지고 한 시간이 넘도록 발로 차는 것을 바라봤습니다. 그는 그 책이 갈가리 찢겨 조각날 때까지 계속해서 세게 쳤습니다. 너덜해진 책은 마지막 한 방으로 하수구에 빠졌습니다. 집으로 돌아왔을 때 이언은 힘이 다 빠진 듯했고 후련해 보였습니다. 다행히 자신이나 남을 다치게 하지 않았습니다.

사망자가 아이의 형제라면 집에서 벗어나 가족보다 친구들과 더 오래 있으려 할 수 있습니다. 여기에는 몇 가지 이유가 있습니다. 우선,

우리는 저마다의 속도로 슬픔을 통과한다

부모가 그들의 애도에 너무 빠져 있기 때문에 아이들은 자기감정과 애도가 그들의 부모 옆에 있으면서 더 깊어지는 것을 원치 않습니다. 그들은 자신이 부모를 위로해야 한다고 느끼기도 하지만, 그럴 수 있는 감정적 에너지가 없습니다. 둘째로, 집이란 그들의 형제나 다른 가족과의 많은 기억을 담고 있는 곳이므로 그런 기억을 대면할 준비가 되어 있지 않을 수도 있습니다. 자녀와 소통하고 감정을 이야기하는 것도 중요하지만, 자녀에게 필요한 장소, 안전한 장소를 만들어주세요.

10대에서 초기 성인기

10대와 초기 성인들은 부당하다는 느낌('아빠가 내 결혼식에 함께했어야 했는데' '엄마가 내 첫아이를 낳을 때 옆에 있었어야 했는데' '형제자매가 대학 졸업식 때 옆에 있어야 했는데' 등)을 경험할 수 있습니다. 그들은 또한 자신 역시 죽음을 피할 수 없는 존재임을 예리하게 느끼며, 그들의 부모, 친구나 가까운 친척처럼 자신도 똑같이 예측하지 못한 상황에서 죽게 되지 않을까 걱정할 수 있습니다. 다시 한번, 동료들의 자조 모임은 충동 또는 파괴적 행동으로 폭발할 수 있는 강렬한 감정에 휩쓸리는 것을 예방하는 데 큰 도움이 됩니다.

이언은 열아홉 살, 대학 2학년에 접어든 청년이 된 최근에 "엄마, 열두 살 때 아버지가 죽지 않았다면 제가 어떤 남자가 되었을지 궁금해요"라고 물었습니다. 저는 눈물에 목이 메어 알고 있는 대로 대답했습니다. "네가 어떻게 달라졌을지는 모르겠지만, 아버지는 네가 성장한 모습을 자랑스러워했을 것이라는 점은 안단다."

10대들은 많은 부분에서 성인과 같은 단계의 애도를 경험합니다. 하지만 그들은 자기 나이만의 독특한 경험 또한 하게 됩니다.

혼자만의 애도

10대들은 종종 강렬한 감정을 보이는 데 익숙해하거나 편안해하지 않습니다. 이런 이유로 많은 경우 혼자 애도를 합니다. 방 안에서 또는 샤워 중에 울기도 합니다.

건강하지 않은 분노

10대들은 분노를 푸는 데 건강하지 않은 장소를 택하기도 합니다. 물건을 부수거나 자기 파괴적 행동을 하기도 합니다. 10대 청소년들은 성인에게는 허용된 건강한 발산 수단이 별로 없다는 것을 염두에 두는 게 중요합니다. 그런 까닭에 10대에게 건강한 발산 수단을 제공하는 것은 필수입니다.

성적 활동

애도에 동반된 외로움 때문에 10대들은 외롭고 겁에 질릴 수 있습니다. 그들은 가족이 자기 애도에 몰두하느라 자신을 위로해줄 에너지나 능력이 없다고 느낍니다. 그래서 고독감을 줄이고자 성적인 행동을 보이는 것은 드문 일이 아닙니다.

죄책감

어릴 적부터 아이들은 그들의 부모와 가족, 가까운 사람들을 기쁘게 해주려는 성향이 강합니다. 어른들이 다투면 종종 자기가 기쁘게 해주는 데 실패했기 때문이라고 해석합니다. 더욱이 그들은 자기가 착하게 행동하지 않아서, 말다툼을 너무 많이 일으켜서, 스트레스를 주어서, 또는 부모의 기대에 부응하지 못해서 죽음이 일어났다는 책임감을 느끼기도 합니다. 부모는 이러한 이유를 상상도 못 하지만, 10대의 마음에서도 이런 죄책감은 흔합니다. 그들이 죽음에 절대 책임이 없다는 것을 반복해서 강조해주는 것이 중요합니다.

아이에게 전문적인 도움이 필요할까?

애도는 어른들의 경우와 마찬가지로 아이에게도 낯선 세계입니다. 특히 초기 몇 달간 감정과 행동이 변할 수 있습니다. 그러나 아이에게는 도움을 구하거나, 받을 수 있는 도움의 종류를 이해할 자원이나 도구가 적다는 것을 기억해야 합니다. 언어적·비언어적 의사소통을 주의 깊게 살펴보세요. 자신을 다치게 하거나 남이 다칠 수 있는 방식으로 말하거나 행동한다면 정신건강 전문가를 즉시 찾아가야 합니다.

아래의 목록은 루스 아렌트가 쓴 『아이들의 애도를 돕는 법Helping Children Grieve』에서 발췌한 내용으로 전문가의 도움을 받아야 하는 경우를 안내합니다.

- 우울해하고, 움직이지 않으려 하며, 희망이 없다고 느낍니까?
- 분노나 공포가 지속되고, 크고 과장된 감정 변화를 보이나요? 분노와 적대감을 행동으로 드러내나요?
- 고인에 대한 그리움이 계속돼 학업에 지장이 있을 정도인가요?

- 트라우마의 새로운 증상이 생기거나 한번 사라졌던 예전 증상이 다시 나타나나요?
- 가족이나 다른 사람의 도움을 거부하나요?
- 신체적 증상, 체중, 수면 문제, 악몽이나 신경질을 많이 보이나요?
- 자살에 대한 생각을 보이나요?
- 가족 안에서 반항적이며 방해가 되거나 지속적으로 스트레스나 문제를 일으키나요?

전문가가 약물 치료를 권할 수 있으며, 이때는 정신건강 전문의에게 처방받아 관리 지도를 받아야 함을 명심해야 합니다.

신체적 폭발

아이와 10대들은 감정적으로 충분히 성숙되기 전이기 때문에 종종 감정을 신체로 행동화하기 쉽습니다. 이럴 경우 떼쓰기, 싸움, 고함, 문신, 피어싱이나 다른 신체적인 표현이 나타날 수 있습니다. 이런 신체적 신호를 잘 살펴보세요. 이 중 하나를 발견한다면 이것이 감정적인 억압 때문에 나타난 현상일 수 있음을 알아주세요. 이를 적신호로 삼아 아이를 위해 도움을 줄 네트워크나 전문적인 개입 방식을 찾아보세요.

자살 생각

10대가 고인과 특히 가까운 사이였다면, 그 사람과 다시 함께할 방법으로 자살을 생각할 수 있습니다. 또한 10대가 건강한 방법으로 감정을 다루지 못한다면 그들은 금세 감정에 압도될 수 있습니다. 자살은 이런 요동치는 감정들로부터의 피난처로 생각될 수 있습니다. 10대가 자살 계획 중 어느 부분이라도 세부 사항을 짜고 있다면 즉시 전문가의 도움을 받아야 합니다.

린다 커닝햄은 「애도와 청소년Grief and the Adolescent」이라는 글에서 성인들이 10대를 도울 수 있는 몇 가지 좋은 아이디어를 제시했습니다. "10대는 종종 우리에게 혼돈스런 메시지를 보낸다. 음식과 보호받는 환경, 우리의 도움을 기대하고 필요로 한다고 말함과 동시에 자기 삶을 스스로 꾸리려고도 한다. 사람들이 10대에게 어떻게 반응해야 하는지 항상 아는 것은 아니기 때문에, 어른들은 종종 물러서버리고 10대는 거의 제한된 자원만으로 또는 혼자 남아 애도하게 된다."

애도하는 10대를 돕는 몇 가지 방법을 제시해봅니다.

- 고인의 사진을 보고 싶은지 물어보세요. 고인에 대해 질문하세요. 고인과의 가장 좋았던 이야기나 기억을 물어보세요.
- 죽음에 대해 자세히 확인하세요. 아이에게 무슨 일이 일어난 것인지 물으세요. 아이가 일어난 일에 대해 어떻게 느끼는지 질문하세요. 종종 10대들이 이야기할 때 그들의 말을 주의 깊게 들으면 무엇 때문에 혼란스러운 것인지, 죄책감을 느끼는지에 대한 단서를 얻을 수 있습니다.
- 10대 아이들과 애도 및 그들이 느낄 법한 감정에 대해 대화하세요. 만약 강렬한 감정이 드러나는 경험이 처음이라면 아이들은 크게 겁에 질릴 수 있습니다. 권장 도서 중 한두 권을 골라 아이가 애도의 감정과 익숙해지도록 도와주세요.

- 콜라주를 만들도록 권유해보세요. 잡지와 사진을 모으는 걸 도와주세요. 단어, 사진, 특별한 기억이 있는 노트들을 오려냅니다. 다 만든 콜라주 작품을 10대가 자주 보는 장소에 두세요.
- 고인의 사진을 자녀의 방에 두는 것을 고려해보세요.
- 10대가 자신이 필요한 것을 확인하고 자신과 타인을 연결할 수 있도록 도와주세요. 10대는 자신이 도움을 받지 못한다고 느끼고 있을 수 있지만, 자신에게 무엇이 필요한지 모르는 상황에서는 다른 사람들도 그를 돕기 어렵습니다. 무엇을 가장 필요로 하는지 찾도록 도와주는 것이 고립의 불필요한 고통을 줄여주는 방법입니다.
- 다른 애도 중인 친구들을 도울 수 있게 아이가 자조 모임을 만들도록 권유해보세요. 당신의 집을 안전한 모임 장소로 제공하세요. 당신이 도울 수 있는 것은 무엇이든 하세요. 다른 아이들을 차로 데려다주고 간식과 음료수, 유인물 출력 등의 일을 해주어야 할 수도 있습니다.

대리 애도

의료 사회복지사인 루스 아렌트는 "대리 외상은 비극적인 사건의 피해자와 공감하여 같은 감정적 반응과 외상성 스트레스 증상을 보이는 것이다. 전 세계에서 일어나는 테러나 자연재해에서 대리 외상은 거의 공통되게 나타나며 성인과 아이 모두에게 영향을 미친다"라고 말한 바 있습니다.

비극적인 사건이 당신의 가족을 개인적으로 덮치거나, 언론이나 텔레비전에서 그런 소식을 접할 경우 당신은 자녀가 그 폭력과 죽음, 재

우리는 저마다의 속도로 슬픔을 통과한다

난으로 인해 느낄 불안을 다룰 수 있도록 도와야 합니다.

아이들의 걱정에 대해 들어주고 대화하면 아이들이 안전하다고 느끼는 데 도움을 줍니다. 주변에서 일어난 일이 아이들에게 어떤 영향을 미쳤는지 이야기하도록 격려하는 데서 대화를 시작해보세요. 아주 어린 아이들도 그 사건에 대해 다양한 의문을 품을 수 있습니다. 아이들은 자신의 발달 단계에 따라 스트레스에 반응합니다.

아이들을 위한 정신건강 돌봄 캠페인The Caring for Every Child's Mental Health Campaign에서는 부모와 보호자에게 다음과 같이 조언합니다.

- 아이들이 질문하도록 격려하세요. 그들이 하는 말을 듣고 그들의 특정 공포를 다뤄 위안과 확신을 주세요. 당신이 모든 질문에 대한 답을 알지는 못한다고 인정해도 괜찮습니다.
- 그들의 수준에서 말하세요. 아이들과 대화할 때는 그들이 이해하는 방식으로 하세요. 너무 기술적이거나 복잡하게 설명하지 않도록 합니다.
- 무엇이 그들을 두렵게 하는지를 확인하세요. 그들이 지닌 공포에 대해 이야기하도록 격려해주세요. 누가 자신이나 당신을 해칠까봐 걱정하고 있을지도 모릅니다.
- 긍정적인 데 초점을 맞추세요. 대다수의 사람은 친절하며 배려심이 있다는 점을 강조하세요. 평범한 사람들이 비극의 피해자들을 돕기 위해 한 영웅적인 행동을 아이에게 상기시켜주세요.
- 주의를 기울이세요. 아이의 놀이와 그림이 당신에게 아이의 의문이나 걱정을 언뜻 알려줄 수도 있습니다. 게임이나 그림의 내

용이 무엇인지 아이에게 물어보세요. 잘못 생각하고 있는 것을 확인하고 답을 주며 안심시켜줄 기회가 됩니다.

- 계획을 세우세요. 미래에 뭔가 예상치 못한 일이 가족이나 이웃에게 일어났을 때 모두가 모일 비상 장소를 정하는 등 가족 비상 계획을 만드세요.

아이들을 돕는 일반적인 가이드라인

- 아이들이 애도를 시작하도록 도우려면 살아남은 부모가 최대한 평범한 일상을 유지해야 합니다.
- 귀 기울여 들으세요. 다른 세대와의 대화는 어려울 수 있습니다. 최대한 잘 들어주고, 아이에게 뭘 해야 하는지 말하기보다 그 자리에 있어주세요. 당신이 객관적으로 들어주기 어렵다면, 그렇게 할 수 있는 다른 사람을 찾으세요.
- 계속해서 당신의 조건 없는 사랑과 받아들임에 대해 표현하세요.
- 아이의 환경은 똑같이 유지되어야 합니다. 새로운 학교, 새집 또는 새로운 베이비시터를 접할 시기가 아닙니다.
- 아이가 애도할 준비가 됐다고 판단되면 함께 기도하고 같이 울면서 추억에 잠겨도 좋습니다.
- 아이가 당신에게 죽음에 대해 말하고, 말하고 또 말하는 것을 허용해주세요. 시간이 지나면 이 애도의 강도가 약해지리라는 것을 아이가 이해하도록 도와주세요. 죽음에 대해 이야기하지 않는 것(즉 그 주제가 금기시되는 것)은 아이가 상실에 대처하는 법을 배울 기회를 빼앗습니다.

우리는 저마다의 속도로 슬픔을 통과한다

- 아이와 죽음에 대해 논할 때 설명은 단순하고 직접적이어야 합니다. 아이가 이해할 수 있는 수준에서 최대한 자세하게 사실을 말해주세요. 질문에 대한 대답도 솔직하고 직접적이어야 합니다.
- 아이들은 자신의 안전(아이들은 종종 자신이나 살아 있는 부모 역시 죽지 않을까 걱정합니다)에 대한 확신을 필요로 합니다. 아이의 질문에 답한 뒤, 아이가 그 답을 이해했는지 확인하세요.
- 죽음에 관한 대화에서는 차 사고, 사망, 죽음과 같은 적절한 단어를 씁니다. '세상을 떠났어' '잠드셨어' 또는 '그 사람을 잃은 거야' 같은 대체 단어나 표현은 아이들을 혼란스럽게 하며 오해를 일으킬 우려가 있으니 절대 쓰면 안 됩니다.
- 장례 의식을 계획하고 치르는 데 아이들이 참여해야 합니다. 이런 의식은 (어른과) 아이가 사랑하던 고인을 기억하는 데 도움이 됩니다. 아이가 의식에 참여하도록 강요하지 않되, 그들이 가장 편안하게 느낄 수 있는 상태에서 자기 몫을 맡도록 격려해주세요. 아이가 장례식이나 추도식에 참석하고 싶어한다면, 어떻게 진행될 것인지 전체적인 설명을 미리 해주어야 합니다.

아이가 몇 살이든 상관없이 일어날 수 있는 가장 최악의 비극을 겪고 있는 상태라는 것을 명심하세요. 그들은 끔찍한 기분일 겁니다. 잊어버리거나 부정하도록 부추겨서는 안 됩니다. 그들은 당신의 도움, 안내를 받아가며 자신이 감정적인 참사를 극복할 수 있다는 것을 배워야 합니다. 갑작스러운 상실의 영향이 자신의 남은 삶에서의 대처 능력을 더 높여줄 것임을 느낄 수 있도록 해주세요.

우리 이야기

3부는 이 책에서 쓰고 편집하기가 가장 어려웠습니다. 저자로서 우리 목표는 가치 있는 자료와 안내서를 만드는 것이었지만, 여기서 우리는 막다른 길을 만났습니다. 그동안 우리가 잃어버린 많은 사람(부모, 배우자, 친구들, 자녀, 형제 등)을 다루려 했지만, 애도에 규칙이 없듯이, 다양한 상실을 정리할 수 있는 규칙이란 없었습니다. 대신 우리 경험에 비춰볼 때 가장 필요한 것은 다른 사람들이 거쳐온 이야기를 듣고 설령 변형되더라도 그것을 밖으로 내어놓는 것임을 깨달았습니다. 그리고 애도의 여행을 지원하기 위한 일반적인 가이드라인과 시, 인용문과 기타 자원이 필요했습니다. 우리는 우리 마음을 움직였던 이야기와 인용문, 노래와 시, 기도문을 모았습니다.

3부는 고인과의 관계에 따라 나뉘어 있습니다(부모, 자식, 형제 등). 비록 관계가 쉽고 분명하게 나뉘는 것은 아니지만, 각 장을 읽어보기를 권합니다. 남편이 벗이었을 수도 있고, 형제가 친구나 부모 역할을 했을 수도 있습니다. 이런 이유에서 우리는 당신이 각 장에서 조금씩이라도 얻는 게 있으리라 믿습니다. 또한 우리는 자살, 군¾ 사고, 대규모 재난 등 애도 중인 독자들이 보낸 어려운 상황을 포함해 몇 가지 영역의 내용을 추가했습니다. 수년에 걸쳐 실제 사연과 애도 경험을 탐색해서, 애도 여행 중에 만난 이야기를 덧붙였습니다. 또한 애도 중인 사람들이 우리에게 보내 온 공통된 감정과 질문들도 함께 실었습니다.

10장

친구를 잃었을 때

평생 애도하지 않는 삶을 살 방법은 단 하나다. 사랑 없이 사는 것.
사랑이 그러하듯, 애도 또한 당신의 인간성을 표현한다.

캐럴 스토대커

진실하며 깊고 변치 않는 친구란 얻기도 어렵지만, 모든 급작스러운 상실과 마찬가지로 그 상실을 이해하는 것은 극히 어렵습니다. 새롭게 시작된 관계든 오래된 사이든, 우리와 친구의 사이는 가족보다 더 친밀하기도 하고, 또는 가족이 바로 나의 가장 친한 친구일 수도 있습니다.

삶의 후반기에 우리는 대부분 우리가 죽음에 가까워지고 있음을 천천히 받아들이기 시작하고, 사랑하는 혹은 가까운 존재들을 떠나보내게 됩니다. 나이가 들면서 친구들도 병들고 죽게 될 거라고 생각하는 것은 자연스러운 일입니다. 주디스 비어스트가 말했듯이, 우리 생의 후반부는 "불가피한 죽음들"의 시간입니다. 하지만 갑작스러운 비극으로 친구를 잃을 때에는 천천히 떠나보내는 과정이 없습니다.

친구들은 저마다 특정 역할을 맡고 있습니다. '그냥' 친구이기만 한 경우는 거의 없죠. 대부분의 친구관계는 그 외의 다른 관계의 성향도 포함하고 있습니다. 예를 들어 우리가 적절한 부모 자식 관계를 맺지 못하고 커왔다면 친구가 부모 같은 역할을 합니다. 이런 경우라면 다음 장의 부모를 잃은 상황에 대한 내용이 추가적인 도움이 될 것입니다. 친구가 사망 당시 당신보다 많이 어린 나이였다면 아마 당신이 부모 역할을 했거나 중요한 멘토였을 수 있습니다. 이 경우는 자녀를 잃

우리는 저마다의 속도로 슬픔을 통과한다

는 것에 대한 내용이 도움이 될 수도 있습니다. 상대가 친구이자 연인이었다면, 중요한 사람을 잃는다는 것에 대한 부분이 당신의 상실을 이해할 단서가 될 수 있을 것입니다. 당신에게 이 장이 친구를 잃은 것에 대해 조금이라도 유용한 안내 역할을 할 수 있기를 바랍니다.

전화하기

"자꾸 전화를 하게 됩니다. 친구에게 말하고 싶고 의견을 묻고 싶어요."

친구에게 영화를 보자고 하거나 최근의 좋은 일, 사건들을 이야기하고 싶어 전화를 하려 들 때가 있을 겁니다. 그러나 수화기 저편에서는 아무도 없이 발신음만 울릴 뿐입니다.

가까운 친구가 갑자기 사망했을 경우, 조언과 교제의 근원이 끊겨나간 기분이 드는 것은 당연합니다. 항상 존재하던 현실의 순간에 당신의 질문과 불안, 축하는 그대로인데 그것을 나눌 친구는 존재하지 않습니다. 예전 같으면 친구가 이런 순간들에 옆에 있어주었을 것입니다.

패멀라는 친구의 목소리를 내면화하는 아이디어를 제시했습니다.

몇 년 전 저에게 치료의 목표는 치료사의 목소리를 내면화하고 자기만의 내적 대화의 일부로 만드는 것이라고 말해준 치료사가 있었습니다. 아마 친구의 경우도 이렇게 해볼 수 있을 것입니다. 눈을 감고, 친구가 전화를 받았다고 상상해보세요(친구가 당신과 함께 있는 게 느껴질 겁니다). 친구를 내면화해보세요. 남은 생애 동안 친구를 삶의 일부로 만들어보세요.

아버지가 돌아가셨을 때 친구로부터 "아버지는 이제 너와 함께하실 거야, 항상……"이라고 쓰인 카드를 받았습니다. 저는 그게 사실이라고 믿습니다.

친구와 저는 가족보다 가까워서 모든 것을 함께했습니다. 가족이 아닌 관계의 사별에 대해서는 자료나 아는 지식이 거의 없기 때문에 애도 과정이 매우 힘겹습니다. 저는 누구에게나 적용될 만한 도움을 찾는 중이며 소리치고 싶습니다. '저는 어쩌라고요!?'

당신에게 그 친구는 믿을 수 있고, 가장 가까운 사람이었거나 당신이 누구보다 잘 아는 사람이었을 수 있겠지만, 공식적으로나 법적으로나 당신은 그의 사망 과정에서 자동으로 포함되는 관계가 아닙니다. 그의 가족이, 원래의 그라면 원하지 않았을 방식으로 장례 계획이나 의식을 진행하는 일을 지켜보는 것은 참 괴로울 겁니다.

가족의 유대는 영구적인 것이지만, 친구 간의 우정은 살면서 변화를 겪곤 합니다. 가족이 소원해지더라도, 죽음은 종종 모두를 한자리에, 설령 그때뿐이더라도, 불러 모읍니다. 하지만 가족이나 가족의 친구들이 당신의 친밀한 우정을 모르고 있다면, 당신은 '다른 지인이나 가까운 주변인' 정도로 여겨질 것입니다. 이럴 경우 고인과 당신 사이의 특별한 친밀한 연대가 이해받지 못하거나 존중받지 못한다고 느낄 수 있습니다.

급작스러운 사망의 여파는 자신을 돌보기 힘들게 하고, 가장 좋은 상태를 유지할 만큼 명확하게 생각하기 어렵게 만듭니다. 당신과 친구와의 관계를 그 가족이 모른다면, 그들은 당신을 고려하지 못할 것입니다.

케일럽이 사망했을 당시 브룩의 어머니 웬디는 그녀가 만나본 적이 없던 케일럽의 친구들의 숫자에 깜짝 놀랐습니다. 이야기로만 들었던 친구들의 이름은 알고 있었지만, 아들이 그들의 삶에 어떻게 깊이 영향을 끼치고 있는지는 몰랐습니다. 케일럽의 사망 몇 주, 몇 달, 심지어 몇 년 뒤에도 그의 친구가 집에 인사차 들르는 경우는 드물지 않았습니다. 웬디는 손님이 찾아와 그녀가 모르던 '케일럽의 이야기'를 들려주는 게 좋았습니다. 친구가 떠날 즈음에는 웬디와 친구 모두 케일럽에 대한 사랑을 바탕으로 새로운 우정이 싹튼 것을 느꼈습니다.

그의 가족 중 한 명을 방문해 좋은 기억을 전하는 것을 고려해보세요. 이야기와 추억을 공유하세요. 당신이 친구에 대한 이야기를 전하면 그의 가족은 이를 가치 있고 소중히 여길 가능성이 높습니다. 친구에 대한 공통된 애정을 나누면서 새로운 우정을 쌓게 될 수도 있습니다.

친구가 제게 어떤 의미였는지, 그 가족에게 어떻게 말해줄 수 있을까요?

다른 어떤 사람보다 고인과 당신의 관계는 특별했습니다. 그는 가족을 포함한 다른 사람들에게보다 당신에게 진정한 자신을 내보였을 것입니다. 당신과 함께할 때 그는 진정한 자신이었을 테니, 당신이 갖고 있는 그에 대한 추억과 그가 어떤 사람이었는지에 대한 인상은 더욱 소중합니다. 사실 몇 년간 당신은 그의 가족보다 그와 더 많은 시간을 보냈을 것이기에 그를 더 잘 알고 있을 것입니다. 무슨 말을 할 수 있을까요? 당신의 이야기를 전해줄 수 있을 것입니다. 브룩의 가족에게는 친구들의 이야기가 정말 위안이 되었다고 합니다.

케일럽은 제가 아는 것보다 친구가 더 많았어요. 그가 죽자 우리 집은 그의 친구들로 북적거렸습니다. 엄마, 케일럽의 친구들, 저는 거실에 같이 앉아 추억을 회상하며 이야기했어요. 며칠 동안요. 우리는 함께 웃고, 함께 울고, 함께 애도했습니다.

그와 가장 친했던 친구 몇 명은 그들이 공유하고 싶었던 특별한 이야기를 전해주었어요. 몇몇은 재미있고 어떤 것은 특이했으며 어떤 것은 철학적이었습니다. 이 친구들은 자신들의 개인적인 이야기를 전해주었어요. 우리는 그들 이야기를 반겼고, 엄마와 저는 지금까지도 그것을 말하곤 합니다. 애도 중인 가족에게 당신의 이야기를 전하는 것을 두려워하지 마세요. 기억을 나누는 것은 추억이 살아 있도록 하는 가장 좋은 방법 중 하나입니다.

장례식이나 추도식에 참석해도 될지 가족에게 물어보는 게 적절한 걸까요?

네, 물론입니다. 당신이(또는 가족 외의 누구도) 참석하는 것을 원치 않는 경우도 있겠지만, 대다수의 가족은 고인의 친구들이 오는 것을 반깁니다. 친구의 유머 감각이나 친절함에 대한 개인적인 이야기는 대개 잘 받아들여집니다. 추도식에 참여하는 것은 거절하더라도, 장례

식 후 집에 초대받을 기회가 있을 수 있습니다. 친구에 대한 당신의
생각과 감정을 전달할 다른 방법은, 가족에게 편지나 카드를 보내는
것입니다.

**우리 우정을 기념할 무언가를 관에 같이 넣고 싶어요. 다른 사람들
에게 확인을 받아야 할까요?**

고인에게 어떤 물건을 남기기 전에 가족에게 확인해보는 것이 좋습
니다. 패멀라의 친구 엘리너가 죽었을 때, 패멀라는 친구 가족에게
엘리너가 생전에 패멀라에게 주었던 작은 금색 여신상을 그녀의 손
에 쥐여주고 싶다고 했습니다. 이것이 엘리너에게 큰 의미를 지녔다
는 걸 알았기 때문에 가족은 기꺼이 협조해주었습니다.

**추도식에 참석해달라는 연락을 받았어요. 너무 갑작스러워서 마음
의 준비가 안 되어 있습니다.**

우선, 아무도 당신이 완벽하게 절제된 사람이라고 예상하지 않습니
다. 이것은 행사가 아니고 당신의 친구를 의미 있게 배웅하려는 자리
입니다. 말문이 막히면 친구와 즐겨 들었던 노랫말을 골라서 우정의
깊이를 전하는 용도로 써도 됩니다. 또는 그저 "친구가 그립다는 말
외에는 할 말이 없습니다. 그는 제게 최고의 친구였습니다"라고만 해
도 됩니다. 말을 더 이어가고 싶다면 이 책의 몇 가지 아이디어를 차
용해도 됩니다.

패멀라는 "이 글을 읽으며, 고인이 이 말을 하는 것을 상상해보려 합
니다……"라고 말문을 열면서 친구의 장례식장에서 아래의 글을 읽

었습니다.

친지와 친구들이여, 저는 이제 떠나려 합니다
제 마지막 숨은 안녕의 인사가 아니었습니다
당신에 대한 제 사랑은 진실로 영원하며
육신의 숨결 너머에 있습니다……
제 생각과 웃음과 꿈을
금과 귀한 보석들보다도
소중히 여겼던 당신에게 남깁니다
어떤 도둑도 훔쳐가지 못할,
우리가 함께했던 시간을 드립니다
부드럽고 사랑이 충만했던 시간들
우리가 함께 나눈 성취들
우리를 더 가깝게 만들어주었던 힘든 시간들
우리가 함께 걸었던 길들을……
– 에드워드 헤이스,
「행성계의 순례자를 위한 기도문Prayers for a Planetary Pilgrim」

아래의 글은 칼릴 지브란의 『예언자』에서 발췌한 것으로, 노래 부르고 춤추기를 좋아했던 친구를 위해 패멀라가 읽었던 내용입니다.

죽는다는 것이 무엇이겠는가, 알몸으로 바람 속에 서서 태양으로 녹아드는 게 아니라면?

그리고 숨을 멈추는 것이 무엇이겠는가. 쉬지 못하던 달리기의 호흡에서 벗어나 고양되고 솟아올라 거칠 것 없이 신을 찾는 게 아니라면?

침묵의 강물을 마실 때에야 당신은 진실로 노래하게 되리라. 그리고 산 정상에 다다랐을 때에야 당신은 오르기 시작하리라. 그리하여 대지가 그대들의 몸을 요구할 때, 그때서야 당신은 진정 춤을 추게 되리라.

———

아래 글은 어떤 경우라도 쓸 수 있는 것입니다.

친구

친구는 무엇인가요? 제가 알려드리지요.

친구는 함께할 때 용기 있게 우리 자신의 모습으로 있게 해주는 사람입니다.

그와 함께라면 당신의 영혼은 벌거벗고 있을 수 있습니다.

당신이 진정한 자신의 모습이라면 그는 아무것도 꾸미라고 요구하지 않습니다.

그와 함께라면 스스로를 지키려 경계할 필요가 없습니다.

당신의 것이라면, 생각하는 무엇이든 말할 수 있습니다.

남들이 잘못 판단하는 당신 천성의 모순도 그는 이해합니다.

그와 함께라면 당신은 자유롭게 숨 쉴 수 있고, 당신의 작은 허영심과 질투, 어리석음을 공언할 수 있으며, 그대로 열어 보여도 그 충실함의 하얀 바닷속에 녹아들 것입니다.

그는 이해합니다. 당신은 당신을 알고 사랑하는 그와 함께 울 수 있고, 웃을 수 있고, 기도할 수 있습니다.

반복해서 말합니다만, 친구는 당신이 스스로의 모습으로 있게 해주는 사람입니다.

- 작자 미상

———

고인을 명예롭게 기리고 싶을 때에는 직감적으로 느껴지는 대로 하세요. 당신 마음을 깊이 울리는 것이라면 타인에게도 마찬가지일 것입니다. 브룩은 10대 때 교통사고로 친구를 잃었습니다. 추도식에서 친구 아버지가 추도사를 했습니다. 가다듬으려 애쓰는 호흡과 눈물 사이로 전달되는 단어라곤 거의 없었지만 그분은 그 몇 분 사이에 방 안에 있던 모든 사람의 마음을 움직였습니다. 고인은 연주자였는데, 아버지는 "늘 연주자였던 그가, 우리에게 준 이 시간에 마지막으로 박수를 보냅시다"라고 말을 맺었습니다. 방 안에 있던 모든 이가 일어서서 온 마음을 담아 박수를 쳤고, 친구를 기리는 모든 이의 눈에서 눈물이 흘렀습니다. 일반적인 일일까요? 아닙니다. 하지만 그 어떤 조문의 연설보다 더 많은 사람의 마음을 움직였습니다.

친구를 기리는 가장 좋은 방법은 마음에서 우러난 말을 하는 것입니다. 유창하거나 세련된 문장일 필요도 없습니다. 단순하고 간단한,

우리는 저마다의 속도로 슬픔을 통과한다

마음에서 우러나온 말이야말로 가족이 바라는 것입니다. 다시 한번 강조하는데, 친구를 기리기는 데 있어 틀리거나 잘못된 방법이란 없습니다. 노래를 불러도, 시를 쓰거나 춤을 추거나 남이 쓴 글을 읽어도 됩니다. 상상력을 동원하고 자신의 직감을 믿으세요. 당신이 직관적으로 어떤 글이나 창의적인 행동에 끌린다면, 아마 떠난 친구가 자신을 어떻게 기릴지에 관해 슬쩍 신호를 보내는 것일지도 모릅니다.

당신이 할 수 있는 일

친구를 내면화하기

친구를 잃는 일은 영혼에 엄청난 부담이 됩니다. 그를 잃고 당신의 일부가 사라진 것처럼 느낄 수도 있습니다. 그 우정을 기리는 가장 좋은 방법 중 하나는, 친구가 살았던 방식이나 삶의 일부를 가져와, 그의 일부를 당신의 것으로 만드는 것입니다.

기부하기

당신의 친구가 아이들이나 유기된 동물, 자연, 연극을 사랑했나요? 이런 특별한 가치를 높일 기관에 기부하거나 기여할 시간을 잘 찾아보세요.

친구 부모님을 도와드리기

친구의 부모님이 운전을 못하거나 묏자리를 돌보기 어려운 고령이라면 당신이 꽃과 잡초 관리 등을 맡겠다고 하여 안심시켜드리세요. 때로 묘지의 사진을 그들에게 보내드리세요.

친구 자조 모임

배우자나 아이를 잃은 사람을 위한 자조 모임은 많지만, 친구를 상실한 이들을 위한 모임은 거의 없습니다. 패멀라의 지인은 친구를 잃은 사람들을 위한 모임을 만들었습니다. 이는 함께 애도하는 동안 친구와의 기억을 살아 있게 하는 훌륭한 방법입니다.

우리는 저마다의 속도로 슬픔을 통과한다

11장

부모를 잃었을 때

고인을 알지 못해도 장례에 참석하는 것을 배웠고,
내가 그때까지 상실에 대해 이해한 바에 따라 살아 있는
사람의 눈물 젖은 손을 지그시 누르며 눈을 보고 공감을 표하는 법을 배웠다.
무슨 말을 하든 우리의 말에는 의미가 없고,
사람들이 기억하는 것은 우리가 거기에 와 있었다는 사실임을 배웠다.

줄리아 카스도프, 「어머니로부터 배운 것 What I learned from My Mother」

———

우리는 언젠가 부모님이 돌아가실 것을 압니다. 쇠약해지고 힘이 빠져 시간이 흐르는 가운데 점차 '사라져갈' 것이라고 생각합니다. 그럼에도 갑작스러운 것이든 덜 비극적인 상황이든 부모의 죽음에 준비가 되어 있는 경우는 거의 없습니다. 우리는 해야 할 말을 하고 감정을 표현할 '내일'이 항상 있다고 여깁니다. 분노, 고통, 사랑과 감사를 표현할 내일이 항상 있을 거라고요. 그리고 우리는 할 일을 멈춘 채, 짊어질 수 있는 것보다 훨씬 더 무겁게 느껴지는 감정들로 가득 찬 짐을 지게 됩니다. 표현하지 않은 감사는 분노가 됩니다. 표현하지 않은 화는 내면을 향해 우리를 우울하게 합니다. 말하지 않은 고통은 마음속 돌덩이가 되거나, 그 단계를 지나고 있다는 안도감으로 인한 죄책감을 남기기도 합니다. 적당한 시간을 기다리는 동안 죽음은 갑자기 들이닥치고, 그 적당한 시간이라는 것은 영영 사라져버리고 맙니다.

많은 사람은 성인이 되어갈 때 부모가 자신을 이끌어주고 인정해줄 거라고 생각합니다. 우리는 그들의 의견을 필요로 합니다. 우리는 우리의 뿌리로서 그들을 필요로 합니다. 부모를 잃는다는 건, 역사의 일부가 사라진다는 거죠. 더 이상 의견을 물을 수도, 어렸을 때의 이야기를 들을 수도 없습니다. 우리는 토대의 일부를 잃었습니다. 다음

우리는 저마다의 속도로 슬픔을 통과한다

은 아버지를 잃은 딸이 자기 삶에 아버지가 미친 영향에 대해 적은 이야기입니다.

아빠

그는 내 세상의 중심이었다. 나의 영웅이었다

1975년 9월 17일

나는 앞날에 대해 행복하게도 아무것도 몰랐다. 전화벨이 울렸다. 마구간 직원이었다. 말이 아직까지 먹이를 먹지 못했다는 연락이었다. 아빠는 어디 있어? 어디 있는 거야?

그런 일은 일어날 수 없는 것이었다. 내가 아무리 미치지 않고 합리적인 결론에 닿으려고 머리를 굴린다 해도 말이다. 난 알고 있었다! 희망이 없다. 도움을 받을 수도 없다. 내가 그 단어들의 영향을 느끼고 제대로 이해하기까지는 15분이 더 걸렸다. 그의 차가 친구를 만나 달리기를 하기로 했던 교회에 주차되어 있었다. 조깅이 아니라 달리기. 주차된 동안 차 안에서 뭔가 불길한 일이 일어났다. 아직도 명확하게 알아내거나 이해하지 못하겠다. 차는 잠겨 있었고 그의 셔츠가 앞자리에 놓여 있었다. 이전에는 한 번도 차를 잠가놓은 적이 없었다.

그에게 뭔가 문제가 생겨 의식을 잃었다. 나는 길을 따라 뛰어 내려가기 시작했다. 반은 정신이 나간 채로. 혼자서는 그를 도울 수 없어 도움이 필요하다는 걸 알았다. 그를 향해 소리를 지르려 했다. 아무런 힘이 없었다. 소용없었다. 도움이 안 됐다. 난 울기 시작했다.

내 차로 돌아가서 전화를 하러 집으로 향했다. 누가? 관리원. 그를 찾아야 해. 도와줘. 나는 교회를 향해 가는 보니와 오빠를 지나쳤다.

오빠는 창백했고 보니는 울고 있었다. 그리고 나는 알았다. 아빠가 죽었어. 이제 어떻게 살지!

그 생각을 끄집어내 마주하기까지 몇 년이 걸렸다.

나무를 때리며, "죽어버리다니 미워!" 하고 말했다. 그리고 회복했던 것. 친한 친구 나오미가 즉시 달려왔다. 그녀가 나를 붙들어주었다. 말과 함께 마구간에 있으니 울음이 터져나왔다. 나오미의 말, 그레그의 마구간 문에는 '카사블랑카Casablanca, 나오미Naomi'라는 이름표가 붙어 있었다. 나방 한 마리가 나오미의 'a' 자 위에 앉았다. 마치 'N*omi' 처럼 보였다. 아빠는 항상 나오미를 '노미Nomi'라고 부르곤 했다. 그런 경험을 의식하지는 못했지만, 당시 나에게는 그런 신호들이 꽤 중요했다. 몇 년간 그런 신호들이 엮여 분위기를 만들었다.

피클은 나에게 최고의 말이자 내 심장 같은 존재였다. 녀석은 내 북받친 애도를 감지하고 머리를 내 몸에 대었다. 나는 그를 끌어안았고 우리 둘은 영원인 듯 그렇게 서 있었다. 가장 친한 친구가 주는 그 위로의 방식은 정말로 마법 같았다. 나는 그것을 들이마셨다. 실제로 그대로 받아들였다. 진정 조건 없는 사랑이었다.

그리고 나는 마구간에서 나와 걷다가 무언가를 알아차렸다. 윗도리의 단추 부분이 씹혀 있었다! 피클이 참 참을성이 있었던 것도 당연했다. 그가 그렇게 사랑스러웠던 것도 당연했다. 아빠식대로 표현하면 '남의 입장은 모르는 것'의 일인자였다. 피클은 아빠의 장난기를 다시 떠올리게 해주었다. 짓궂기까지 했던. 내 일부가 살아남았다.

이 즐거운 기분은 내 애도의 형태와 깊이를 정해주었다. 애도는 거대했지만, 나는 내가 아는 최고의 아빠와 함께였다. 나는 한 번에 한

우리는 저마다의 속도로 슬픔을 통과한다

걸음씩 걸어갔다.

며칠 후 그동안 쌓인 세탁물 바구니의 옷가지를 정리하고 있었다. 바구니 중간에는 아빠의 셔츠가 있었다. 생의 마지막 날 아침에 입었던 옷. 나는 그것을 조심스럽고 부드럽게, 눈물을 흘리며 집어들었다. 큰 나방이 떨어졌다. 죽어 있었지만, 내가 정확하게 기억하는 것은, 그날 본 그 나방이었다는 것이다. 이것은 거대한 신호였다. 아빠는 괜찮아. 그리고 나는 애도했다.

담배. 마리화나. 술. 과하지만 어쨌든 몇 년간 내 방식으로 그것들을 지나왔고, 살아서 반대편으로 통과해 나왔다. 그렇게 살아남았다! 나에게 동기가 되어준 것을 이해하고 싶었고, 내가 내린, 또는 내릴 듯한 선택들을 지시한 게 무엇인지 알고 싶었다.

잘못된 연애 상대, 언제나 잘못된 남자. 그리고 나는 빛으로 가는 길을 발견했다. 그녀는 패멀라였다. 패멀라는 나에게 빛을 비추었고, 나는 내 아름다움과 힘, 가치를 볼 수 있었다. 나를! 내 앞에 펼쳐진 길과, 내 뒤에 남겨진 길을 탐색하는 동안 그녀는 나와 함께해주었다. 아버지가 돌아가신 뒤의 선택들과 그분이 살아 있었던 동안의 선택들을. 그리고 지금, 아버지가 죽고 24년이 흐른 뒤, 내 삶의 반 이상이 지나간 뒤에 그분의 영혼은 내 안에 강하게 존재한다.

그러니 이 생에서 그분을 아는 사람들에게 말한다.

앞으로 그분을 알 사람들에게 말한다.

나는 그분의 양쪽 면을 모두 안다.

나는 그분의 최선을 느낀다.

아름다워라.

순수하고 완벽하고 유일한 영혼이 영감을 전한다.

나는 나를 여기로, 적절한 시간에 인도한 일련의 일들에 감사한다. 나는 나 자신이나 내가 경험한 것들을 바꾸지 않을 것이다. 나는 또한 아버지가 갑자기, 병을 앓지 않고 돌아가신 데 감사한다. 그분은 당신이 사랑한 땅 한가운데서, 당신이 사랑하던 일을 하던 중에 죽었다. 나는 애도에서 벗어나야 할 때마다 그 이미지에 매달렸다. 누군가 갑자기 죽는 것은, 그들이 이곳에서 해야 할 일들을 완수했고, 오랜 병을 앓을 이유가 없어서라는 글을 어디선가 읽었다. 나는 그 생각이 좋다.

몇 년 뒤 한 심령술사가 말하길, 아버지는 나와 함께 있고 싶어서 이곳에 더 오래 머물렀다고 했다. 그 이야기는 내가 끔찍하게 불안정했던 시기에 스스로를 특별하게 느끼도록 해주었다. 내게는 그런 것이 너무나 필요했다. 그리고 이제 그것을 갖고 있다.

– 리타 그렌시

———

세대의 교체

토대를 잃고 감정적인 위기를 겪는 것에 더해 또 다른 어려움이 있습니다. 하나는 역할의 변화입니다. 부모 중 한 분을 먼저 떠나보내고 남아 있던 한 분마저 잃었다면, 우리는 이제 (당신에게도 자녀가 있다면) 중간 세대에서 가장 나이가 많은 세대로 이동하게 됩니다.

또한 부모 한 분을 리타의 경우처럼 갑자기 잃었다면, 살아 있는 다른 부모를 돌볼 책임을 맡게 될 수도 있습니다. 경고나 준비 없이, 당신에게 보호자 역할이 주어지는 것이죠. 변호사, 보험사와의 일을 맡게 되고 심지어는 법정에서 재판을 받아야 할 수도 있습니다.

사망 당시 당신과 부모가 비교적 젊은 편이었다면(당신이 20대, 부모가 40대였다거나), 당신은 부모와 했거나 하지 못했던 일들에 대해 깊은 후회를 하게 될 수도 있습니다. 나이가 많은 편이었다고 해도(당신이 40대이고 부모가 60대 이상) 후회는 하겠지만, 그래도 당신에게는 기억할 만한 많은 추억이 있을 것입니다.

———

갑작스럽고 예상치 못한 죽음 이후 충격을 받고 부정을 하게 되는 것은 이해할 수 있는 일이다. 심란한 모든 애도자에게는 현실이 반전되리라는—커튼이 뒤로 당겨지고, 죽었던 부모가 걸어 나오는, 기쁨에 넘칠, '모든 것이 큰 실수였다!'라는—희망을 바라는 작은 마음이 있다.
– 사회복지사 로이스 F. 아크너, 『부모의 상실을 극복하는 법: 성인을 위한 안내서How to Survive the Loss of a Parent: A Guide for Adults』

———

건강해 보이던 마사의 어머니는 크리스마스 직전에 갑작스럽게 돌아가셨습니다.

엄마는 1990년 12월 23일, 동맥류가 터져 쓰러지신 뒤 한 달 만에 돌아가셨습니다. 그분은 예순한 살의 나이로, 어떤 건강 문제도 없었습니다. 건강식을 했고, 매우 튼튼하고 늘씬했으며, 심각한 병을 앓아본 적도 없었죠. 의사에 따르면 어머니는 뇌 동맥류 때문에 시행한 두 차례의 뇌수술 합병증인 호흡곤란 증후군으로 사망했습니다.

어머니는 비정상 정맥기형증을 타고났지만 스스로도, 다른 사람들도 그것을 알지 못했습니다. 저는 세 딸 중 맏이였고, 딸들 중 두 명이 당시 임신 상태였습니다. 당시 예순세 살이던 아버지는 결혼생활 32년 동안 한 번도 당신의 곁을 떠난 적이 없던 아내의 갑작스런 사망에 엄청난 충격을 받았습니다.

어머니는 추수감사절이 지난 일요일, 아침 6시 45분에 쓰러졌습니다. 저는 엄마 집에서 두 집 떨어진 곳에 살고 있었고, 전에는 해본 적이 없었던, 그래서 매우 충격적이었던 응급대원 출동 요청 전화를 해야 했습니다. 그리고 상태가 얼마나 심각한지도 모른 채, 구급차를 타고 어느 병원으로 엄마를 모시고 갈지를 결정해야 했죠.

제가 기억하는 우리의 마지막 대화는 추수감사절 전 월요일, 가족 식사를 위해 쇼핑을 했을 때였습니다. 엄마가 곧 만나게 될 제 아기를 간절히 기다리던 터라, 아이에 대한 이야기를 많이 나눴습니다. 그분은 처음 쓰러지고 수술을 받은 후 모르핀을 처방받았고, 추수감사절 저녁 이후로 다시는 정상적인 대화를 나누지 못했습니다.

엄마의 죽음 이후 거의 8년이 지났지만, 제가 어떤 상태인지를 말하기가 여전히 어렵습니다. 동생들과 저는 더욱 가까워졌고, 그 일에 대해 많은 말을 할 수는 없는 상태였지만 고통을 지나오며 서로를 도왔습니다. 우리가 그 시간을 지나오는 데 아이들이 도움이 됐습니다. 엄

우리는 저마다의 속도로 슬픔을 통과한다

마는 다행히 손자손녀 중 두 아이가 각각 한 돌 반, 6개월까지 커가는 것을 지켜보실 수 있었습니다. 묘지에 가는 것은 심정적으로 매우 어려운 일이었지만, 아이들도 우리와 함께 가서 할머니가 그곳에 묻혀 있다는 것을 이해했습니다. 우리는 아이들에게 할머니 이야기를 해주고, 할머니가 얼마나 훌륭한 여성이었는지를 상기시켜주고자 그곳에 사진을 두었습니다. 멈출 수 없을 것이 두려워 아직 제대로 울지는 못하지만, 이런 일들이 도움이 되었습니다. 존재 가장 깊숙한 곳을 건드리는 깊은 고통은, 다음 단계로 건너갈 것을 알고 있기에 우리가 가야 할 곳에 있습니다. 제 생각에는 그곳이 지금 제가 있는 곳, 고통의 두려움을 직면할 준비가 되어 있고 제게 일어난 일과 일러두고 싶은 것에 대해 어머니에게 묻고 싶은 점을 그분과 직접 이야기할 수 있게 되는 지점입니다.

저는 매일의 일상과 행동을 그분과 함께했고, 어떻게 남을 도울 수 있는 좋은 사람이 되어야 하는지에 대해 제가 기억하는 그분의 지혜와 가치를 아이에게 가르쳤습니다.

애도의 경험과 비극적인 죽음을 접하며 제가 배운 것은, 당신이 언제 죽을지 알 수 없다는 것입니다. 우리는 매일매일을, 가족에 대해 기꺼워하고 감사해야 합니다. 가족과 아이들은 우리를 필요로 합니다. 엄마의 표정들을 보면 제가 기억 속 그분을 살아 있게 하고, 제 안에서 그분의 모습을 볼 수 있게 하며, 그분의 유산이 살아 있도록 하고, 그것을 제 아이에게 전해주고 있다는 것을 알게 되어 기쁩니다.

3년 뒤 아버지가 돌아가셨을 때도 힘든 시기를 맞았습니다. 집안에서 가장 큰 어른이 되었고, 제 행동에 진짜 책임을 져야 한다는 것을 알게 되자 겁이 났습니다. 이제 내가 엄마가 되었구나…… "네 가정을 꾸릴 때까지 기다리렴, 내가 왜 이렇게 엄하고 요구하는 것이 많은지 이해하게 될 거야"라고 했던 그분의 말을 그때까지 깨닫지 못했습니다. 엄마는 제가 당신의 자리에 가게 될 때를 대비해 저를 준비시켰던 것입니다……

———

결국, 부모님이 돌아가신 방식은 그들의 삶에 대한 완전한 이야기가 아니다. 거기에는 기억되어야 할 것이 훨씬 더 많이 남아 있다. 마지막 상황에만 신경을 쓰는 것은 전체적인 삶에서 그분들의 정체성을 빼앗는 일일 뿐 아니라, 당신의 넓은 시야마저 앗아가는 일이다.
- 피오나 마셜, 『부모를 잃다Losing a Parent』

———

당신이 할 수 있는 일
편지 쓰기
당신의 진정한 감정을 담은 편지를 장례나 화장 전에 관 속에 넣으세요. 다른 허락된 환경에서 편지를 태울 수도 있습니다. 연기가 피어오를 때, 담긴 글이 공기에 실려 부모님께 가는 것이라고 생각하세요.

우리는 저마다의 속도로 슬픔을 통과한다

사진

액자에 넣지 않은 부모님의 사진을 찾으세요. 스튜디오에서 확대해 액자에 넣고 특별한 장소에 둬보세요.

듣기

부모님의 조언과 안내를 계속해서 '들으세요'. 그분들은 돌아가셨지만, 당신의 삶에 큰 영향을 미치고 있습니다. 만약 당신이 부정적인 내용을 '듣는다'면 그 부정적인 영향의 볼륨을 줄이고, 긍정적인 영향에 대한 것은 볼륨을 크게 올리세요.

멘토 찾기

삶에서 좋은 부모처럼 당신을 보살피고 격려해줄 누군가를 찾을 수도 있습니다. 이 대리 부모의 도움으로 해결되지 않았던 일들 중 몇몇을 해결할 수도 있습니다.

더 많은 정보 찾기

부모님의 친구, 동료나 그분들과 일상을 공유했던 누군가와 대화를 나누고, 함께했던 시기의 이야기들을 들려달라고 하세요.

배운 것들

좋은 것이든 나쁜 것이든, 당신이 부모님으로부터 배운 것의 목록을 만들어보세요. 그것은 그분들의 삶이 당신에게 의미가 있었고, 당신이 그분들로부터 몇 가지 중요한 삶의 교훈을 얻었다는 점을 아는 데 도움이 됩니다. 그분들이 예기치 않게 사망해 당신과 함께한 시간이 짧았더라도, 당신은 당신의 인간관계에서 그 의미를 충분히 찾을 것입니다. 이는 상실을 받아들이고 애도 과정을 지나가는 데 진정 도움이 될 것입니다.

12장

자녀를 잃었을 때

나는 내가 그동안 스스로에 대해 생각했던

어떤 경우보다 더 강한 사람이라는 것을 알게 되었다.

아무리 원해도 애도는 사라지지 않기에 인내를 배웠다.

그리고 남을 돕는 것이 어떤 경우에는 내가 나에게 줄 수 있는

가장 큰 도움임을 배웠다.

도나 F., 17세에 자살한 딸의 어머니

당신이나 아이의 나이와 관계없이, 아이를 잃는 것보다 더 파괴적인 상실은 없다고들 합니다. 갑작스러운 죽음은 우리가 삶에서 사실이라고 믿던 모든 것을 뒤죽박죽으로 만들어버립니다. 갑작스럽게 자녀가 죽는 상황은 자연의 법칙과 삶의 순서가 깨지는 일입니다. 부모는 사랑과 돌봄으로 함께 지내온 아이를 성인이 될 때까지 잘 지켜보리라고 기대했습니다. 다른 어떤 경우와도 비교할 수 없는 비통함입니다. 만약 죽음이 자살에 의한 것이라면, 회복 과정은 또 다른 어려운 감정들로 가득 채워집니다(16장 「자살」을 보세요). 모질어지지 않고 그 같은 시련을 견디고 살아남은 이들은 지구상의 모든 사람 중 가장 강하고도 다정한 영혼을 지니고 있습니다.

캐서린 M. 샌더스는 『애도에서 살아남기』에서 다음과 같이 적었습니다. "부모의 애도가 다른 애도와 그렇게도 다른 이유는 지나친 것들을 다뤄야 하기 때문이다. 아이를 잃는다는 것은 생각할 수도 없는 상실이기에 모든 것이 극대화되고 과장되며 길어진다. 죄책감과 분노는 모든 중요한 상실에서 항상 일어나지만, 부모에게는 이런 감정들이 더 크게 넘친다. 전문가들에 따르면, 배우자의 사망 후 새로운 삶의 단계에 이르기까지는 보통 3년에서 5년이 걸리지만, 아이를 잃은 부모의 애도는 10년에서 20년, 또는 평생 동안 계속될 수 있다고 한다. 아이가 죽으면 우리 삶은 심각한 변화를 겪으며 그 어떤 대체도 불가능하다. 대리물은 일시적인 유예일 뿐이다. 행복의 희망이 없다는 것은 아니다. 다만 이러한 상실의 충격과 심각성이 우리를 완전한 무력감과 어두운 절망에 휩싸이게 한다는 것이다."

샌더스 박사의 발췌문에서 지적했듯이, 우리의 감정은 아이를 잃고 심화됩니다.

극단적인 감정들

아이를 잃고 그것을 이해하며 극복해나가는 데에는 너무나 많은 극적인 변화와 고난이 뒤따릅니다. 아이를 잃은 뒤 우리는 평생에 걸친 치유 과정에 들어섰다고들 합니다. 이런 흔치 않은 어려움을 이해하면, 어떻게 헤쳐나갈지를 아는 데 도움이 될 것입니다.

질병

어떤 다른 상실보다 아이를 잃은 뒤 병에 걸릴 확률이 더 높아진다고 합니다. 신체적·감정적으로 병을 맞닥뜨리게 되는 동안, 세상이 병들었다고 느낄 수도 있습니다. 우리는 아이를 가질 때, 그들이 우리보다 오래 살 거라고 생각합니다. 그리고 아이들 주변에 미래를 만들어갑니다. 꿈과 희망, 목표를 만들어갑니다. 한마디로 세상을 만들어나갑니다. 그러나 아이를 잃는 순간 이러한 희망과 꿈은 아무런 경고 없이 산산이 부서져 무너져 내립니다. 우리가 알던 세상의 기본적인 원칙이 버려진 것만 같습니다.

자신의 일부

아이들은 우리 자신의 확장입니다. 그들은 우리의 신체적·성격적 특성 중 많은 부분을 지니고 세상에 나아갑니다. 우리는 그들의 눈에서 우리 자신을 봅니다. 아이들을 통해 더 나은 미래를 마음속에 그립니다. 아이를 잃을 때, 우리는 그 확장을 잃고, 그 희망을 잃습니다.

죄책감

살아남은 부모에게는 강한 죄책감이 남습니다. 부모로서 우리는 자신이 자녀를 돌볼 것이라 기대합니다. 아이가 태어나면서부터 대부분의 부모는 자녀에게 그들을 보호하겠다고 약속합니다. 그런 까닭에 자녀의 죽음을 개인적인 실패로 느끼게 됩니다. 부모로서 '충분'하지 못했다고 생각하기도 합니다. 이런 왜곡된 생각들은 이해 불가능한 상황을 이해하려는 마음의 시도입니다.

분노

대부분의 애도에서 분노를 느끼지만, 아이를 잃었을 때에는 그 강도가 훨씬 더 강하다는 데에 차이점이 있습니다. 부모는 충격적인 상실을 수동적으로 받아들이지 못한 채 누군가에 대한 분노를 쏟아내게 됩니다. 그것은 신일 수도, 의사일 수도 있으며, 누구라도 분노의 대상이 됩니다. 강박적인 분노가 인다면 전문가와의 상담이 필요합니다. 부모는 그 분노를 건강한 혹은 창조적인 배출구로 내보낼 필요가 있습니다.

스트레스

바버라 D. 로소프는 『최악의 상실』에서 "아이의 죽음은 다른 어떤 이의 상실과도 같지 않다. 정신의학 진단서인 『정신 장애 진단 및 통계 편람The Diagnostic and Statistical Manual of Mental Disorders』에서도 아이의 죽음을 '재난 수준의 스트레스'로 본다. 그것은 부모에게서 가장 사랑하던 것을 빼앗고, 배우자를 서로로부터 고립되게 하며, 귀를 멀게 함으로써 다른 아이들의 울음을 듣지 못하게 한다"라고 했습니다.

부모가 겪는 스트레스는 상상을 넘어섭니다. 부모마다 스트레스를 인식하고 다루는 방식을 다르게 찾는다는 점 또한 중요합니다. 여성은 대화를 하면서 위안과 치유를 찾으려 하고, 자조 모임에 참여하는 게 현명한 결정이라고 생각하는 경향이 있습니다. 부록에서 당신과 가까운 지역의 자조 모임을 찾아보세요.

남성도 마찬가지로 도움을 찾아야 합니다. 어떤 아버지들은 자조 모임에 가기도 하고, 또 다른 이들은 일대일 상담을 선호하거나 개인적으로 애도를 다루고 싶어합니다. 이 장 뒷부분에서 남성의 애도를 좀 더 다루겠습니다. 8장에서도 커플의 애도로 다룬 바 있습니다.

성인이 된 자녀를 잃었을 때

어른이 된 자녀를 잃는다는 것은 그것만의 어려움이 있습니다. 부모는 많은 시간과 에너지를 아이를 키우는 데 쏟아왔습니다. 어떻게 자신의 안전을 지킬지 가르치느라 몇 시간, 며칠, 심지어는 몇 년을 보냈을 수도 있습니다. "낯선 사람과 말하지 마라." "술과 불법 약물을 멀리해라." "길을 건너기 전에 양쪽을 살펴라." 당신은 자녀의 어린 시절 이 모든 세심한 돌봄과 주의를 기울였고, 이제 그들이 '위험에서 벗어나' 어른으로 성장한 모습을 보면서 보상을 얻을 거라고 생각했을 것입니다. 자녀가 직업을 갖거나 결혼하거나 아이를 가질 것이라 기대하고 있었습니다. 이 삶의 교차점에서 아이를 잃는다는 것은, 값진 과거의 추억이 많을지라도, 당신이 생각해온 미래의 경험을 도둑맞는 것입니다.

'연민의 친구들The Compassionate Friends, 영국에서 자녀를 잃은 부모들에 의해 1969년에 결성된 또래 자조 모임으로, 영국 내 많은 지역에서 운영되고 있으며 홈페이지 주소는 www.tcf.org.uk다'에서 만든 『성인 자녀의 사망The Death of an Adult Child』이라는 안내서에 따르면, "성인이 된 자녀가 사고나 질병으로 사망할 경우, 많은 부모는 (친구나 가족이 위로를 전하는 중에) 그래도 그만큼 오래 살았으니 감사해야 한다는 말을 종종 듣게 됩니다. 자녀가 그나마 25세, 30세 또는 40세까지 살았으니 당연히 감사하겠지만, 그렇다고 당신의 애도가 덜할 리 없습니다! 많은 부모가 성인이 된 자녀들과 친구처럼 지냈다고들 합니다. 그들은 아이뿐 아니라 친구 또한 잃었다고 느낍니다".

다음은 브룩의 어머니 웬디가 스물일곱 살 난 아들을 잃었을 때의 감정과 시련에 대해 쓴 것입니다.

———

3주 뒤

1부: 토요일

서머타임이었던 그날, 그 시간, 초로 나뉜 그 분分.

그날로부터 3주가 지났으나 영원이 되었습니다

어느 날이었냐고 묻는 건가요?

마지막으로 태양이 깨어났던 날

마지막으로 내 아들이 깨어났던 날

몇 시냐고요? 점심 즈음이었다고 들었어요

몇 분이었냐고요? 정확하지는 않아요

몇 초였냐고요? 우리가 잴 수 있는 가장 작은 분의

조각을 나눈 것이 초이죠

케일럽의 삶이―내 아들의 삶이

지구상의 시간의 모서리에서

모든 시간―시간 너머로 쏟아졌을 때예요

(우리 모두가 어쨌든 알듯이)

의사는 "케일럽 씨가 사망했습니다"라고 말했고

나는 아니라고 했어요

"아드님은 사망하셨습니다"라고 그가 다시 말했고

나는 비명을―크고 날것의―조절할 수 없는 비명을 질렀어요

애도는 그렇게

몇 단어―그 부드럽고, 슬프고도 조용한 단어―로 왔어요

나는 내가 그것을 안다고 생각했는데

그것의 모양을, 형태를, 어떻게 다뤄야 할지를

하지만 그것은 물결처럼 파도치며 빙빙 돌고 돌아

소리치는 흉측한 뱀같이 똬리를 틀고 꿈틀대며

내 머릿속에서 몸부림쳤어요

그 무서운 죽음의 뱀이 쉬익 소리를 내며 내게 달려드는데
너무 빨라서 준비가 되어 있지 않았어요
어느 누가 준비되어 있을 수 있을까요?
난 집에 갔어요
고뇌했어요
충격으로 멍하니
갇혀 있었어요
잠들었어요
지쳐서
꿈도 없이
피곤한 채로
사람들이 날 위해 전화를 받아주고
날 위해 음식을 만들어주고
날 이해해주었지만
난 동물적인—본능적인—감각만 고조되고
근육은 긴장되어— 숨 쉬는 공기만을 예민하게 인식하면서
변했어요
그의 방에서 퍼져나오는 향
다락으로 올라가는 그의 발걸음
하지 못한, 샤워의 깨끗한 비누 향
아직도 가득한
그의 옅은 향수 냄새
그의 영혼이 그만의 인사를 하며 집에서 떠나가고

우리는 저마다의 속도로 슬픔을 통과한다

마지막으로 슬쩍 내 어깨를 안으며 스쳐갈 때

사람들은 날 위해 전화를 받아줬어요

그리고 나를 위해 음식을 해주고

날 이해해주었어요

내가 나를 돌보지 않을 때

가장 가까운 친구들이 날 돌봐주었습니다

난 이해할 수 없는 것을 이해하려 애썼어요

그는 스물일곱밖에, 내 나이의 반밖에 되지 않았어요

당신이 다시 일어서려면 시간이, 아주 많은 시간이 필요하다는 것을 기억하는 게 중요합니다. 스스로에게 인내심을 가지세요. 주변 사람들에게 인내심을 가져달라고 하세요. 아무리 더뎌도 당신이 앞으로 나아가고 있다는 것을 확신하세요. 이 장 끝에서 당신은 당신의 애도를 다룰 몇 가지 아이디어를 찾아볼 수 있습니다. 또한 22장의 연습들도 도움이 될 것입니다.

배우자와 당신의 관계

대인관계에서 가장 힘겨운 난제는 아이를 잃는 것입니다. 많은 연구는 아이를 잃은 부부가 이후 3년간 극심한 스트레스를 경험한다고 합니다.

토냐는 강도의 총격으로 다섯 살 난 아들을 잃었습니다. 그녀는 자신이 남편과 겪었던 일을 설명했습니다. "우리는 너무 진이 빠졌어요. 마치 짙은 안갯속에서 서로를 필요로 한다는 건 알지만 서로에게 닿지 못한 채로 닿으려 애쓰면서 상대를 응시하고 있는 것 같았죠. 그는 내 고통을 봤고, 나도 그의 고통을 봤지만 서로의 것을 위로할 에너지는 없었어요."

토냐의 경험은 공통적으로 겪는 것입니다. 팀으로 함께했던 부부가 기능을 못 하거나 서로를 돕지 못하게 되죠. 부부의 애도 과정은 그들의 과거, 성별의 차이와 기대에 따라 더욱 복잡해집니다.

『영원한 안녕: 자녀를 잃은 후의 삶에서 배운 것When Goodbye is Forever: Learning to Live Again After the Loss of a Child』에서 존 브렘블리트는 아들을 잃은 경험을 말하며 부부간의 차이를 보여줍니다. 그와 아내는 소그룹 모임 중이었습니다. 몇몇 사람과 아들의 죽음에 관련된 사건을 이야기하던 중, 그는 아내가 미닫이 유리문 너머로 자신을 빤히 쳐다보고 있는 것을 알아차렸습니다. 그는 그 일에 대해 다음과 같이 적었습니다. "나는 그녀가 무슨 생각을 하고 있는지 알았다. 내가 무엇을 말하고 있는지 그녀는 알고 있었다. 나는 내 경험을 나누고 싶었다. 그것은 내 대처 방법 중 하나였다. 하지만 그녀는 가족만의 충격적인 사건을 말하는 것이 그 가치를 떨어뜨리는 행동이라고 생각했다. 우리 둘 다 틀렸다. 그저 서로 방법이 다른 것일 뿐이었다."

각자의 애도 방식이 다름을 이해하고 존중해주는 자세가 함께 애도하기 위해 필요합니다. 더 자세한 내용은 8장에서 다룬 남자와 여자의 애도 방식을 참조하세요.

상황을 더 어렵게 만드는 또 한 가지는 비난입니다. 아이의 사망 당

우리는 저마다의 속도로 슬픔을 통과한다

시 한쪽 부모가 그 곁에 있었다면, 그가 자기 자신을 비난하거나 다른 쪽이 그를 비난하기도 합니다. 그런 비난은 죄책감, 갈등, 분노, 억울함을 불러일으킵니다. 그것은 파괴적이고 아무런 의미가 없지만, 자연적인 인간의 감정입니다. 한쪽 부모가 함께한 상황에서 아이를 잃었고, 그에 대한 비난이 있다면 전문가의 도움을 받기를 강력히 권합니다. 때로는 제삼자가 복잡한 감정의 정리를 도울 필요가 있습니다.

절충

바버라 D. 로소프는 부부에게 조언합니다. "사교 모임, 가족 행사나 명절 기념일 등 함께하는 삶의 많은 부분에서, 부부 중 한 명은 다른 상대보다 좀더 참여할 준비가 되어 있을 것이다. 만약 배우자가 무언가를 하고 싶어하지만 당신은 준비가 되어 있지 않다면, 배우자에게 맞춰주기 위해 스스로를 밀어붙이려 할 수도 있다. 당신은 노력하기에는 막다른 상태다. 아이와 아이를 잃은 상실은 언제나 당신과 함께할 것이다. 배우자의 삶과 함께하는 기쁨이 당신의 상실을 가볍게 해주지 못할 것이다. 잃은 아이에게 매달리려고도 하겠지만, 당신과 배우자를 위한 길을 찾는 데 있어 균형을 잡아야 한다. 그런 균형은 빨리 오지 않는다. 거짓 시작과 불확실성이 있을 것이다. 배우자와 당신 모두의 인내심이 필요하다."

어느 시기에, 좀더 효과적으로 나아가기 위해, 당신은 상대를 슬쩍 밀어 타협의 예술을 발휘해야 할 것입니다.

연결된 상태를 유지하기

당신이 혼자만의 애도에 휩싸여 있는 상태일지라도, 부부 사이의 연결을 포기하지 마세요. 서로에게 시간을 할애하세요. 상대를 차단한다면, 애도의 반대편에 서서 두 사람은 낯선 타인이 돼버릴 것입니다. 적어도 하루에 30분은 함께 앉아 있는 시간을 만드세요. 당신의 감정과 그날 겪은 곤란한 일에 대해 대화하려 노력하세요. 만약 그에 대해 말할 수 없다면 추억을 말해보세요. 지금은 말하는 게 너무 어렵다면, 그저 서로의 손을 잡아주거나 안아주세요. 신체적인 것이든 언어적인 것이든, 이런 매일의 의사소통이 서로가 비극을 함께 견뎌나가는 데 있어 헌신하고 있다는 점을 알게 해줍니다.

편부모가정

편부모가정에서 아이를 잃는다는 것은 또 다른 어려움을 뜻합니다. 사망자가 외동이었다면 그 부모는 이제 혼자 살아가야 하며, 조용한 집을 견디기 어려울 것입니다. 이런 애도 과정을 공유할 배우자 역시 없습니다.

아이를 잃은 것보다 상실을 혼자 견뎌내야 하는 것이 더 어려운 일일 수도 있습니다. 이는 많은 편부모가 겪게 되는 일입니다. 그러므로 직접이든 온라인을 통해서든, 자조 모임을 찾는 게 특히 더 중요합니다. 아이를 잃고 견뎌낸 다른 부모를 찾는 일은 당신이 다시 일어서는 데 꼭 필요합니다. 또 편부모는 애도의 길에서 더 긴 여정을 걷게 되는 것이 일반적입니다. 어떤 사람들은 몇 달 만에 회복하지만, 몇 년이 걸릴 수도 있습니다. 당신의 필요와 감정들에 특히 민감하게 반응하도

우리는 저마다의 속도로 슬픔을 통과한다

록 하고, 자조 모임이나 전문적인 도움을 구하세요.

다른 자녀가 있는 부모에게

『사별을 겪은 부모The Bereaved Parent』에서 해리엇 사르노프 시프는 가장 어려운 주제 중 하나인 애도 가운데 있는 아이에 대해 말했습니다. "반복되는 주제는, 부모가 주는 위안이라는 귀중한 것을 아이들이 거의 받지 못한다는 것이다."

살아 있는 자녀는 종종 부모가 자신들을 버렸다고 여깁니다. 부모들은 자신의 애도가 너무 강렬하기 때문에 종종 감정적인 면에서 살아 있는 다른 자녀의 애도를 다룰 수 있는 상태가 아닙니다. 많은 상실의 경우에 이런 상황이 발생하지만, 자녀의 형제를 잃은 경우라면 그 강도가 더 강합니다.

당신이 적어도 1년 이상 지속되는(아이를 잃은 경우라면 그보다 더 오래 걸릴 텐데) 애도 상태일 때는 다른 자녀들의 시선을 고려하는 것이 중요합니다. 아이들은 형제를 잃은 것에 대처하고자 노력하는 동시에 부모와의 익숙하지 않은 거리감도 다루려 애써야 합니다. 살아 있는 자녀에게 당신이 지금 애도 중이며, 당신의 행동이 결코 자녀에 대한 사랑이나 감정이 변했다는 뜻이 아님을 이해시키는 것이 중요합니다.

자녀를 잃은 뒤 흔한 상황은 '옳게 바로잡으려는' 시도입니다. 어떤 부모는 조직을 만들고 기금을 마련하며 아이의 이름을 기리기 시작합니다. 그러나 이런 기념 작업 때문에 스스로 소진돼버리는 경우도 흔합니다. 부모는 아이의 추억을 남기기 위한 세부 작업에 너무 많은 시간을 쏟은 나머지, 살아 있는 자녀와의 기쁜 시간을 놓칩니다!

부모는 죽은 아이에 대해 끊임없이 이야기하기도 합니다. 자녀는 부모가 죽은 아이에게 강하게 집중하는 만큼 열등감과 무시당했다는 기분을 느끼고, 또는 자신이 중요하지 않다는 느낌을 받기도 합니다. 첫 6개월에서 1년 정도 고인에 대해 자주 이야기하는 것은 흔하지만, 이후에도 그렇게 하고 있다면 이제는 놓아주어야 할 시간입니다. 물론 친구나 상담가와 이야기하는 것은 가능하지만, 지금의 가족 구성원이 건강하고 무사하려면, 가족 내에서는 놓아주는 과정이 이뤄져야 합니다. 잊어버린다는 의미가 아닙니다. 미래를 바라보고 과거에 머무르지 않는다는 의미입니다. 가정에 균형을 가져오는 것입니다. 새로운 추억을 만들면서 동시에 과거의 기억들을 살아 있게 하는 것입니다.

자녀를 잃고 당신이 할 수 있는 일

기념할 것을 만드세요

많은 부모가 아이의 이름을 딴 기념물, 정보용 안내서, 또는 단체를 만들면서 위안을 받습니다. 우리는 인터뷰를 하면서 음주 운전, 마약 복용, 자살, 범죄 조직 등에 대한 정보지를 만들고 지역사회에 이를 배포하며, 신문사에 보낸 부모들을 만났습니다. 어떤 부모들은 국가적인 조직을 설립하거나 만드는 데 참여했습니다. 또 다른 부모들은 자녀의 이름을 딴 장학재단을 설립하거나 자신의 아이와 비슷한 관심사를 가진 아이들을 위한 상을 만들면서 평화를 되찾았습니다. 브룩의 가족은 매년 그를 기리기 위한 수상스키 대회를 열기 시작했습니다. 케일럽은 스키 대회를 즐기던, 국가에서 인정받는 수상스키 선수

우리는 저마다의 속도로 슬픔을 통과한다

였습니다. 매년 그들은 케일럽이 스키를 타던 호수에서 대회를 열어 시상식을 하고 상패를 수여하고 있습니다.

국제 별 등록

"사랑했던 사람을 기리기 위해 그들에게 별을 안겨주세요! 아이를 추억하는 아름다운 방법으로 별에 아이의 이름을 달아주세요! 1979년부터 국제 별 등록International Star Registry(www.starregistry.com), 현재 아시아 국가 중 중국, 일본의 사이트는 있으나, 한국 사이트는 없다은 별에 이름을 붙이는 독특하고도 마법 같은 기회로, 꿈을 현실로 만들었습니다. 추가로, 당신이 별을 구매하면 일부가 애리조나 영아급사증후군연합Arizona SIDS Alliance에 기부됩니다." 이 별 세트는 증명서, 이름을 딴 별의 위치에 맞춘 망원경, 해당 별을 찾기 쉽게 동그라미 표시된 대형 천체 도표, 천문학 책자, 기념 편지로 구성되어 있습니다.

기부

엘리자베스 A. 존슨은 『누군가 세상을 떠난 후의 삶에 대한 핸드북 A Handbook for the Living as Someone Dies』에서 "장난감이나 다른 물건을 보육원, 아동 병원 등에 기부하는 것은 당신에게 커다란 치유가 되고 보상이 될 수 있다. 이런 방법을 통해 아이가 남긴 소유물의 에너지가 다른 아이에게 전달된다. 아이의 일부분이 다른 생명을 밝혀줄 것이다"라고 썼습니다.

추억의 책

『애도 중인 사람을 돕는 법How to Support Someone Who Is Grieving』에서
준 세자 콜프는 "기념품, 수집품과 옷도 당연히 간직할 수 있다. 사실
앨범의 오래된 사진들도 이 시기에는 커다란 보상이 될 수 있다. 이것
이 고인에 대한 행복한 추억들을 떠올리는 데 도움이 된다"라고 이야
기했습니다. 이런 추억의 책을 만드는 데 아이디어가 필요하다면 22
장을 참고하세요.

온라인 추모

인터넷은 당신이 사랑하던 무언가를 온라인을 통해 공유하고, 소중
히 하며 기념할 새로운 방법을 만들 공간입니다. 동영상, 글, 녹음, 음
악과 사진들을 합쳐 고인을 추모하고 기억하는 영구적인 웹 페이지를
만들 수 있습니다.

우리는 저마다의 속도로 슬픔을 통과한다

13장

연인·배우자를 잃었을 때

고통을 뒤로하려는 노력은 여러 차례 막다른 길에 이르렀다……
가끔은 내가 미쳐가는 것이 아닌가 싶었다.
오래된 규칙들은 더 이상 맞지 않았다.
지도도 없이, 외국어를 할 줄 아는 사람이 아무도 없는 나라에
낙하산을 타고 불시착한 기분이었다.

캐슬린 L. 커리, 『당신의 배우자가 죽었을 때When Your Spouse Dies』

연인이나 배우자를 잃는다는 것은 많은 면에서 파괴적입니다. 배우자는 종종 우리의 절친한 친구입니다. 우리는 연인과 날이면 날마다, 감정적·신체적인 모든 면에서 부침을 경험했습니다. 이 '반쪽' 없이 산다는 것은 우리를 불완전하고, 혼란스럽고 부당하게 느끼게 합니다.

이는 종종 우리가 그 연인과 지냈던 시간의 길이에 따라 더 극대화됩니다. 그와 수년간 함께했다면, 상대가 바로 나의 생각을 완성시키고, 우리의 행동을 칭찬받게 하는 사람이었음을 발견할 것입니다. 우리는 상대뿐 아니라 자신의 반을 잃은 듯 느낍니다.

상대를 잃은 뒤에 뒤따르곤 하는 삶의 변화는 스트레스를 더 극심하게 합니다. 중요한 재정적인 변화가 일어나거나 이사를 해야 할 수도 있고, 아이들을 안심시켜야 하는 상황인데 나를 위로해줄 사람은 곁에 없을 수도 있습니다.

정체성의 상실

배우자는 우리 과거의 상당히 커다란 부분을 차지합니다. 그와 함께 우리는 세상을, 매일의 사건을, 삶의 희로애락을 다뤄왔습니다. 급작스레 배우자를 잃으면, 우리는 정체성의 토대 중 많은 부분을 잃습니다. 감정적으로나 신체적으로 황폐화되는 시기에 우리는 자신을 재건

우리는 저마다의 속도로 슬픔을 통과한다

해야 합니다. 이 재건의 과정은 시간을 필요로 합니다. 친구들이나 자녀는 때로 우리가 준비되기도 전에 앞으로 나아가라고 격려합니다. 이것은 우리를 돌보는 그들이, 우리가 고통 속에 있는 것을 보기 괴롭기 때문일 것입니다. 많은 사람이 이럴 경우 '일상으로 되돌아가면' 고통이 줄어들 것이라고 생각합니다. 의도는 좋지만 현실에서는 이루어지지 않는 방법이죠.

애도하면서 우리는 우리의 토대를 다시, 한 번에 한 벽돌씩 쌓아올려야 합니다. 존 볼비의 『상실Loss』에서는 "새로운 것이 만들어지기 전에 옛 생각, 감정, 행동들이 버려져야 하기에, 유족은 절망적으로 어떤 것에도 구원받을 수 없고 결국 우울과 냉담에 빠질 수밖에 없는 셈이다. 그럼에도 불구하고 잘 진행된다면, 이 단계는 곧 유족이 새로운 상황을 점검하고, 이를 충족시킬 방법들을 고려하기 시작하는 단계로 넘어갈 것이다. 이것은 잃은 사람에 대한 모든 희망을 포기하고 회복되며, 오래된 상황이 재정립되는 것이기에, 자신과 상황에 대한 재정립은 결정적으로 잔인할 만큼 고통스럽다. 그러나 이러한 재정립이 완성되기 전까지는 미래를 계획할 수 없다"라고 했습니다.

우선, 어떤 것도 편하게 느껴지지 않을 겁니다. 매일 새로이 각성하고, 새로운 문제들이 발견됩니다. 하지만 이윽고 즐거운 추억이나 취미를 생각하는 순간이 올 것입니다. 찰나의 '평화'일지도 모르지만, 그것은 평화로운 상태입니다. 이것이 당신의 첫 번째 벽돌이 될 것입니다. 이 평화의 원료들을 찾아서 기록해두세요. 당신이 무엇을 좋아하고, 무엇을 좋아하지 않는지 확인하세요. 새로운 의견을 만드세요. 새로운 흥밋거리를 추구해보세요. 이런 것들로 재빨리 옮겨갈 수는 없을 것입니다. 당신은 '도피'하고 싶지만 감정적인 에너지가 없을 수도 있습니다. 괜찮습니다. 인터넷으로 여행 책자들을 주문해서 넘겨보세요. 아무리 작게 움직이더라도 한 걸음은 한 걸음입니다.

22장에서 이 과정을 도와줄 연습을 해보세요.

친구 모임

커플은 커플인 친구들과 어울리는 경향이 있습니다. 남편과 사별한 뒤 많은 여성이 골치 아픈 문제를 겪습니다. 커플로 어울리던 친구들은, 한쪽 커플이 홀로되는 순간 종종 친구 관계가 깨집니다. 여기에는 많은 이유가 있습니다. 다른 커플들이 당신을 한 쌍의 일부로 생각하는 경우, 커플이 아닌 한 명과 만나는 것은 어색해서일 수도 있습니다.

이런 친구관계의 상실에는 추억들이 큰 부분을 차지하기도 합니다. 기존에 어울리던 다른 커플과 함께할 때, 우리는 과거가 기억납니다. 당신은 이제 준비가 되어 지나간 일로 대화를 나누는데, 상대 커플은 과거의 일로 추억을 말하는 것을 불편하게 여길 수도 있습니다. 앞서 이야기한 것처럼, 우리 사회는 상실을 다룰 준비가 되어 있지 않습니다. 안타깝게도 이것은, 사망에 대한 다른 사람들의 불편함 때문에 하나의 상실이 또 다른 상실들을 만들어냄을 의미합니다.

더 어린 커플의 경우 상대방의 상실은 종종 특수한 경험으로 다가옵니다. 친밀한 그룹 내에서 사람들이 배우자의 갑작스러운 죽음을 경험하기란 드문 일입니다. 우리 친구들은 상실을 함께 겪었지만, 이런 유의 죽음을 겪고 산다는 게 어떤 것인지에 대한 직접적인 지식은 없습니다. 우리는 다른 눈으로 세상을 재단하고 분해해서 바라봅니

우리는 저마다의 속도로 슬픔을 통과한다

다. 상황이 변했으니, 우리도 이 친구관계를 다른 사람이 되어 되돌아보게 됩니다. 많은 친구관계가 사라지는 것은 이런 관점의 변화로 인한 것입니다.

친구관계가 사라지는 또 다른 이유는, 우리의 상실이 다른 사람들로 하여금 그들도 이처럼 비극적으로 누군가를, 심지어는 자신마저 잃을 수 있다는 점을 상기시키기 때문입니다. 이 설명이 친구들의 행동에 대해 위안이나 정당성을 주지는 않습니다. 하지만 기억해야 할 것들이 있습니다. 우선 우정이 앞으로 잘 나아가지 않을 거라고 추측하지 마세요. 각각의 우정에 기회를 주세요. 두 번째로 우정이 사라지면 배우자의 상실과 더불어 이런 상실을 직면하기가 어려운 상황이겠지만, 떠난 자리들은 한편으로 새로운 성장의 장소이기도 합니다. 당신이 준비가 됐을 때 새로운 친구들을 만드는 데 집중하세요. 부록에 새로운 친구들을 만나는 데 참고할 만한 자료가 있습니다. 마지막으로, 비슷한 상황에 처한 이들로 구성된 자조 모임을 찾으세요. 애도의 길에서 다른 지점에 있는 사람들과 연락이 가능한 가까운 그룹을 만드세요. 그리고 재건의 머릿돌로 이용하세요.

대면 모임에 실제로 참석하기에는 당신이 완전히 소진된 상태일 수도 있습니다. 브룩이 만든 www.griefsteps.com을 포함해서 온라인으로 대화를 나눌 수 있는 사이트들이 있습니다.

사라지지 않는 추억과 이미지

배우자를 잃은 많은 유족이 고인의 모습을 보고, 그 존재를 느낀다고 합니다. 상대방이 아직 살아 있는 꿈을 꿀 수도 있습니다. 여러 연구에 따르면, 배우자를 잃은 남녀의 약 3분의 1에서 2분의 1이 이런 경험을 합니다. 이런 이미지를 보는 것은 (일상생활을 유지하기 어렵게 하지만 않는다면) 정상적인 반응일 뿐 아니라 당신을 방해하는 것이 아닙니다. 고인이 마치 수호천사처럼, 항상 당신과 함께 있다고 느낄 수도 있습니다. 배우자와 사별한 이들은 이런 고인의 이미지를 내면화하는 것이 도움이 되었다고 보고합니다.

1974년에 배우자를 잃은 여성들을 대상으로 한 I. O. 글리크의 연구 보고서에 따르면, 회복 과정에서 종종 남편과의 내적 대화가 도움이 되었습니다. 그것이 실제든 상상의 것이든 관계없이 사랑하는 사람과 대화하고 의사소통을 이어나갈 때, 우리는 스스로를 그들에게 내어 보이고, 그들의 안내에 따릅니다. 사랑하는 사람에게 말하고 듣는 것을 배우는 일은, 애도 작업을 해나가는 동안 우리에게 커다란 위로가 될 수 있습니다.

———

메릴린의 이야기

우리는 아이와 손자들이 모두 올 수 있고, 같이 늙어갈 거라고 꿈에 그리던 집, 아름다운 새집에 튤립과 수선화를 심었어요. 거기서 5개월쯤 살았을 무렵, 게리는 뇌동맥류로 갑자기 죽었고, 바로 전날까지도 즐거움과 앞날에 대한 기대로 가득했던 제 세상은 어둡고 두려우며 외로운 곳이 되어버렸습니다. 특히 단 한 번도 아픈 적이 없던 사

우리는 저마다의 속도로 슬픔을 통과한다

랑하는 사람이 때 이른 죽음을 맞는다는 것에 대해서는, 어떤 단어로도 그 충격과 공포를 제대로 표현할 수 없어요. 그는 베트남 전쟁에 해병대로 참전했을 때도 긁힌 데 하나 없이 돌아왔어요. 대체 어떻게 그가 지금 죽을 수 있나요?

독감 같아…… 그게 그가 '공식적으로' 죽기 전날 밤, 제 심장이 견딜 수 없는 끔찍한 애도의 돌에 부서지기 전날 밤, 우리가 생각했던 거였어요. 우리 둘 다 과거에 결혼과 이혼을 경험했고, 이제야 (우리 생각에는) 모든 게 제자리를 잡았다고 생각하고 있었어요. 같이 지낸 7년 동안 우리 중 한 명에게 죽음이 이렇듯 급작스레 찾아올 수 있다는 생각은 해보질 못했어요. 우리가 함께인 이상 다루지 못할 게 없다고 말하곤 했죠. 죽음에 대해 서로 이야기해본 적은 있습니다. 제 아들 댄은 이라크 전쟁에서 육군통신 부대에 근무했었고 저는 호스피스 병동의 자원봉사자였어요. 그리고 친구 캐시가 남편의 사망 2주 전에 죽었고, 1주일 전에는 병동의 제 환자가 죽었습니다. 저는 제 세미나 연구를 정말 자랑스러워했던 남편의 격려로 캐시의 장례식에서 추도사를 맡았어요. 2주 뒤…… 크리스마스 바로 3주 전에 같은 예배당에서 남편을 두고 똑같은 일을 하게 될 거라고는 상상조차 못했습니다. 또 제가 몰랐던 사실은 할머니와 친한 친구 역시 남편의 사망 후 몇 달 뒤 세상을 떠날 것이라는 점이었습니다.

자조 모임…… 네, 저도 잘 알고 있습니다. 나중에는 제가 한 명을 돕기까지 했습니다. 저는 다른 사람들과 울고 분노했지만, 남편의 죽음을 예상치 못했다는 점에서 여느 구성원과는 달랐습니다. 마지막 계획을 세우고, 순서대로 정리하며, 마지막 인사를 나눌 기회도 없다는 점이 달랐습니다. 저는 신에게 화가 났습니다. 깊이 사랑하던 사람 네 명을 한꺼번에 앗아간 것은 잔인한 장난 같았고, 제가 미쳐가고 있다고 생각했습니다. 하지만 가장 끔찍한 것은, 신앙마저 잃고, 따라서 진실로 버림받아 표류하며 벌을 받고 있다고 느껴 공포에 질리는 것이었습니다. 신을 섬기는 일에 삶을 바쳐왔건만, 당시 저는 지옥에 있었습니다. 모든 것은 나빠져만 갔습니다. 사람들은 제가 '다이겨내길' 기대했습니다. 매일 한밤중에 깨어 남편이 화장실에서 쓰러지고, 구급차가 우리 집을 찾아오지 못했던 그날 밤, 미친 듯이 길을 뛰어올라가 어떻게 그들을 찾아야 했는지, 남편을 화장실 바닥에 혼자 쓰러진 채로 두었어야 했는지, 그 상황들을 머릿속에서 반복하는 일에 사로잡혀 벗어날 수가 없었습니다. 마치 그를 구할 수 있었던 양, 실패한 양, '만약'이라는 가정으로 자신을 고문했습니다. 의사들은 동맥류가 너무 커서 병원 안에서 그 일이 벌어졌다고 해도 구할 수 없었을 거라고 했습니다. 하지만 저는 삶의 지지를 없애고, 악몽과 불안 발작과 가슴 통증, 방향감각의 상실과 절대적인 포기 상태로 가며 각 사건을 반복적으로 재생하듯 되뇌었습니다. 우울증 진단 상태로 깊이, 더 깊이 가라앉아갔습니다. 일을 할 수 없고, 기도할 수 없고, 아무것도 할 수 없었습니다. 완전한 패배자이며 죽어가고 있다고 느꼈습니다. 그리고 눈폭풍이 몰아쳐왔습니다. 초현실적인 세계에서 길을 잃고 미쳐가는 게 분명하다고 생각했죠.

치료사에게 "아내가 갑자기 죽은 뒤 어떻게 지나올 수 있었던 건가요?"라고 물었습니다. 그는 "미쳤었지요"라고 대답했습니다. 그 짧은 말이 그 무엇보다 나를 도와주었던 것 같습니다. 정신건강의학과 의

사도 아내가 갑자기 사망한 뒤 미칠 정도였고, 또 그러고도 여전히 그는 살아남아 기능을 하다니, 아마 거기에 내 희망도 있을 거야. 저는 매주 그를 만나서 다른 약들을 시도하고, 책에서 고작 한두 문장뿐이었지만, 갑작스러운 사망에 대한 정보를 찾았습니다. 자조 모임에도 계속 참석했습니다. 왜 미국사회에서 죽음이 금기시되는 걸까, 생각했습니다. 찾을 수 있는 문헌들은, 제겐 해당되지 않았던, 착한 사람들이 미리 준비하는 '정돈되고 깔끔한' 죽음만 다루는 듯했습니다.

마침내 7개월 후 저는 남편이 현관에 벗어두었던 신발을 옮길 수 있었습니다. 신발을 옮기는 동작은, 그가 정말로 죽었고, 제 우울증이 악화되고 있고, 같은 시기 아들의 전쟁 후유증이 악화되어 반복적으로 입원했던 것을 깨닫게 했습니다. 저는 차 안에서 비명을 질렀습니다. 목이 쉬고 아플 때까지 소리 질렀습니다. 울고, 울고, 또 울었습니다. 어떻게 그렇게 많이 우는 게 가능할까요? 마치 아무 일도 없었던 것처럼, 우리가 심었던 꽃들이 봄이 되어 아름답게 피어 있었습니다. 원래 그랬듯이 세상은 돌아가고 있었습니다. 제 온 세상이 이렇게 영원히 변해버렸는데 어떻게 그럴 수 있나요? 죽고 싶었지만 그렇게 아프고 절박하게 저를 필요로 하는 아들을 위해 버텨야 했습니다.

치료를 계속 받은 지 11개월 만에 직장으로 돌아갈 수 있었지만 정말 '감정적으로 존재'하는 것은 아니었고 너무도 외로웠습니다. "1년이나 지났으니 이제 많이 나아졌을 거야" 같은 말을 들었습니다. 사람들은 마치 죽음이 잡으러 다니는 것처럼 저를 대했습니다. 그들은 뭐라고 말해야 할지 몰라 아무 말도 걸지 않았습니다. 그들은 제가 아직도 지옥에 있고 스스로를 괴물처럼 느끼고 있다는 것을 전혀 몰랐습니다. 저는 그것을 숨겼습니다. 남편이 매일 아침 차를 타서 저를 위해 침대 옆에 놓아주었던 소박한 사랑의 행동, 그 친절함이 너무나 그리워 더는 차를 마실 수 없어 커피 마시는 것으로 습관을 바꿨습니다. 몇 달을 끌고, 몇 년을 끌어 저는 마침내 남편의 옷을 포장할 수 있게 되었지만, 5년하고도 6개월이 지난 아직까지도, 생각지 못했던 곳에서 그의 물건을 발견하고는 웁니다. 꿈의 집은 팔렸고, 그의 차도 팔렸고, 그의 책들은 도서관에 기증되었으며 옷과 기념품은 그의 친구와 가족에게, 그리고 그의 재는 버지니아의 콴티코 묘지에 안치되었고, 깃발은 제 옷장 선반에 놓였습니다.

우울증은 여전히 저를 따라다니지만, 뒤돌아보면 세계가 산산조각 났던 그 끔찍한 날로부터 저는 먼 길을 왔습니다. 남편의 장기는 기증되어 다른 이들에게 삶의 기회를 주었습니다. 그것이 그가 원하던 바였습니다. 저는 지난해 기념일에 꿈에서 그를 봤습니다. 그는 제게 입맞춤하고 손에는 샴페인 한 병을 들고 있었습니다. 그가 저에게 사랑한다고, 저 자신을 위한 삶을 살라고 말하길 바랐습니다. 저는 하루 중 잠시라도, 이제는 그것이 가능함을 압니다. 지옥으로의 긴 여행에서 돌아와 이제는 해낼 수 있다고 믿습니다. 지금 어디에 있는가는 제가 쓴 시로 요약할 수 있을 것 같습니다.

길잡이
숨을 좀더 들이쉬는 법을 배웁니다
노력했음에도 비탄이 찾아올 때
최대한보다는 조금 덜 의지하는 법을 배웁니다

우리는 저마다의 속도로 슬픔을 통과한다

심연을 향해 떨어지기 시작할 때

균형을 잡고 자신을 추스르기에 딱 가능한 만큼

삶을 조금 더 강렬하게 사랑하는 법을 배웁니다

삶이 당신을 눈물짓게 하는 애도를 떠나보내고

빛나는 순간이 지나쳐 보이지 않기에

사랑하는 사람들에게

마음의 언어를 더 분명히 말하는 법을 배웁니다

어둠이 찾아와 당신을 멈추게 하는 너무나 많은 방법이

신발이 장미를 으깨어버리는 너무나 많은 방법이 있기 때문에

———

2년간 미칠 대로 미쳐 있었고, 여전히 꽤나 그런 상태다. 그 2년간 정상적인 순간은 정말이지 없었다. 그건 단지 애도가 아니었다. 완전한 혼돈이었다. 약간 미쳐 있었던 게 진실이다. 어떻게 거기서 벗어날 수 있겠는가? 몰랐다. 내가 그 상태였을 때는 나 자신이 그렇다는 것을 몰랐다.

– 배우 헬렌 헤이스, 남편의 사망 후

———

조앤의 이야기

조앤은 서른두 살로, 두 아이의 아빠인 전남편이 섬뜩한 음주 운전 사

고로 죽었을 때 재혼 상태였습니다. 13년 뒤에도 그의 죽음이 그녀와 아이들의 삶에 갑자기 미쳤던 영향을 떠올릴 때면 그녀의 눈에는 눈물이 고였습니다.

거의 18년간 결혼생활을 했고, 그가 사망했을 당시 우리는 이혼한 상태였습니다. 그에게 음주 문제가 있었지만, 우리는 두 아이를 위해 이혼 후에도 친구관계를 유지했습니다. 크리스마스를 함께 보낼 정도였지요. 하지만 새해가 오기 전 그는 다시 술을 마시기 시작했고, 점점 더 나빠져갔습니다. 관계 역시 흔들리고 있었고, 당시 저는 재혼한 상태였어요. 톰은 죽던 날 일찍 제게 전화를 했습니다. 아들과 영화를 보기로 되어 있었지만 그의 목소리가 술 취한 듯 들렸기 때문에 저는 아들을 보내지 않았어요. 어쨌든 그날 술집에서 만나달라는 그의 전화를 한두 통 받았지만, 거절했습니다. 또 바텐더였는지 아니면 술집 친구였는지 아무튼 누군가로부터 와서 그를 데려가달라는 전화를 받았습니다.

저는 그가 술과 벌여온 사투를 알고 있었기에 정말 열심히 기도했고, 신에게 이 생에서 그가 그토록 고통을 겪게 된다면, 특히 그가 자신의 알코올 중독을 이겨내지 못할 정도가 된다면, 그를 데려가달라고 기도했던 게 기억납니다. 아이들이 그의 행동을 견디지 못할 것임을 알고 있었습니다. 아버지의 병 때문에 다들 너무 힘들어했거든요.

톰이 중독 상태라는 걸 알고 있었습니다. 당시 결혼 2년째였던 남편이 바로 옆에 잠들어 있었기 때문에 그 술집 직원에게 톰한테 택시를 불러달라고 부탁했습니다. 대답이 뭐였는지는 기억나지 않습니다.

그리고 서너 시간 뒤 남편은 일터로 떠난 뒤였고, 아직 학교에 가기 전 시간이라 아이들이 잠들어 있을 때, 경찰서로부터 전화를 받았습니다. "저는 스미스 경사입니다. 톰 매켄 씨가 자동차 사고로 사망했다는 것을 알려드리기 위해 전화했습니다. 죄송합니다. 보통은 댁으로 가서 말씀드리는데, 저희가 집을 찾지 못했습니다."

내면이 바닥으로 떨어지는 듯했습니다. 그때 마음속에 불과 몇 시간 전에 이러길 기도했다는 게 떠올랐습니다. 아이들에게 어떻게 말해야 하지! 아이들의 반응이 어떨지 알았고 저는 엄청난 죄책감을 느끼기 시작했습니다. 그를 데리러가지 않은 것뿐 아니라 그가 고통으로 가득 찬 삶에서 벗어나길 기도했던 데 대해서도 죄책감을 가졌습니다. 이상하다는 생각도 없이 '딸아이가 결혼할 때 누가 식장에 데리고 들어가지?'라는 생각이 머릿속에 문득 떠올랐습니다. 생각은 온통 뒤죽박죽이었습니다.

믿기지 않았지만, 엄마한테 전화를 걸었습니다. "좀 앉아봐…… 엄마, 경찰에서 지금 막 연락이 왔는데, 톰이 어젯밤 교통사고로 죽었대"라고 말했습니다. 톰에게 말해야 한다고 계속 생각했지만 무엇을 말하려는지도 몰랐습니다. 미쳐가는 것 같았습니다. 그에게 '정말이야? 당신 정말로 죽은 거야?'라고 말하고 싶었습니다. 그리고 그 죄책감도.

저는 왜 경찰이 이 일을 전화로 알려줬는지 화가 났습니다. 직접 와서 알려줘야 하는 게 당연하지 않은가. 경찰들에게 화가 났습니다.

당시 제니는 열세 살이었고, 아들 폴은 열여섯 살이었습니다. 저는 뭐라고 말해야 할지 고민하면서, 아직 그들이 자고 있다는 것에 감사했습니다. 먼저 일어난 아이는 제니였습니다. 딸에게 말할 준비가 되어 있지 않았고, 우선 저부터 진정해야 했습니다. 하지만 거기 딸아이가 있었습니다. 아이들을 위해야 했기 때문에, 제 애도는 어디엔가 덮어 두기로 결심했습니다. 아들이 절망하리라는 것을 알았죠. 저는 극도로 예민한 상태에서 두 아이에게 집중하는 것으로 건너뛰었습니다. 얘기 꺼내자 딸아이는 믿지 않으며 울부짖었습니다. 딸에게 오빠를 깨우지 말라고 빌었지만, 우리는 해야만 했습니다. 우리는 같이 아들에게 말하러 갔습니다. 지금까지도 어떤 의미로 말한 건지는 정확히 모르지만, 아들은 침대에서 뛰어나와 윗옷을 잡아당겨 입으며 "젠장, 알고 있었는데! 아빠와 영화를 보러 갔어야 했는데"라고 말했습니다. 이미 죄책감을 느끼고 있었죠.

저는 곧장 학교에 전화해서 아이들이 학교에 갈 수 없다고 전하고, 제 직장에도 연락해야겠다고 생각했습니다.

경찰관은 우리가 이혼한 것을 알고 있었지만, 자신이 다른 가족에게도 연락해야 하는지, 아니면 제가 알리기를 원하는지를 알고 싶어했습니다. 그들더러 톰의 형제에게 연락해서 어머니에게 알리게 하라고 말했습니다.

아이들은 정서적으로 엉망인 상태였습니다. 우리는 한 시간 동안 서로를 진정시키려고 애썼습니다. 한 시간 뒤, 톰의 형제가 앞으로의 일에 일정 부분 참여할지 확인차 제게 전화를 걸어왔습니다. 우리가 이혼한 상태였어도 저는 그로부터 제외되지 않았습니다.

저는 제 아이들에게만 집중할 수 있었습니다. 당시 아들의 가장 친한 친구도 아버지와 여동생을 끔찍한 교통사고로 잃은 터였는데, 아들이 그 아이와만 있으려고 했던 게 기억납니다. 저는 그게 맞는 일이라는 것을 알고 있었습니다. 그는 이런 갑작스러운 상실의 경험을 이해할 누군가와 함께 있어야만 했습니다.

아이들의 의견을 듣지 않고 톰의 가족은 그를 화장하기로 결정했습니다. 두 아이에게 힘든 일이었다고 생각합니다. 어쨌든 닫힌 관이라도 아이들은 화장 전에 아버지를 보겠다고 고집했습니다. 아이들이 그래주어 기뻤던 것 같습니다. 그게 좀더 현실적으로 느끼는 데 도움이 됐죠.

돌이켜 생각해보면, 장례 전에 우리가 일부라도 계획을 조정했다는 점이 기쁩니다.

———

혼자 하는 법 배우기

여행을 하고, 운전을 하고, 비행기 예약을 하고, 짐을 싸는 데 있어 배우자에게 의지했던 면이 있을 겁니다. 이제는 이런 일을 할 때 당신을 도울 다른 네트워크를 찾을 시간이 되었습니다. 첫 몇 달간의 극심한 애도 시기를 지나는 동안, 새로운 것을 너무 많이 시도하지 않는 게 좋습니다.

시간이 되면 이런 일을 혼자 해나가는 것을 배우는 게 좋습니다. 어떤 사람들은 새로운 장소로 여행을 가고 홀로 맞서보며 자신을 만들어가려 합니다. 다른 이들은 친구들과 여행하는 것을 더 선호합니다. 어느 쪽이든, 성장을 위한 기회가 됩니다.

어떤 이들은 중요한 사람이 자신을 위해 무엇인가를 해주는 것에 의존하고, 또 다른 이들은 중요한 상대가 자신과 같이 있는 것에 의존하며 누군가는 둘 다를 원합니다. 어떤 이들은 자신의 정체성과 세상에 대한 소속감을 느끼는 데 배우자를 필요로 합니다. 어떻게든 이 시기에 고인에 대한 당신의 의존성을 줄이는 것이 결국에는 도움이 될 수 있습니다. 하지만 이 역시 다른 누구도 아닌 당신의 속도에 맞춰서 하세요. 스스로에게 줄 수 있는 가장 연민 어린 메시지는 회복이 쉽고도, 논리적인 과정이리라는 기대를 버리는 것입니다.

대부분의 경우 시간이 지나면서 개인적이거나 영적인 내적 성찰과 함께 지혜를 얻고, 관계의 진정한 의미가 드러날 것입니다. 당신이 사랑하던 사람이 왜 죽었는지에 대한 답은 결코 얻을 수 없지만, 그들이 당신의 삶에 있었던 이유와 그들의 삶과 죽음이 당신의 여정에 어떤 긍정적인 점을 더해주었는지를 스스로에게 답할 수 있을 것입니다.

장례 계획

두 어린아이의 엄마인 서른일곱 살의 메리앤은 애통해했습니다. "남편을 아주 잘 알았습니다. 우리는 많은 것에 대해 대화했고, 특히 미래에 대해 이야기했죠. 하지만 장례 계획에 대해서는 얘기해본 적이 없어요. 우리 나이에 누군들 안 그러겠어요. 결정을 내려야 할 시간이 되었을 때, 전 최선을 다했어요. 제가 제대로 한 것인지, 그가 원했을 만한 것을 선택했는지는 언제나 의문입니다."

이런 경우는 그 반대의 경우보다 흔합니다. 스트레스가 극심한 상황에서 최선을 다할 뿐입니다. 고인을 대신해 하나라도 선택할 수 있

우리는 저마다의 속도로 슬픔을 통과한다

다면, 당신은 소수에 속한 한 명입니다. 스스로를 믿어주세요.

당신에게 중요한 가족이, 당신과 다르게, 그리고 당신이 믿어온 고인의 바람과 다르게 그를 기리고자 한다면 어떻게 해야 할까요? 유언장이나 고인의 바람을 명확히 적어놓은 서류가 없다면, 당신이 사망 당시 법적 배우자라면 당신의 바람대로 할 권리가 있다는 점을 기억하세요.

법적인 계약 없이 함께 살고 있는 경우라면 당신의 생각을 주장하기가 조금 어렵습니다. 전문적인 중재자나 장례 기획자가 간혹 이런 유의 갈등을 도와줄 수 있습니다. 중재자나 가족 내 폭력적인 문제들, 재정 문제, 그 외 다른 상황을 다루는 데 훈련된 중립적인 사람의 도움으로 이런 갈등을 해소할 기회를 찾으세요. 결정을 내리는 판사나 법적 중재자가 아닌, 사람들의 문제나 우려 사항을 해결하고 협상을 돕도록 훈련된 중재인이나 치료사를 찾아볼 수도 있습니다.

중재인은 변호사, 심리학자, 사회복지사, 결혼 또는 가족 상담사, 성직자, 회계사 및 재무 전문가 등의 직업인 가운데 이런 중재 교육을 받은 이라면 가능합니다.

아이들과 남은 아내의 경우

감정적인 요구들

아이들이 성장하기 전에 배우자를 잃었다면, 앞으로의 길에 감정적이고도 신체적인 노력이 필요할 것입니다. 당신은 자신의 상태뿐 아니라 아이들의 상태에도 책임을 지고 있습니다. 이 책임감은 특히 상실 직후 감정적·신체적 자원이 고갈된 상태에서는 더욱 어렵게 느껴집니다.

애도의 첫 주간, 아이들을 교대로 지지해줄 만남을 갖는 것이 중요합니다. 하루를 견디기 위해 스스로 버틸 어떤 에너지라도 필요할 것입니다. 가까운 친구에게 당신과 아이들을 도와줄 수 있을지 묻고 집에서 친구와 같이 지내는 것을 고려해보세요.

자신의 상태를 잊을 정도로 아이들에게만 집중하며 시간을 많이 쏟지 않도록 신경 써야 합니다. 당신에게는 다루어야 할 당신의 어려움도 아직 많이 있습니다. 이를 위한 시간을 마련해두세요. 자조 모임 중 하나에 참여하거나, 자신의 애도를 위한 공간에서 혼자 있을 수 있는 밤 시간을 매주 마련해볼 수도 있습니다. 아이들을 돌보기 전에 당신 자신을 돌보아야 합니다. 편부모인 테리 로스는 『편부모 자원』에서 이렇게 표현했습니다. "비행기의 산소마스크와 같다. '당신이 먼저 쓴 뒤 아이들을 도울 것.' 아이를 잘 도우려면 당신이 먼저 제대로 서 있어야 한다."

애도하는 동안 아이들과 소통하기

남편의 사망 후 많은 아내가 던지는 질문 하나는 "애도하는 동안 우리가 아이들 주변에서 어떻게 행동해야 할까요?"입니다. 책 앞부분에서 살펴봤듯이, 비극적인 상실을 겪으면 우리가 확신하던 모든 것이 변합니다. 삶이 다시 정상처럼 보일 확실하고도 명확한 규칙은 없어지지만, 당신의 가족이 이 과정을 건강한 방식으로 견뎌내는 데 도움이 될 가이드라인은 있습니다.

첫째, 아이들이 당신의 슬픔을 지켜볼 수 있게 하는 것이 좋습니다. 많은 경우 부모들은 스스로를 완전히 통제하고 평정을 유지하는

우리는 저마다의 속도로 슬픔을 통과한다

게 자신의 책임이라고 생각합니다. 하지만 이는 건강한 생각이 아닙니다. 아이들은 예시 없이는 자신의 애도를 어떻게 다뤄야 할지 모릅니다. 만약 당신이 애도의 슬픔을 거의 또는 전혀 보여주지 않는다면 아이들은 자신의 감정이 부적절한 것이라고 느낄 수도 있습니다. 아이들이 당신의 감정을 보게 되는 것을 두려워하지 마세요. 아이들은 감정보다 침묵을 더 견디기 어려워합니다. 이는 또한 아이들에게 애도의 감정을 그대로 직면해도 괜찮다는 —억누르려 할 필요가 없다는—것을 알려줍니다.

다음으로 주의해야 할 한 가지는, 아이들에게 기대지 않는 것입니다. 만약 아이들이 십대에 들어설 무렵이거나 십대라면, 당신은 마치 친구에게 하듯이 아이들에게 당신의 애도를 말하거나 공유하려 할 수 있습니다. 아이들이 얼마나 성숙한지와 무관하게, 아이가 성인이 아니라면 일방적인 의논 대상이거나 부모의 의지 상대가 되어서는 안 됩니다. "네가 이제 이 집의 가장이야"라고 말하거나, 살림의 책임을 지우는 것은 피해야 합니다.

마지막으로, 고인에게 일어난 일이나 고인과 관련된 옛날이야기들을 언급하는 것을 피하지 마세요. 추억을 살아 있게 하는 가장 좋은 방법은, 죽음에만 과도하게 집착하지 말고 고인의 삶에 대한 이야기를 나누는 것입니다. 아이들은 종종, 고인이 된 부모에 대해 이야기하는 것이 괜찮은지 아닌지를 모릅니다. 아이들은 고인이 된 부모의 이야기가 당신에게 고통이나 슬픔을 불러일으킬까봐 겁을 낼 수도 있습니다. 이야기를 꺼내고 모범을 보여주세요. 고인의 이름을 언급하는 것을 피하지 마세요. 그게 설령 힘들더라도 이야기는 치유를 돕습니다.

고인에게 어린 자녀가 있는 경우 발생하는 추가적인 책임

어린 자녀를 남기고 사망한 배우자의 경우, 살아남은 사람이 보통 아이들의 중요한 결정을 맡거나 필요한 것을 제공하게 됩니다. 즉 진학 결정이나 재정 상황, 규칙, 상벌과 그 외 모든 책임을 요하는 일을 맡게 됩니다. 부모와 아이 모두 이 새로운 역할에 적응할 시간을 필요로 합니다.

새로운 편부모는 가능한 외부의 모든 도움을 고려해야 합니다. 편부모를 위한 많은 기관과 자원이 있습니다. 즉시 도움과 정보를 찾아보세요. 당신이 멘토로 삼을 편부모를 찾아 가까이 지내세요.

가정을 다시 조직화하는 데 아이를 참여시키는 것도 많은 부모가 도움이 되었다고 털어놓는 방법입니다. 이는 아이가 만 열 살 이상인 경우에 가장 잘 적용됩니다. 장례를 마치고 한두 달 뒤, 아이들에게 이제 가족이 한 명 줄었기 때문에 우리 가족은 팀워크와 협조가 필요하다고 설명하세요. 가족이 어떻게 하면 잘 운영될지에 대한 당신의 생각을 전하세요. 브레인스토밍을 합니다. 잡일을 나누고 저녁 식사 준비를 돕고 주말 중 하루는 가족으로서 함께하는 활동을 시도해보세요. 누군가를 잃고 그렇게 빨리 기능성에 대해 말하는 게 어려울 수 있겠지만, 그의 삶이 멈췄더라도 우리 삶은 그렇지 않습니다.

아이들은 생존을 위해 안정적인 기반을 필요로 합니다. 이런 안정적인 기반을 만드는 데 필요한 것 중 하나는 일관성, 경계와 제한 설정입니다. 우리는 종종 감정적으로 너무 고갈되어 일관성과 경계를 유지하는 게 가장 어렵다고 느낄 수 있습니다. 가능한 한 규칙적으로 지내세요. 아이들이 애도하기에 안전하고 안정적인 환경을 찾아가는 데 도움이 됩니다.

다시 사랑을 할 수 있을까요?

"다시 사랑할 수 있을까요?"는 흔한 질문입니다. "왜 다른 사람을 찾아야 하나요? 왜 또 다른 사랑을 잃을 위험을 감수해야 하나요?" 헌신하는 사랑은 관계를 유지하기 위해 자기 자신에게서 벗어나는 노력을 하며 성장할 많은 기회를 줍니다. 갑작스러운 사랑의 상실과 그 후 회복 과정의 경험은, 우리가 절대 스스로 가능하다고 생각지 못했던 방식으로 인간으로서 성장하고 확장해나갈 토대를 만들어줍니다.

남편을 잃은 몇몇 아내는 새로운 관계를 기대하면서도, 어떻게 시작해야 할지 막막해합니다. 다른 몇몇은 새로운 사랑에 대한 생각만으로도 '죄책감'을 느낍니다. 적당한 시기, 안내서 같은 게 있을까요? 『피플』지에 실린 「새로운 시작Starting Over」이란 글에서 심리학자인 프로마 월시는 우리가 준비되었음을 알리는 미묘한 신호에 대해 말했습니다. "고인이 된 상대에 대해 종일 생각하지 않고 꿈꾸지 않고, 다른 사람들과 있을 때도 그와 함께 있던 자신을 떠올리지 않게 된다. 상실을 완전히 이겨낸다는 것은 없다. 그저 시간이 가면서 통증이 줄어들고, 통증의 간격이 띄엄띄엄해지는 것이다. 새로운 상대의 고유한 성향에 감사하고 과거 고인의 이미지에 끼워맞추려들지 않게 되면, 당신은 다시 사랑할 준비가 되었음을 알게 될 것이다."

성적인 느낌도 다시 갖게 됩니다. 어떤 사람들에게는 다른 이들보다 더 일찍 시작됩니다. 미국 은퇴자협회의 안내지인 『홀로 하기On Being Alone』에서는 다음과 같이 설명합니다. "당신은 배우자를 잃으며 성적인 상대를 잃게 된다. 이것이 사별생활의 고통스러운 사실이다. 사별 후에도 성적인 느낌은 흔한 것이며 죄책감을 느낄 게 아닌데도 사회적인 금기와 개인적인 마음 사이에 갈등이 있을 수 있다. 이런 갈등을 걸러내고, 스스로 가장 편안하게 느끼는 일을 해야 한다. 새로운 성적 파트너를 생각하고 있다면 자신이 원하는 게 정말로 뭔지—성관계, 친밀함, 동료, 존경과 포옹—생각해봐야 한다. 당신이 원하는 바를 아는 것이, 그것을 어떻게 얻을지를 찾는 데 도움이 된다."

목표 찾기

관계에서 목표를 찾는 것은 죽음을 이해하는 데 도움이 됩니다. 당신이 고통 속에 있고, 어떤 것도 의미가 없으며, 완전히 혼자라고 느낄 수도 있습니다. 삶 자체에 대한 믿음이 부서지거나 깨졌을 때, 어떤 궁극적이고 긍정적인 부분이 있다는 것을 믿는 게 치유 과정의 근간입니다. '왜 관계를 시작해야 하나요?'라는 질문은, 이런 시기에 스스로에게 묻기엔 이상하게 느껴지겠지만, 이에 대한 답이 사랑하는 사람의 죽음을 의미 있는 것으로 여기는데 도움이 될 수 있습니다. '삶에서 가족과 배우자를 만들려는 욕망이 결합된, 사랑과 성적인 열정일 뿐이었던 게 아닐까?'라고 쉽게 답할 수도 있을 것입니다. 하지만 다시 질문해보세요. 관계를 시작하는 것이 왜 영적인 차원에서 '필요했던' 걸까요? 그것은 심리적인 갈망, 영적인 절박함에서 초래되었거나, 당

우리는 저마다의 속도로 슬픔을 통과한다

신이 전생이나 윤회를 믿는다면 어떤 카르마, 업보에 의한 것일 수도 있습니다. 상실로 인한 상처를 치유하려는 발걸음은 당신이 선택한 이해와는 상관없이 시작될 수 있습니다. 당신은—아마 당신이 '그래'라고 대답한 그 순간부터—내내 '왜 그 사람이?'라며 의아해할 수도 있습니다. 이런 '끌어당김'이 어떤 것이든, 당신이 맺은 (끝을 포함한) 관계가, 좀더 완전한 사람됨을 위한 여정에서 특정한 목표를 위한 것임을 이해하고자 노력하는 게 중요합니다.

당신이 할 수 있는 일

삶으로 나아가면서 이것을 기억하세요. 고인과 당신의 사랑은 당신 가슴속 특별한 자리에 영원히 남을 것이고, 새로운 연인을 만나는 것이나 재혼을 하는 것과는 무관하게 그 역사로 자리할 것입니다. 그 순간들을 위한 특별한 상자를 마련하고, 당신이 원할 때면 특별한 날 다시 그 상자를 찾아보세요.

기부

고인에게 중요했던 것을 기리기 위해 시간, 돈 또는 특별한 것을 기부해보세요.

성향을 통합하기

고인의 특별한 성향이나 행동을 당신의 삶에 통합시켜 당신이 그런 성향이나 행동을 드러낼 때마다 사랑했던 사람의 추억을 명예롭게 해주세요.

편지 쓰기

사별한 많은 사람이 고인을 기억하고 자신의 감정을 표현할 가치 있는 방법으로 편지 쓰기를 합니다. 노트를 정해서 원할 때마다, 마음이 북받칠 때마다 편지를 쓰세요. 당신의 감정, 생각, 말들을 쏟아놓으세요.

패멀라의 내담자 중 한 명은 스키 사고로 아내를 잃고 매일 아내에게 '연애편지 노트'를 쓰고 있습니다. 쓰는 것을 그만두거나 많이 쓰지 않게 될 날이 오겠지만, 지금까지는 많은 위안을 주고 있습니다.

광고하기

지역 신문의 '추억, 기념' 코너에 고인을 기억하고, 당신 삶의 중요한 장을 마감하는 의미와 새로운 시작을 알리는 광고를 게재하세요. 이 광고에는 가장 좋아하는 시, 노래 가사, 특별한 도안이나 고인에 대한 생각들을 담을 수도 있습니다. 고인과 당신에게 모두 의미 있는 날짜를 고를 수도 있습니다.

우리는 저마다의 속도로 슬픔을 통과한다

14장

형제자매를 잃었을 때

오빠는 언제나 제게 잘했어요. 어렸을 때는 항상 제가 먼저 가도록 해주었지요.
오빠가 죽던 날 밤, 그는 저를 올려다보고 옅은 미소를 어색하게 지으며
이렇게 말했어요. "동생아, 이번에는 내가 먼저 가게 해줘."

코니 댄슨, 오빠 프랭크 다넬을 위한 추도사

당신이 죽음을 접했던 때가 몇 살이었든 간에 형제자매를 잃는다는 것은 독특한 도전 과제들을 불러일으킵니다. 첫 번째이자 가장 큰 어려움은 형제자매를 잃는 게 가장 친한 사람들 중 한 명을 잃는 것이라는 점입니다. 우리가 성장할 때 그도 함께 커왔습니다. 우리는 함께 웃었고, 함께 생각했으며, 함께 울고, 서로 싸웠고, 서로 미워했고, 서로 사랑했습니다. 이는 일상에서 나타날 수 있는 감정의 스펙트럼을 모두 경험하는 유일한 관계들 중 하나입니다.

『최악의 상실』에서 바버라 D. 로소프는 형제자매에 대해 다음과 같이 적고 있습니다. "그들은 놀이 친구이자 비밀을 털어놓을 수 있는 절친한 친구이며 경쟁자다. 그들은 또한 보호자이기도 하고 괴롭히는 상대이기도 하며 특별한 책임감을 지닌 사람이기도 하다. 형제자매는 다른 누구보다 서로 더 친하게 지낸다. 형제자매는 당신의 특별한 가정家庭 안에서 성장한다는 게 어떤 것인지를 세상 누구보다 잘 알고 있다. 형제 또는 자매와의 관계는 아이들이 자기가 누구인지 그리고 그들의 가정에 어떻게 잘 맞는지를 이해하도록 도와준다. 형제자매 간의 유대가 엮여서 각각의 인생이라는 구조가 만들어집니다."

형제자매를 잃는다는 것은 우리 자신의 한 부분, 가족의 한 부분, 그리고 우리 자신이 반영된 하나의 존재를 잃는 것입니다. 우리는 개

우리는 저마다의 속도로 슬픔을 통과한다

인의 역사와 미래의 동맹 사이의 소중한 연결 고리를 잃게 됩니다.

애도 과정에서 간과된다는 것

형제자매를 잃음에 있어 가장 힘든 부분 중 하나는 애도 과정에서 간과된다는 것입니다. 서점에서 애도에 관한 많은 책을 보면 이를 알 수 있습니다. 모든 페이지가 부모와 배우자를 대상으로 합니다. 반면 형제자매의 상실은 목록조차 없거나, 있더라도 내용이 짧습니다. 우리는 특히 형제자매의 상실에 대한 자원들을 찾아내는 데 어려움이 많았습니다. 남매를 잃은 어떤 젊은 남성은 모든 사람이 항상 "음, 부모님은 어떻게 견디고 계신가요?"라고 물어보지만, 그가 어떻게 견디고 있는지는 결코 묻지 않는 이유를 궁금해했습니다. 『저널 뉴스The Journal News』에 실린 「잊힌 조문객Forgotten Mourners」이라는 기사는 살아남은 많은 형제자매의 시선을 알려주었습니다. 이 기사에서 인용한 어떤 사람은 다음과 같이 말했습니다. "저는 정말 화가 났어요. 오, 세상에 이럴 수가, 모든 사람은 아이를 잃는다는 것이 세상에서 가장 나쁜 일이라고 생각하면서도 형제자매를 잃는 일도 있다는 것은 생각조차 안 하는 것 같았어요."

이중 상실

형제자매를 잃은 것에 더해, 살아남은 형제나 자매는 종종 부모의 어느 한 부분을 상실하기도 합니다. 부모들은 슬픔에 휩싸입니다. 앞으로 몇 년간 그들은 살아남은 자녀와 이전처럼 관계 맺기를 어려워할 수도 있습니다. 살아남은 자녀 중 많은 이가 자기 부모에게 다가갈 수 있다고 느끼지 못합니다. 우리가 인터뷰했던 어떤 사람은 "아버지는 자기 자신에게만 몰입했어요"라며 아버지와의 관계가 나빠져가는 과정을 슬프게 지켜봤다고 합니다. 서른다섯 살의 리라는 여성은 『저널 뉴스』에서 이렇게 말했습니다. "이 사회가 형제자매의 애도가 무엇인지 이해하고 있다고 생각하지 않아요. 이것은 양날의 검과 같아서 제대로 이해받지 못하는 애도예요. 당신은 자신의 고통과 부모의 고통을 모두 겪게 됩니다."

자조 모임 또는 모임원은 당신이 이 고통을 헤쳐나가도록 도울 것입니다. 모임을 선택할 때 그들이 형제자매 상실의 특수한 어려움을 이해하는지 잘 확인하기 바랍니다.

상실 후 첫 몇 개월 동안 우리가 할 수 있는 것은, 애도로 향하는 길을 가능한 한 많이 찾아내려고 노력하는 것입니다. 세상은 완벽하지 않고, 우리도 마찬가지입니다. 우리는 장기적으로 생각하기보다 하루하루 나아가는 것에 더 초점을 맞추곤 합니다. 두 번째 달과 열두 번째 달 사이 어디쯤에서 우리는 원래 모습으로 돌아가 살기 시작하면서 많은 관계가 변해 있다는 것에 종종 놀라곤 합니다. 애도 면에서 이를 비난하는 경향이 있습니다. 일반적으로 애도는 어떤 역할을 합니다. 이것은 우리가 다르게 생각했던 새로운 세상으로 우리를 내던지고, 장기적인 삶의 질보다는 하루하루의 생존에 더 관심을 가지죠. 우리 각자는 애도에 대한 이전 경험, 우리의 지지 체계, 충격의 정도, 사랑했던 사람이 일상에서 존재했던 방식, 그리고 건강한 방법으로 애도하는 우리 능력에 따라 서로 다른 길이의 시간 동안 이 하루하루의 생존 인생을 살고 있습니다.

우리는 저마다의 속도로 슬픔을 통과한다

어떤 사람은 하루하루를 살아가고 또 다른 사람은 그러지 않는다면, 그 차이는 쌓입니다. 하루하루를 생각하는 이는 어떤 사물이나 어떤 사람뿐만 아니라 그들이 물리적으로 접촉하는 것들을 고려하는 데 있어 감정적인 에너지나 능력이 없을 수 있습니다. 두 사람이 서로 다른 길에 더 오래 남아 있을수록, 관계에서의 차이는 더 벌어질 수 있습니다.

죽음 이후 벌어진 차이는 부모와 살아남은 자녀가 충격과 생존의 삶 속으로 들어갈 때 발생합니다. 대개는 부모가 가장 넓은 네트워크를 가지고 있습니다. 지지해주는 사람들의 에너지는 종종 부모를 돕는 데 초점이 맞춰지고, (항상 그런 것은 아니지만) 이는 더 오랫동안 '생존 인생'의 형태를 가능하게 할 수 있습니다. 살아남은 자녀는 지지를 거의 받지 못할 때가 있습니다. 그들은 지지를 받지 못한 채 스스로를 지지하거나 다른 곳에서 지지를 찾기 위해 장기간의 생각/생활로 좀 더 빨리 되돌아갈 것입니다. 부모는 이 생존 인생 모드를 두 달, 반년, 혹은 그 이상 계속 유지합니다. 부모는 그들 바로 앞에 놓인 도전 과제에만 집중하는 데 익숙해집니다. 살아남은 형제자매는 더 이상 부모와 함께 살지 않거나 '부모 바로 앞에' 놓여 있지 않습니다. 살아남은 자녀는 고립되고 버려졌으며 혼자라고 느낍니다. 그러는 동안 부모는 시간의 길을 모두 잃어버립니다. 부모에게는 이 낯선 영역에서 자신의 상실을 알고 인정해주는 사람들이 있기 때문에, 그들은 살아남은 자녀가 홀로 애도하고 있다는 것을 깨닫지 못합니다.

관계에서 이런 차이가 존재한다면 분명히 알아보고 줄이기 위한 조치가 필요합니다. 그러지 않으면 이 차이는 계속해서 커집니다. 어쩌면 당신은 부모가 당신에게 관심을 보여야 한다고 느낄지도 모르지만, 이러한 기대는 소용없거나 문제를 해결하는 데 도움이 되지 않습니다. 이전에 당신이 부모와 친하게 지냈다면 그 관계를 회복하길 바랍니다.

상실 밖에 있는 관계에 집중하거나 그들을 방문할 시간을 정하는 게 도움이 될 수 있습니다. 이 시간 동안 잃어버린 형제가 아닌 당신이나 부모에 대한 이야기를 하려고 노력하세요. 상실을 이야기하는 시간은 따로 가지세요. 정해진 일상을 지내려고 노력하세요. 예를 들어 부모님 집에서는 상실에 대해 이야기하지만, 다른 사람들과는 당신이나 부모에 관한 대화로 방향을 돌리려고 노력하세요. 이러한 일상 혹은 의도를 부모와 공유할 필요 없이, 단지 스스로 건강한 관계를 회복하기 위한 지침으로서 활용하세요. 시간이 지나면 부모님도 점차 당신의 안내를 따르고 적응할 것입니다.

애도를 억제할 순 없지만 정해진 한계 안에서 애도를 안내할 수는 있습니다. 애도를 말하는 시간과 부모 자녀 간에 이야기를 나누는 시간을 따로 갖는 것은 모두가 자신의 욕구를 만족시키는 데 도움이 될 수 있습니다. 이런 식으로 우리는 우리가 사랑했던 사람을 존중하면서도 서로를 동등하게 존중할 수 있습니다.

이상화

만약 부모가 사망한 자녀를 이상화한다면 살아남은 자녀는 고통스러워집니다. 이상화는 현실과 다르게, 우리가 보고 싶은 방향으로 보는 것입니다. 고통을 줄이려 애쓰거나 더 강하고 견고한 추억을 만드는

우리는 저마다의 속도로 슬픔을 통과한다

일이 애도 과정에서 종종 있습니다. 다음과 같이 말하는 부모가 이상화의 한 예입니다. "그 아이는 천사였어요. 너무나 소중했기 때문에 그 아이를 이 세상으로부터 일찍 데려갔지요." 겉으로 보기에 악의 없는 말일지라도 살아남은 형제자매로서 당신은 이렇게 생각하게 될 수도 있습니다. '나는 소중하지 않다는 말인가, 그것이 내가 여기에 있는 이유인가?' 아마 당신은 형제자매와의 친밀했던 관계 때문에, 또는 이 말의 의미를 간파하긴 했지만 존중하는 의미에서 아무 말도 하지 않을 것입니다. 부모 또한 잃어버린 자녀와의 골칫거리 및 문제를 '잊고' 그 자녀가 주었던 힘과 기쁨에만 몰두할지 모릅니다. 이는 살아남은 형제자매로 하여금 엄청나게 높은 기준을 만들어내고, 슬퍼하는 부모를 향한 분노감을 느끼게 할 수 있습니다.

『친구가 죽었을 때When a Friend Dies』에서 메릴린 E. 구트먼은 이렇게 썼습니다. "때로 사람들은 죽은 이에 대해 나쁘게 말하는 것을 두려워한다. 그들은 죽은 사람을 성자로 만든다. 이 세상의 모든 사람은, 죽은 사람들조차, 강점과 약점을 가지고 있다. 누군가를 사랑한다는 것은, 비록 그가 죽었더라도 좋은 점과 나쁜 점 모두를 가진 전인적인 사람으로 솔직하게 받아들이는 것을 의미한다."

어린 형제자매를 위한 지침

자녀가 슬픔을 극복하도록 도울 때는 형제자매의 관계 형태를 기억하는 것이 중요합니다. 형제자매는 어른이 될 때까지 전형적으로 애증관계를 보입니다. 아직 아이라면 1분은 가장 친한 친구였다가도 곧바로 가장 나쁜 적이 되곤 합니다. 이 양면의 관계는 종종 애도 과정을 복잡하게 만듭니다. 살아남은 형제자매는 자신이 좀더 착했다거나 너그러웠거나 혹은 질투를 덜 했더라면 하고 바랄지도 모릅니다. 비난과 죄책감이 살아남은 자녀를 강하게 지배합니다. '연민의 친구들The Compassionate Friends'은 『살아남은 자녀 돌보기Caring for Surviving Children』에서 다음과 같이 제안합니다. "기억하라. 애도는 자녀들 간의 긍정적인 감정과 부정적인 감정들을 과장할 것이다. 이 감정에 대해 말하도록 아이를 격려하라. 자녀들은 형제자매의 죽음에 대해 종종 죄책감 그리고(또는) 책임감을 느낀다. 형제 간의 다툼과 부정적인 감정은 흔하며 그것이 죽음을 불러오는 게 아니라고 안심시켜주라."

형제관계와 정체성

형제는 서로를 정의합니다. 우리는 '조의 자매'나 '프랭크의 형제'가 됩니다. 사망한 형제자매 혹은 부모와의 관계로 (즉 "저는 좀더 엄마처럼 행동하는 편이고, 제 형제는 아빠와 닮았어요") 자신을 설명하는 것 또한 흔합니다. 우리는 형제를 잃으면 이런 정체성을 빼앗깁니다. '조의 자매' 또는 '프랭크의 형제'로 알려져 있던 익숙한 환경 대신 씁쓸하면서도 달콤한 추억만 남게 됩니다.

출생 순서

게다가 출생 순서도 바뀝니다. 음주 운전을 반대하는 엄마들의 모임 Mothers Against Drunk Driving은 안내서 『우리 또한 아프다We Hurt Too』에서 다음과 같이 말합니다. "형제나 자매가 죽으면 당신은 출생 순서에서 차이를 경험하게 된다. 첫째가 사망한 경우, 둘째가 이제 첫째가 된다.

만약 형제자매가 단둘이었다면, 이제 당신은 '외동'이 된다. 당신이 새로운 역할을 맡을지 말지를 말하기란 어렵고, 형제의 죽음으로 인해 남겨진 빈 공간을 고통스러울 정도로 체감하게 된다."

그는 여전히 나의 오빠인가요?

손위 형제를 잃는다는 것은, 마치 시간의 왜곡time warp을 겪는 것과 같습니다. 먼저, 우리는 새로운 형태의 하루를 경험합니다(항상 거기 있던 사람이 없는 하루). 그리고 해가 지남에 따라 우리는 나이를 먹어 갑니다. 결국 우리 형제가 죽던 당시의 나이도 지나게 됩니다. 브룩은 이 책의 초판과 재판이 나오는 사이에 이 문제에 직면했습니다.

어렸을 때 저와 케일럽과의 네 살 차이는 언제나 영원할 것처럼 보였어요. 제가 6학년이 되었을 때 케일럽은 고등학교에 들어갔지요. 제가 고등학교에 다니기 시작했을 때 케일럽은 졸업을 준비하고 있었어요. 나이가 들수록 오빠는 모든 것을 가장 먼저 경험하는 것처럼 보였어요. 그는 처음으로 자전거 타는 법을 배웠고, 처음으로 운전면허를 땄으며, 처음으로 자동차를 샀고, 처음으로 대학에 들어갔고, 처음으로 혼자 여행을 했고, 늦게까지 외출을 했어요. 오빠의 지혜와 도움에 의지할 수 있다는 (그리고 믿을 수 있다는) 것을 확신했기 때문에, 저는 4년 늦게 따라가는 것이 편했어요.

케일럽이 벌에 쏘여 스물일곱 살의 나이로 세상을 떴을 때 저는 앞날을 알지 못했어요. 4년 후 저는 애도 여행에서 가장 어려운 지점에 처하게 됐습니다. 스물일곱 번째 생일 전날, 저는 '내가 오빠보다 나이가 많은 것인지' 궁금해졌습니다. 우리는 이제 같은 나이인가? 오빠가 더 어린가? 사소한 듯하지만 그건 제 인생을 정의하는 것이었어요. 저는 애도의 타임머신과 씨름했어요.

이제 서른세 살의 저는, 따지자면 케일럽보다 나이가 많아요. 제 마음속에 그에 대한 추억은 항상 살아 있고 그는 오빠로 남아 있어요. 당신이 형제를 잃은 누군가를 돌본다면, 애도 여행에서 이 복잡한 재정의에 대해 알고 있어야 합니다. 시간을 두고 함께 있어주며 이해를 도와주세요.

형제관계의 뜨겁고 차가운 본질

형제간의 경쟁은 성장에 있어서 자연스러운 부분입니다. 어떤 가정에서는 이 경쟁이 과도하고 어떤 가정에서는 사실상 없기도 합니다. 당신은 형제와 싸우거나, 끔찍한 말을 했거나, 혹은 끔찍한 생각을 했을지도 모릅니다. 정상적이지 않았든 충격적이었든 혐오스러운 것이었든지 간에 우리는 후회하게 됩니다(이게 자연스러운 것이라는 데 확신을 가지세요. 우리는 죄책감으로 이 나쁜 것들을 과장합니다). 그럴 필요는 없습니다. 형제가 서로에 대해 그리고 자신들의 위치에 대해 배우는 한 가지 방법은 이처럼 경쟁을 하는 것입니다. 신경 쓰이는 경쟁 하나하나를, 그것들이 작든 단순하든, 함께했던 아주 멋진 순간으로 기억하세요.

형제는 어른이 될 때까지 종종 애증관계에 놓입니다. 아직 어리다면 한순간 가장 친한 친구였다가도 곧 최악의 적이 되는 일이 드물지 않습니다. 이 양면의 관계는 종종 애도 과정을 복잡하게 만듭니다. 내가 좀더 착했거나 더 너그러웠거나 혹은 질투를 덜 했더라면 하고 바랄 수도 있습니다. 비난과 죄책감이 살아남은 자녀를 강하게 지배합니다. 애도는 긍정적인 면과 부정적인 면 모두를 과장합니다. 관계가 더 이상 진전되거나 변할 수 없기 때문에 시간이 지나면서 고정되고, 함께 살아가는 사람들과는 다른 방식으로 특정한 순간들에 집중하게 됩니다.

모든 중요한 관계에서 특정한 순간들에 집중하려 한다고 상상해보세요. 당신은 관계를 현미경 아래 두는 것이 현실적이지도, 목적에 맞지도 않는다는 것을 당장 알아차릴 겁니다. 관계는 개인의 매순간으로 구성되어 있다기보다, 시간이 지나며 만들어지는 순간들의 갈런드garland of moments, 크리스마스처럼 특별한 날에 벽이나 문에 거는 장식 띠 또는 둥근 화환입니다. 만약 우리가 특정한 순간만을 골라낸다면, 전체 갈런드는 부서집니다. 부분이 아닌 전체에 집중하세요.

성인 형제자매에 대한 애도

당신이 가정을 꾸렸다면 형제자매를 잃은 일은 현재의 가정에 어려운 문제를 야기할 수 있습니다. 우리가 이사하고 결혼할 때 형제들은 대부분 '새로운' 가정에 그렇게 많이 개입되어 있지 않습니다. 이 시점에서 우리가 형제를 잃는다면 필요한 지지를 받기 어려울 수 있습니다. 우리의 '새' 가정은 상실에 대해 슬퍼하겠지만, 가족들은 그 영향을 이해하기가 어려울지도 모르거든요. 그들은 가정을 온전히 유지하는 데 신경이 곤두서서 당신의 애도를 바라보기 힘겨워할 수도 있습니다. 이것이 당신의 상황이라면—특히 고인을 알았던 부모, 형제 또는 친구들로부터 당신이 멀리 떨어져 살고 있다면—자조 모임이 도움이 될 것입니다.

형제를 잃었을 때 우리는 감정을 해소할 장소가 거의 없는 채로 남겨집니다. 부모님은 자기 슬픔에 사로잡혀 감정을 공유하기 어려워할 수도 있습니다. 배우자는 우리 형제와 가깝지 않아 이해하지 못할 수도 있기 때문에 감정을 공유하기 쉽지 않습니다. 우리의 감정을 인정받고 이를 어디에선가 공유할 필요가 있습니다. 믿을 만한 친구, 성직자 혹은 자조 모임이 도움이 될 수 있습니다.

———

테리의 이야기

짐과 저는 보통의 형제자매와 같았어요. 어떤 날은 가장 친한 친구였고 다른 날은 앙숙이었죠. 다섯 살 많은 짐에게 저는, 때로는 귀찮게 졸졸 따라다니는 아이였고 어떤 때에는 환영받는 친구였어요. 형제자매 간에는 여느 관계들과는 다른 무언가가 있어요. 특별한 관계. 짐과 저는 서로에 대해 모든 걸 알았어요. 우리는 서로에게 자신의 가장 어두운 부분과 밝은 부분을 보일 수 있었어요. 그리고 서로에게 등을 돌릴 걱정은 전혀 하지 않았죠.

짐과 저는 세상을 함께 탐험했어요. 우리는 탐험가였어요. 어릴 적부

우리는 저마다의 속도로 슬픔을 통과한다

터 우리는 함께 세상의 이치를 탐험해나갔어요. 우리는 '용감한 탐험가들'이 되고 싶었고 요새와 연못을 만들었죠. 새로운 놀이를 위한 돈을 마련하려고 빵과 레모네이드를 팔았습니다. 여러 측면에서 그는 내 인생의 수호자였어요.

그가 대학으로 떠나고 제가 막 고등학생이 되었던 때가 기억나요. 너무 외로웠어요. 그 없이 제가 견딜 수나 있을지 몰랐어요. 고통은 극심했어요(그러나 2년 후의 고통에 비할 바는 아니었습니다).

전화가 걸려왔던 날 저는 자고 있었어요. 침대에서 일어나려 할 때 엄마가 비명을 지르기 시작했어요. 얼굴이 하얗게 질린 채 전화 수화기를 손에 들고 있었어요. 바로 옆에 아빠가 경직된 채 서 있었고요. 짐의 기숙사 룸메이트인 데이비드가 짐이 죽었다는 전화를 한 것이었습니다. 형은 비디오 가게에서 퇴근 중에 자동차 사고를 당했습니다.

저는 무슨 일이 벌어졌는지 즉시 알아차렸어요. 아무 말도 하지 않았죠. 그저 돌아서서 제 방으로 걸어 들어가 이불 속으로 숨었어요. 그모든 게 지나가기를 바랐어요. 악몽에서 깨어나기를 바랐어요.

장례식은 엄청나게 힘들었습니다. 짐의 시신이 심하게 훼손되어 엄마는 제가 그를 보지 못하게 했어요. 저는 아직도 그를 봤었더라면 하고 바랍니다. 어쨌든 저는 그게 도움이 되었을 거라고 생각해요.

짙은 암흑이 세상을 뒤덮었어요. 친구들은 모두 대학을 고르고 운전면허증을 따고 졸업 파티에 갔죠. 2학년을 마치고 3학년에 올라가는 것을 신나하면서. 그들 모두 너무 어리고 순진해 보였어요. 저는 그들이 아주 오랫동안 알지 않기를 바라는 세상의 진실을 봤어요.

저는 고등학교의 그 마지막 두 해를 로봇처럼 지냈어요. 대학에 가고

짐과 제가 공유했던 추억이 깃든 많은 공간으로부터 멀어지고 나서야 새로 시작할 수 있었어요. 그 과정은 느렸죠. 저는 대학에서 목사님을 찾아갔어요. 처음에는 일주일에 한 번씩 얘기를 나누었고 이제는 한 달에 한 번으로 바뀌었어요. 다른 사람과 공유하고 타인에게 관심을 갖는 게 애도 작업을 하는 데 있어 커다란 도움이 됐어요.

올해 졸업을 한다는 게 기쁩니다. 짐과 제가 남은 인생을 함께 경험하지 못한다는 사실에 여전히 슬프지만요. 때로는 공정하지 못하다고 느끼지만, 자기 연민에 사로잡히지는 않으려고 애써요. 인생은 너무 짧거든요.

저는 이제 짐에게 이야기를 많이 해요. 그가 저와 함께 있고 어떻게든 제 말을 들을 수 있다고 느껴요. 이런 생각이 위안이 됩니다. 항상 그를 그리워하겠지만, 이제는 그를 기억하며 미소 지을 수 있고 그가 살아 있을 때 저에게 주었던 멋진 선물들에 감사할 수 있어요.

———

10월

나는 이 방 안에 서 있어요

당신의 흔적이 지워지고 뺏긴 채로

당신이 돌아와서

내 이름을 불러주고

농담이었다고 말해주기를 바라면서

모든 것을 되돌리고

우리는 저마다의 속도로 슬픔을 통과한다

어제처럼 여전히 당신이 여기에 있도록
되감기를 해줄 수 있는
무언가에 대해 기도하면서

당신은 물 위를 걷는 듯했어요
우리는 별들과 함께 꿈을 꾸었고
어린 시절의 소망을 가꿔가면서
그렇게 낮을 밤으로 바꿔갔어요
당신은 내 손을 잡아주었고
이제 나는 당신의 손을 잡아요
내게 보이는 것을 지우기 위해
내가 목격한 것을 지울 수 있는
방법을 찾으면서

그렇게 10월의 가을 빛 속에서
당신은 손을 놓아버렸어요
우리 모두가
안간힘을 다해
매달리려고 노력하는데
한때는 당신의 손을 잡았던 그 두 손으로
당신의 사진을 어루만지며
가위바위보를 하듯
한순간에 던져버릴 것을 배우려 하죠……

우리가 너무 어렸던 그날들에는

가진 게 너무 없다고 느꼈죠

실은 모든 것을 갖고 있었는데

어디서도 그런 말은 찾을 수가 없었어요

당신의 영혼을 담아둘

이 황금 같음을 보존할 수 있는

당신의 얼굴을, 신호를

당신이 함께 있는 그 세상을 찾아 헤매면서

그 나날들이 그저 사라져가는 것을

어쩔 도리 없이 바라만 봤지요

과거로 돌아가고 싶어요

당신을 데려가서, 나도 데려가서

이 부분만은 조금 다르게 재현해보고 싶어요

우리는 숲 속에서 이유를 찾고 있어요

존재하지도 않는 이유들을

우리는 답을 찾고 있어요

독수리 떼는 무작정 나아갈 뿐인데

오직 질문들만이 그 날개에 실려 있을 뿐인데

그러나 지금 무슨 일이 일어나고 있는지

이해할 수는 없어도

우리 사진을 고이 넣어둘 거예요

당신의 두 손 안에

당신은 항상 나를 포옹해주었지요

그리고 나는 당신이 안아주기를 원해요, 여전히

나의 오빠, 나의 아버지, 나의 친구

당신이 그렇게 해주리라는 것을 알아요

당신이 그렇게 해주리라는 것을 알아요

– 브룩 노엘, 『방랑자의 그림자Shadows of a Vagabond』 중에서

———

당신이 할 수 있는 일

용서

당신이 슬플 때 부모와 얘기를 나눌 수 없었다면, 혹은 그들이 당신을 돕는 방법을 몰랐다면, 그들을 용서하는 게 중요합니다. 화난 감정에 사로잡혀 있다보면 치유가 필요한 공간으로 떠나지 못합니다. 용서하는 데 효과적인 한 가지 방법은 편지를 쓰는 것입니다. 당신의 모든 감정을 살펴 종이에 적어보세요. 분노, 공포, 그리고 희망을 자세히 써보세요. 다 적으면 그 종이를 서랍 안에 넣어두세요. 다음 달에 주기적으로 그것을 꺼내어 읽어보세요. 당신이 겪었던 고통을 느껴보세요. 한 달 후 부모를 용서하는 메모를 추가하세요. 그런 뒤 편지를 태우고 당신의 분노가 연기가 되어 피어오르게 하세요.

형제자매와 '소통하기'

항상 그랬던 것처럼 마음속으로 형제자매에게 말을 걸어보세요. 관계가 좋았든 나빴든 간에 둘은 가족 안에서 함께 성장하며 친밀하게 묶여 있습니다. 당신의 형제자매에게 말을 걸고 그 영혼을 내면화해보세요. 의문이 생기거나 의심이 간다면 조용한 장소를 찾아 형제자매에 대해 생각하고 그가 당신에게 주었을지도 모르는 조언을 떠올려보세요.

추억 노트

추억, 소중히 여겨온 순간, 여러 해 동안 함께한 시간을 위한 노트를 준비해보세요. 형제자매와 함께하고 싶을 때 이 추억 노트를 활용하세요. 페이지 위쪽에 나이를 적을 수도 있습니다. 예를 들어 당신이 두 살이고 형제자매가 다섯 살이었을 때를 위해 한 장, 당신이 세 살이고 형제자매가 여섯 살이었을 때를 위해 또 다른 몇 장. 더 많은 추억이 있었던 해에는 더 많은 페이지를 할애해주세요.

잠시 떠나기

슬픔을 살펴보기 위해 주말 휴가를 준비하세요. 부모나 파트너와 강한 감정을 공유하고 싶지 않을 때도 있습니다. 당신이 결혼을 했다면 배우자 또는 자녀들과 공유할 경우 그들에게 너무 큰 부담을 지우는 것처럼 느낄 수도 있습니다. 일상보다 자신만을 신경 쓸 수 있는 주말은 특히 씻어냄과 자기보살핌의 시간이 될 수 있습니다. 일기장과 이 책을 가지고 22장의 연습 문제를 일부 풀어보세요. 오랫동안 산책하면서 당신의 형제자매와 교감해보세요.

15장

전사한 영웅들

죽음은 삶을 끝낼 뿐, 관계를 끝내지는 않는다.

잭 레먼

우리의 최우선 관심사로 다시 떠오른 전쟁은 지난 몇 년간 수많은 생명에 영향을 주고 있습니다. 현역 군인들이 맡고 있는 책임인 죽음의 위험은 가족, 친구들, 그리고 지역사회에 의해 알려지고 공유되지만, 이것이 애도 과정을 수월하게 하지는 않습니다. 많은 경우 가족은 친구들과 지지 체계로부터 당장 이사해야 하고, 한때 군 복무에 헌신했지만 이제는 외상성 상실로부터 생존하는 데 집중하는 삶을 재건해야 합니다.

"제가 결코 잊을 수 없는 것이 있습니다. 그 11월의 아침, 현관문을 두드리는 소리, 소식을 전하기 위해 왔던 육군 장교의 눈에 비친 침통한 표정, 「군인들이 사망했다……」라는 헤드라인이 보이는 조간신문, 묘역에서 제 두 팔위에 부드럽게 접혀 놓여 있던 국기의 묵직함. 그리고 마지막 존경의 음악이 묘지에서 연주될 때 침묵의 묘비 열들 위로 떠가는 군대 나팔의 애절한 소리를 결코 잊지 못할 겁니다. 이 기억들은 평생 저와 함께할 겁니다." 보니 캐럴은 말했습니다. 그녀는 1992년 남편인 육군 준장 톰 캐럴의 사망 이후 생존자를 위한 비극 지원 프로그램Tragedy Assistance Program for Survivors, TAPS을 설립했습니다.

우리는 저마다의 속도로 슬픔을 통과한다

제한적인 지지 체계

당신은 사랑했던 사람과 가깝게 지냈던 지역사회의 사람들이 거의 없다는 것을 알게 될지도 모릅니다. 다른 사람들과 함께 고인에 대한 상실감과 추억 및 애도 과정을 나누기가 어려울 수 있습니다. 보니는 남편을 잃은 후 이렇게 말했습니다. "팀은 20년 동안 군대에 있었어요. 많은 사람이 '그에 대해 간접적으로' 알고 있었지만, 그를 '개인적으로 잘 알고 있었던' 가까운 사람은 거의 없었죠."

군인 가족이 빈번하게 재배치되는 것은 여러 어려움을 야기합니다. "군생활에 정착하자마자 우리는 조지를 잃었어요. 우리가 조지의 죽음을 알았을 때 제 두 아들은 여전히 이사로 친구들을 잃었다고 슬퍼하고 있었죠. 이제 우리는 또 한 번의 이사를 준비하고 있어요. 조지는 단 한 번만 여기에 머물렀고 체류 기간이 너무 짧았어요. 그래요, 사람들이 공감할 수는 있어요. 하지만 저와 아이들은 이에 대해 누군가와 이야기하려 할 때 그의 인생 전체를 이야기해야 해요. 그들은 그를 알지 못하니까요."

지지해주는 사람들의 도움을 받더라도 강렬한 고립, 분리, 슬픔을 느끼는 것이 일반적입니다. '혼자 애도할 필요가 없다'는 것은 이론상 환영받지만, 처음 몇 달 동안 사랑했던 사람을 진정으로 알았던 이들과 상호작용하기 어렵다면, 얼마간은 결국 혼자 애도하게 됩니다.

지나가 스스로 고립되고 홀로 슬픔에 잠겨 있음을 느끼고 있다는 것을 알게 되었을 때, 친구는 남편의 부대원들에게 연락해보도록 조언했습니다. "저는 편지 몇 통을 받았지만 답장을 하지 않았어요. 무슨 말을 해야 할지 몰랐죠. 몇 달이 걸렸지만 마침내 편지를 보냈지요. 저와 아이들, 그리고 애덤이 우리에게 어떤 의미였는지에 대해 썼어요. 저는 그의 취미와 재미있는 이야기를 들려줬어요. 저는 제 가족이 아닌 다른 사람들도 슬퍼하고 있음을 확실히 알게 되었어요. 그가 전사한 군인이었기 때문이 아니라, 그들 또한 자기 삶에서 누군가를 잃었기 때문에. 저는 사람들에게 그들이 할 수 있다면 답장해줄 것을 요청했고, 어떤 이야기나 사진을 나눌 수 있다면 너무 고마울 것 같았어요. 그리고 그들의 그 반응에 놀랐어요. 짧막한 메모가 아닌 여러 장에 걸친 이야기들을 받았죠. 제가 느낀 안도감에 대해 설명할 수는 없어요. 아이들이 성장하면 보여주려고 편지를 모아뒀고 글을 써준 많은 사람과 가까운 관계를 유지하고 있습니다."

깊은 부정否定

복무 중인 군인은 통계상 한 명으로 계산되지만, 군인 가족은 많은 면에서 부대에 배치된 가족원을 지지하고 돌보기에 사실 가족 전체가 현역에 있는 셈입니다. "어떤 점에서 저는 잭의 죽음이 저를 더 힘들게 했다고 생각해요. 매일같이 위험과 함께 살고 있음을 알면서도 나라를 위해 봉사하는 동안 살아가기 위해 일종의 부정 상태에 놓였던 것 같아요. 안전과 생명에 대한 불안 및 공포가 끊임없이 떠올랐다면 가정과 가족을 관리한다는 건 불가능했겠죠. 처음에는 그랬어요. 그러나 시간이 지나면서 가라앉았지요. 우리가 여기서 인생을 즐기고 그와의 이별을 즐기며 기능할 수 있게 해주는 지속적인 부정의 상태에 들어갔어요." 잭의 아내인 캐럴린은 말했습니다.

많은 유가족이 비슷한 이야기를 하듯, 인간이 오랫동안 계속해서

우리는 저마다의 속도로 슬픔을 통과한다

매일매일 죽음의 현실에 직면할 수 없음은 당연합니다. 군인의 사망은 자동적으로 예측되는 게 아니기에, 일부 가족은 자신들이 더 잘 알았어야 했다고 생각하며 그 충격의 깊이에 놀랍니다. 다른 직업들보다 높은 사망률을 보이지만, 분명히 군생활에서 기대되는 결과는 아닙니다. 죽음은 가능성이 아닌 확률이며, 다른 유형의 갑작스런 상실에 비해 충격이 적을 것이라는 기대는 비현실적입니다. 건강한 가족 단위로서 지내기 위해 현실과 죽음의 위험을 억눌렀기 때문에 초기 몇 개월은 특히 어렵기도 합니다. 충격과 부정을 해제하는 데는 시간이 더 걸릴 수 있습니다.

정치적인 문제

각각의 상실은 생존자들에게 고유한 흔적을 남깁니다. 공통점이 있기도 하지만, 사랑했던 사람이 전사한 영웅이라면 특히 사적인 슬픔과 공적인 슬픔이 뒤섞여 나타나기도 합니다. 각 병사의 이야기는 전국적으로 거의 알려지지 않지만, 전쟁 및 반대 의견들에 대한 보도는 일상의 삶에서 널리 퍼집니다. 이라크 전쟁 초기에 남편을 잃은 데니즈는 "단지 머리를 자르러 가거나 병원에 갔을 때 슬쩍 보이는 잡지에서 전쟁에 대한 내용을 눈치 채는 것이 어떤 느낌인지 사람들은 잘 모릅니다. 영화를 보는 동안 전쟁에 관련된 내용으로 인해 방해를 받기도 합니다. 가장 흔한 장소라 해도 갑자기 이런 일을 당하면 치유하거나 앞으로 나아갈 장소를 찾기 어렵죠"라고 말했습니다.

모든 전쟁에는 양 진영과 양측의 입장이 있습니다. 베트남에서 우리는 미국 정부의 선택에 대해 나라가 두 가지 목소리로 나뉘는 것을 봤습니다. 이라크 전쟁에서 종군기자, 고급 영상 및 위성 기능, 1면 뉴스에 집중된 24시간 케이블 방송국은 전쟁의 야만성에 대한 인식, 가시성 및 대중의 지식을 고조시켰습니다. 언론의 특성상 군대가 추진하고 있는 긍정적인 부분에는 거의 관심을 두지 않은 채 갈등과 문제에 초점을 맞추며, 이 영웅들이 마주하는 삶과 이들이 주는 도움에 대해 거의 노출하지 않았습니다.

전쟁에 대한 의견이 더 첨예하게 나뉠 때, 생존자들의 애도 과정은 종종 복잡해집니다. 이 영웅들의 죽음이 정치적 상징이 될 때 새로운 슬픔이 생겨날 수 있습니다. 재키는 남편을 사제폭발물IED로 잃은 후의 경험에 대해 말했습니다. "존을 잃은 지 일주일밖에 안 됐을 때 제 발로 처음 집을 나섰어요. 그냥 갑자기 나와야만 한다고 느꼈던 게 기억나요…… 꼼짝할 수 없는 감정에 사로잡힌 채로. 저는 사실 군대와 관련 없는 낯선 사람들의 자유로움을 보는 게 도움이 될지도 모른다고 생각했어요. 어쩌면 아이의 웃음이나 토론하고 있는 사람들, 존의 죽음으로부터 벗어나 1, 2분만이라도 마음속의 감당할 수 없는 고통이 아닌 다른 어떤 것에 시선을 돌릴 수 있으리라고 생각했어요. 서점 카페에 가서 커피를 마셨어요. 저는 커피를 좋아하지 않지만 그는 좋아했어요. 그래서 저는 그가 가장 좋아했던 음료를 주문했어요. 그때까지는 좀 좋았어요. 그런데 한 무리의 사람들이 전쟁 보도가 실린 잡지를 읽고서는 전쟁이 얼마나 어리석었는지 그리고 얼마나 무의미한 죽음인지에 관해 이야기하기 시작했어요. 그때 저는 그들과 다른 사람들에게 존이 단지 숫자에 불과하다는 것을 알았어요. 어떤 채널에서는 그의 사진이 잠깐 비춰졌지만 대부분은 그렇지 않았어요. 이

우리는 저마다의 속도로 슬픔을 통과한다

사람들에게 존은 그들의 관점을 보여주는 숫자일 뿐이었어요. 저는 두 테이블 건너에 있는 그들이 제 고통을 알 리 없고 알 수도 없다고 스스로에게 말하려 했지만 여전히 화가 났어요. 그들 중 한 명은 (그녀 또는 남편 중) 누가 아들을 데리러 갈지 전화하고 있었어요. 저는 그녀에게 가서 존이 다시는 아들을 데리러 갈 수 없다고 말하고 싶었어요. 그들이 이 카페에 앉아서 그런 이야기를 나눌 수 있다는 것은, 엄청나게 많은 사람이 전쟁에서 죽은 덕분임을 이해시키기 위해 어떤 말이라도 하고 싶었어요, 그들이 믿든 말든. 저는 아무 말도 하지 않았어요. 왜냐하면 제가 무너질 것 같았거든요. 커피를 다 마시지도 않았어요. 마실 수가 없었어요. 그 순간 저는 그곳에서 빠져나와야만 했어요. 제가 집을 나서야 했던 것보다 더 절박하게. 이제 정말 비사교적으로 변했어요. 누구나 의견은 있지요. 사람들이 뉴스를 보고 논쟁하며 보내는 시간 중 반이라도 그들을 보호해주는 이들을 지지하기 위해 소포나 편지를 보낸다면 좋겠어요."

로즈는 아들이 아프가니스탄에서 사망한 지 몇 달 후 비슷한 경험을 했습니다. "저는 중동에 관한 사람들의 관심 때문에 가장 괴로운 것 같아요. 지금은 지지 국면에 있어요. 처음에는 정말 대중적이었지만 몇 년 후에는 많은 사람이 한때 지지했던 것에 대해 반대를 했죠. 우리 아들과 딸들은 그러지 않았어요. 그들은 상관없이 자리를 지켰어요. 아이러니하게도 앤드루는 전쟁에 동의하지 않았지만 자유를 지키느라 너무 바빠서 정치에 대해 이야기하지 못했어요."

조지프는 자매 미셸의 죽음에 비춰 여론에 대한 좌절감을 이야기합니다. "미셸은 전쟁이 시작된 후 입대를 결심하고 부대에 배치되었어요. 그녀는 징집되거나 강요당한 게 아니었죠. 위험 속으로 스스로 걸어 들어갈 만큼 이 나라를 충분히 믿었던 겁니다. 모두들 군대가 철수한다고 이야기할 때 미셸도 이에 대해 알고 있었어요. 마지막으로 얘기를 나누었을 때 미셸이 제게 도전적으로 말했던 게 기억나요. '모르는 거야? 우리는 집으로 돌아가고 싶지 않아. 우리는 아직 끝나지 않았어.' 그녀는 자신의 견해를 많은 군인과 나누었지만 이에 대해 보도가 되지 않는 데 대해 실망스러워했어요. 저는 그런 보도를 더 이상 볼 수 없지요. 적어도 아직은. 아마 언젠가는 볼지도 모르겠지만."

전쟁에 대해 강한 의견을 내놓는 사람들과 우연히 마주치는 것을 피할 순 없지만, 말하지 않아도 행동으로 보여주는 사람이 많다는 것을 기억하세요. 군대에 가입하지 않은 수천 명의 사람이 정치적인 견해로 군대를 지지합니다. 관심 있는 시민들이 손을 내밀고 이미 설립되어 있는 단체들을 통해 지지를 제공할 수 있도록 '군인의 천사들 Soldier's Angels' 및 '군인을 위한 서적들Books for Soldiers'과 같은 단체가 많이 있습니다.

생존자를 위한 비극 지원 프로그램

www.taps.org

생존자를 위한 비극 지원 프로그램은 매년 사랑했던 사람의 죽음을 마주하게 되는 수천 명의 미군 가족에게 희망, 치유, 위안 및 보살핌을 제공하는 독특한 비영리 재향군인 봉사단체Veteran Service Organization 입니다. 정부 기금을 전혀 받지 않지만, 미 국방부와 재향군인회The Department of Defense and Veterans Affairs를 통해 군대에서 복무한 사람의 죽음을 마주하게 된 모든 가족은 이 프로그램과 군 생존자 프로그램에 대한 정보를 받게 됩니다.

생존자를 위한 비극 지원 프로그램은 군의 비극을 계기로 설립되었습니다. 1992년 11월 미 육군 주방위군 항공기에 탑승한 군인 8명의 사망. 사랑하는 이들을 잃은 이후 수개월 그리고 수년 동안 생존자들은 위안을 얻고자 다양한 애도 지지 단체를 찾았습니다. 그들이 서로에게 위안을 주며 공포감과 어려움들을 나누고자 다가갔을 때 힘을 얻고 진정으로 치유되기 시작했습니다. 그들은 자신들이 나누었던 비극, 즉 군 복무 중 사랑하는 사람을 잃는 비극은 다른 유형의 상실과 크게 차이가 있다는 것을 깨달았습니다. 그들은 자신들의 가족이 미국을 위해 봉사했다는 자부심과, 그들이 사랑했던 사람들이 치른 숭고한 희생에 대한 엄청난 슬픔을 함께 나누었습니다.

생존자를 위한 비극 지원 프로그램은 언제든지 연락할 수 있는 무료통화 서비스, 토론 및 게시판, 주 1회 인터넷 대화, 어린이 캠프 및 방문 기능 등의 많은 지지 수단을 제공합니다.

세간의 주목을 받지 못하는 군에서의 죽음

전쟁이 일상의 뉴스가 되지 않았던 수십 년 사이에 당신이 군대에서 사랑하는 사람을 잃는다면, 군대를 잘 모르는 많은 사람이 질문할 것입니다. 언론에서 전쟁이 다뤄지면 이런 질문은 추정으로 바뀔 수 있습니다. 사람들은 고인이 텔레비전에서 봤던 교전 지역에서 사망했다고 추측할 수도 있습니다. 이런 추측은 당신에게 고통을 줄 의도는 아니지만, 인간의 마음은 가장 많이 드러난 것에 근거하여 결론을 내리려 합니다. 교전 지역이 아닌 데서 고인이 사망했다면, 당신은 다른 사람들의 불편한 반응을 마주하게 될 수 있습니다.

애도에 대한 용어를 겨우 배우기 시작한 사회에서 외부인들이 추측 외의 것들에 대해 어떻게 반응할지는 미지의 영역입니다. 그 어색한 순간에는 단순히 '애도를 표합니다'라는 말만으로도 충분하지만, 많은 사람이 생각하기 전에 말을 꺼낼 것입니다.

퍼트리샤는 남편의 죽음에 대해 지인에게 말했던 때를 기억합니다. "저는 그가 훈련 도중 사망했다는 것을 말하지 않았어요. 그 정보를 알려야 한다고 생각하지 않았거든요. 누군가 더 많이 알고 싶다면 물어보겠지 했어요. 한 여성은 그가 최전선에서 죽었다고 추정하며 얼굴에 슬픔이 가득했어요. 그게 아니라고 설명하자 그녀는 거의 안심하는 듯 보였어요. 그다음에 그녀가 한 말은 오늘까지도 제게 여전히 충격적이에요. 그녀는 이렇게 말했어요. '당신이 그 끔찍한 곳에서 죽어가는 그를 상상할 필요가 없다는 것에 대하여, 하느님, 감사합니다.' 그녀가 말을 멈추지 않았기에 제 얼굴은 충격받은 표정이었을 거예요. '당신은 상상할 수 있겠어요, 만약……?' 저는 그 문장의 나머지 부분은 기억하지 못해요. 손을 들고 '그만하세요'라고 소리치고는 멀리 벗어나려 했어요. 그녀는 저를 따라왔고 저는 그녀를 향해 돌아서서 이렇게 말했어요. '모르시겠어요? 오히려 전쟁터에서 죽는 게 나았을지도 모른다고요.' 저는 거의 소리를 지르다시피 했고 사람들은 멈춰 서서 쳐다봤지만 저는 신경 쓰지 않았어요."

리 빈센트는 「아버지의 애도A Father's Grief」라는 기사에서 이렇게 썼습니다. "평시에는 대부분의 사망이 고속도로 사고, 훈련 사고, 항공기

추락으로 인해 발생한다. 군용 항공기는 민간 항공기보다 더 복잡하다. 조종사는 연습을 계속해야 하며 사고는 단지 현실의 일부일 뿐이다. 또한 주말마다 수많은 군인이 사랑하는 사람과 만나고 어울리기위해 꽤 먼 길을 운전한다. 그리고 복귀 시간에 맞추기 위해 수백 마일을 급히 되돌아온다. 거의 매 주말 누군가가 죽는다.

우리는 헛된 것, 누군가의 실수, '있어야만 했고—있었을 것이고—있을 수 있었던' 것에 대한 생각들에 포격을 맞은 듯 사로잡힌다. 이런 생각은 당신을 돕지 못할뿐더러 오히려 고통을 두 배로 더한다. 그러나 당신은 인생에 많은 장점을 가지고 있었던 사람의 죽음에 어떠한 헛됨이나 부끄러움이 없다는 것을 영원히 알아야 한다. 결코 부정적인 판단으로 그들의 가치를 더럽혀서는 안 된다. 그리고 우리는 결코 그들이 될 수 있었던 것이 그들이 이미 되어 있는 것의 영광을 빼앗게 해서는 안 된다."

…라고 말했어야 했어요

어떤 갑작스런 죽음의 경우 우리는 하지 못하고 남겨진 말들로 괴로워하기도 합니다. 군인의 죽음은 이러한 감정을 악화시킬 수 있습니다. 지나고 되돌아볼 때 당신은 사랑했던 사람이 떠날 때마다 죽음의 위험이 있었다고 느낄지도 모릅니다. 그리고 그 느낌을 만약을 위해서 고인에게 말했어야 했는데 하고 생각할지 모릅니다. 이것은 고통 속에서 나올 수 있는 일반적인 반응이자 상실에 직면하기보다 시선을 돌리고자 집중할 어떤 것, 집착할 어떤 생각, 자신을 비난할 어떤 방법을 찾으려는 시도입니다. 그러나 생각과 감정을 모두 나열하고 애정을 표현하며 마치 그것이 진정으로 마지막인 것처럼 매번 작별 인사를 한다면, 우리는 죽음이 임박했다는 느낌을 만들 뿐이고 사랑하는 사람, 우리 자신 또는 가족에게 도움이 되지 않을 것입니다.

매년 자동차 사고로 수천 명이 목숨을 잃습니다. 우리는 직장에 가는 사람을 배웅할 때마다 모든 세부 사항, 감정, 생각 및 애정을 살펴보려고 하지는 않습니다. 잘 살아가기 위해 우리의 초점은 죽음이 아니라 삶에 맞춰져 있어야 합니다. '했어야 했는데'식의 생각들은 당신과 가족에게 해로울 뿐인, 건강하지 못한 믿음입니다.

자부심 가지기

상황, 위치, 순위, 시기 혹은 어떤 다른 요인에 관계없이 한 가지 사실이 남아 있습니다. 전사한 영웅과 가족들은 조국을 도우라는 요청을 듣고 주의를 기울였습니다. 리 빈센트는 「아버지의 애도A Father's Grief」라는 기사에서 이를 아름답게 표현하고 있습니다. "우리가 사랑한 이들은 모두 성격, 용기, 명예 및 능력에 있어서 우리 사회의 나머지 사람들보다 훨씬 앞서 있었다. 그 업적의 아주 작은 부분조차 없어지거나 철회될 수 없다. 그들이 살아 있다면, 오늘날 그들이 누구이고 무엇을 하는지를 자랑스러워할 것이다. 이제 그들을 위해 자랑스러워하는 것이 우리의 의무다."

당신이 할 수 있는 일
군인의 죽음을 애도하는 다른 사람들과 친해지기
일반적인 애도의 지지도 좋지만, 비슷한 경험을 한 다른 사람들과 친

해지는 것이 슬픔을 극복하기에 가장 유용한 환경을 만들어주기도
합니다.

추모제 지내기

당신은 언제라도 기념물을 들고 고인에 대해 하고 싶은 말을 할 수
있습니다. 이는 입대일, 사망일, 생일, 재향 군인의 날, 현충일, 추수감
사절, 또는 다른 기념일일 수도 있습니다. 이는 또한 지역사회로 나아
가 군대를 지원하기 위한 노력을 장려할 수 있는 기회이기도 합니다.

손 내밀기

지나가 이 장에서 공유한 것처럼 당신이 사랑했던 사람을 아는 군인
들에게 편지를 쓰는 것도 고려해보세요. 사람들이 그들의 추억을 당신
에게 말로 전해줄 초소형 녹음기를 해외로 보내는 것도 고려해보세요.

　생존자를 위한 비극 지원 프로그램의 창립자인 보니 캐럴은 이렇
게 말합니다. "우리는 사망 당시의 상황이나 지역에 상관없이 그들이
살았던 특별한 삶을 소중히 여김으로써 우리가 사랑한 사람을 진정
으로 존경합니다." 프로그램의 또 한 명의 어머니는 랠프 월도 에머슨
의 말을 들려주었습니다. "삶의 길이가 아닌 삶의 깊이." 위험한 곳을
향한다는 의미에도 불구하고 입대하여 자유를 보호하고 수호하기로
한 결심은 용감한 것이고, 개인의 특성을 말해줍니다. 그들의 삶은 비
록 짧았지만 깊었으며, 충만하고 풍성했습니다.

16장

자살

나는 점차 이해하게 됐다.
죽음을 두려워하는 사람을 도울 수는 있지만 삶을 두려워하는
사람을 보장해줄 수 있는 것은 없다는 사실을.

칼라 파인

미국 내에서 자살로 사망하는 사람의 90퍼센트 이상이 사망 당시 정신 질환을 앓고 있었습니다. 미국 질병통제예방센터CDC와 국립정신건강연구소의 연구에 따르면, 자살은 2004년 3만2000명의 사망자와 80만 명의 시도자를 기록한, 열한 번째로 주요한 사망 원인입니다. 이는 16분마다 약 1건의 자살이 일어난다는 뜻입니다. 미국에서는 매년 살인보다 자살이 더 많이 발생합니다. 1952년부터 1992년까지 10대 및 청장년층의 자살 발생률은 세 배 증가했습니다. 오늘날 이는 (자동차 사고와 의도하지 않은 부상 다음으로) 젊은이들 죽음의 세 번째 주요 원인입니다 한국의 경우 자살은 암, 심장 질환, 뇌혈관 질환, 폐렴에 이은 통계상 5위의 주요 사망 원인이다. 2016년 통계청 자료http://kostat.go.kr/portal/korea/kor_nw/2/6/2/index. board?bmode=read&aSeq=363268.

고교생을 대상으로 한 미국 질병통제예방센터의 설문 조사는 34퍼센트의 여학생과 21퍼센트의 남학생이 자살을 생각해본 적이 있고, 실제로 한 해 동안 16퍼센트의 고등학생이 '구체적인 계획'을 세웠으며, 8퍼센트는 '자살을 시도했'는 것을 보여주었습니다.

자살은 가장 충격적인 상실 중 하나입니다. 『당신이 사랑하는 누군가가 죽었을 때 삶을 계속 살아나가는 방법How to Go on Living When Someone You Love Dies』에서 테레즈 A. 랜도 박사는 적었습니다. "이것은

우리는 저마다의 속도로 슬픔을 통과한다

무가치함, 부적절함, 실패감이라는 강한 느낌들로 당신의 자존감을 완전히 산산조각 낼 수 있다. 이 죽음은 살인 사건처럼 불가피한 것이 아니었다. 예방이 가능했다. 당신은 이런 형태의 죽음으로 특별한 피해를 입었으며, 심각하고도 갈등을 겪는 사별 반응이 나타나기 쉽다는 것을 알아야 한다."

그러나 누군가의 자살은 우리 잘못이 아닙니다. 결국 마지막 순간에 그들은 스스로 선택했습니다. 『작별 인사의 시간도 없이: 사랑하는 사람의 자살로부터 살아남기No Time to Say Goodbye: Surviving the Suicide of a Loved One』에서 칼라 파인은 이렇게 쓰고 있습니다. "대부분의 생존자와 마찬가지로, 나 역시 자살에 얽혀 있는 무한한 후회에 시달렸다. 불가피한 결과를 뒤집을, 놓쳐버린 기회들을 찾으며 해리의 죽음에 이르는 사건들을 순서대로 되새기곤 했다. 자살을 결정한 남편의 선택이 그만의 결정이라는 것을 받아들이려 하자 비로소 '만약 ……했었다면'이라는 강력한 힘이 느슨해지기 시작했다. 나는 점차 이해하게 됐다. 죽음을 두려워하는 사람을 도울 수는 있지만 삶을 두려워하는 사람을 보장해줄 수 있는 것은 없다는 사실을."

———

다이애나는 당시 열일곱 살이었던 딸을 자살로 잃었습니다. 딸은 욕실에서 목을 맸습니다. 다이애나는 기꺼이 그녀의 슬픔에 대한 이야기를 나눠주었습니다. 다음 글은 그녀의 일지에 적힌 것입니다.

1년 전 오늘, 사실 오늘과 꽤 비슷했던 그날 열일곱 살 난 딸이 자살했습니다. 저에게 이 말을 해준 사람은 남편이었어요. 그날 이후로 그는 영원히 변해버렸습니다. 저도 그날 이후로 달라졌어요.

저는 제 인생에서 이런 고통을 느낀 적이 없어요. 저는 참을성 없는 사람이었고, 조금의 과장도 없이 말하는 건데, 언젠가 곧 사라지리라는 표시가 없는 것을 견디지 못해요. 저는 이것이 끝나기를 바라고 있으며, 지금 끝났으면 싶어요. 즉시. 그러나 끝나지 않지요.

어떤 날은 다른 날보다는 나아요. 어떤 날은 중간 정도의 정상적인 느낌으로 하루를 보낼 수 있어요. 다른 날에는 그저 구석진 곳으로 숨어서 멈춥니다. 모든 걸 멈춰요. 생각하는 걸 멈추고 상처받는 걸 멈추고 호흡하는 걸 멈춰요.

저는 이 시점에서 분노를 다루려 애쓰고 있어요. 딸에 대한 분노를 다루려 노력하고 있지요, 그것을 끝내기 위해. 그 순간을 넘어서 생각하지 않기 위해 저는 그곳에 머물렀어요. 어떤 것도 중요하지 않은 그 순간에. 고통을 일으키는 것을 빼고는 그 어떤 것도 절대 아무것도 아닌 그곳에서. 제가 원하는 것은 그 고통이 사라지는 것뿐이에요. 바로 지금 제가 하고 있는 것처럼. 저는 그 순간을 자세히 알아요. 거기에 몇 번 가봤고, 지금도 거기에 있어요. 하지만 제 안에 있는 무언가가 그 순간을 밟아 그 고통을 끝내게 하지는 않을 거예요. 저는 고통과 함께 살아가야 해요. 고통을 지니고서 나아가야 해요. 그리고 시간이 지나면서 고통이 흡수되고 단지 거기에 존재하는 제 일부가 되기를 바라고 있어요.

애도에 관한 책들은 당신에게 단계를 제시해요. 그래요, 저는 그 단

우리는 저마다의 속도로 슬픔을 통과한다

계들을 통과하고 있지요. 그렇지만 나열된 순서대로가 아니라 그걸 넘어서 있죠. 이것은 정확한 과학이 아니며, 제가 걱정했던 것보다 애도의 영향과 더 가까이서 조화를 이루고 있어요. 그리고 저는 멈출 수가 없습니다. 무시할 수가 없어요. 그것은 그저 거기에 존재해요. 그것은 사라지지 않으며, 거기에 있어요. 그리고 당신이 할 수 있는 일은 그것을 다루는 것뿐이에요.

어떤 날은 그 '다루는 것'이 침대 위에 누워 몇 시간 동안 텔레비전의 모든 채널을 보는 거예요. 현실적이고 적절한 생각이라고는 하나도 떠올리지 않은 채. 어떤 때는 집 안을 정리하고 계속 물건을 버려요. 목이 아플 때까지 하늘을 똑바로 보며 어떤 표시를 찾으려 하기도 하죠. 이 모든 것을 이해할 수 있는, 하늘을 가로지르며 번쩍하고 나타나는 무언가의 신호.

화를 내고 비난하는 것은 쉬울 거예요. 그건 쉬워요. 그래서 저도 몇 번 그렇게 해봤어요. 저를 비난해요. 딸애 아버지를 비난해요. 학교를 비난해요. 의사를 비난하고 상담사를 비난해요. 저는 _____을 비난해요. 비난은 쉬워요. 힘든 것은, 비난을 지나쳐서 마침내 사실을 받아들이는 거예요. 무엇이 아이를 그렇게 하도록 몰아갔는지에 상관없이, 애나가 스스로의 목숨을 앗아갔다는 사실. 애나는 자살했어요. 아이가 그렇게 했어요. 제가 아니라, 그 아이의 아버지가 아니라, 이 사회가 아니라. 아이 자신의 손과 선택에 의한 것이었어요.

저는 그것을 통과해나가려고 고군분투하고 있어요. 저는 넘어져요. 울어요. 소리를 질러요. 고래고래 고함을 쳐요. 그리고 저는 서성이고 서성이고 서성거려요. 그러나 저는 그것을 통과해나가려는 중이에요. 하루하루 조금씩. 이것이 우리가 할 수 있는 전부예요. 우리 중 일부는 그만둘 수도 있어요. 우리 중 일부는 그만두지 못하고요. 저는 그만둘 수 없었어요.

규칙은 없어요. 오늘은 1년이 되는 날이에요. 제가 '이것으로부터 벗어나고' 예전 모습으로 돌아가기를 기대들 하겠죠. 미안하지만, 그런 일은 일어나지 않아요. 저는 결코 다시는 똑같아지지 않을 거예요. 저는 지금과 다를 겁니다. 그것은 과정의 일부예요. 그것을 좋아하거나 말거나. 젠장, 저는 이런 걸 좋아하지 않아요. 토끼를 보면서 '오, 너무 귀여워, 애나가 좋아할 거야!'라는 말 대신 고통을 느끼고 싶지 않지요. 한정판 바비 인형을 보고 더 이상 그것을 살 이유가 없다는 것을 깨닫고 싶지 않아요. 특히 제가 어젯밤에 본 드래그퀸여장 남자 바비 인형. 딸은 그걸 좋아했을 거예요. 제 손자는 영원히 없을 것이고, 딸이 되고자 했던 미래의 그녀와 지속적인 관계를 결코 가질 수 없다는 것을 알고 싶지 않습니다. 한밤중에 깨어 누운 채, 그녀가 관에 누워 있던 모습을 떠올리고 싶지 않아요. 샤워를 할 때마다 그녀가 샤워 막대에 매달려 있던 모습이 보였고 그걸 볼 수 없었기에 집에 돌아오고 28일 동안 샤워를 할 수 없었다는 것을 깨닫는 게 싫어요. 슬픔은 끈적거리는 것이고 당신의 마음에 끔찍한 짓을 해요. 그 후 당신은 결코 예전 같을 수 없어요. 모든 게 바뀌며 인생의 현실은 잔혹해요. 제가 동일시할 수 있는 대상이라곤 상처를 핥는 동물뿐이에요. 저는 상처를 입었고, 제 자신의 시간과 제 자신의 방법으로 치유할 시간이 필요해요. 그리고 저는 치유할 겁니다.

지난 며칠 동안은 신에게 소리를 지르는 단계였어요. 저한테 뭘 기대

우리는 저마다의 속도로 슬픔을 통과한다

하나요? 저는 왜 그렇게 강해져야 하나요? 어째서 다른 사람들은 인생을 살아나가면서 제가 인생에서 겪은 것의 절반도 겪지 않나요?

제게는 평화가 필요해요. 마음의 평화, 영혼의 평화, 그리고 심장의 평화. 헛된 기대는 하지 않아요. 애나와 저는 서로를 아주 많이 사랑했고, 우리가 함께한 때는 특별한 시간이었어요. 아주 나쁜 시간들 또한 있었지만, 우리는 미래를 예측할 수 없고 과거로 돌아가 일어난 일을 바꿀 수도 없어요. 할 수만 있다면 분명히 다르게 할 것들이 있음을 알고 있어요.

어젯밤 저는 제 대자代子를 안고 있었어요. 그가 태어난 것을 보는 게 얼마나 감정적인 경험이었던지. 재미있게도, 지난 몇 개월간 가까운 친구들에게서 다섯 명의 새로운 아기가 태어났어요. 사람들은 이것이 제게 고통스러울 거라고 예상하지만, 사실은 아니에요. 저는 제가 다시 낙관적인 사람이 될 수 있다고 결코 생각하지 않았어요. 지금 당장은 아니지만, 그래도 저는 낙관적인 사람이 될 거예요. 우리 아이는 없어졌지만, 이 세상에 새롭게 오는 아이에게는 저마다 새로운 희망이 있어요. 일이 잘될 수 있는 새로운 기회.

길고 느린 과정이에요. 때로는 두 걸음 앞으로 나아갈 때마다 세 걸음 뒤로 물러나요. 하지만 다른 때에는 후퇴 없이 앞으로 두 걸음 더 나아갈 수 있어요. 당신은 그저 계속해서 한 발을 다른 발 앞에 두고 나아가야 해요. 그리고 이것이 바로 정확히 제가 하고 있는 것이에요. 한 걸음씩 그리고 하루에 한 번씩.

———

자살에 대한 일반적인 반응

충격, 죄책감, 슬픔, 분노, 우울, 그리고 부정否定

누군가가 자살하면 충격, 죄책감, 슬픔, 분노, 우울, 그리고 부정이 과다하게 나타납니다. 많은 사람은 자살을 예방 가능한 것으로 여깁니다. 이 경우 많은 유족은 자신이 자살을 막지 못했다고 생각하며 강렬한 죄책감과 분노를 느낍니다. 자녀의 자살이라면 그 감정이 더 심해집니다. '연민의 친구들'은 이렇게 쓰고 있습니다. "아이의 자살은 고통스런 질문, 의심, 두려움을 유발한다. 당신의 사랑이 아이를 구하기에 충분하지 않았고, 다른 사람들이 당신을 적절치 못한 부모라고 평가할 것이라는 두려움은 강력한 실패감을 불러일으킬 수 있다. 부모로서 당신이 자녀에게 보인 인간적인 면(장점과 단점), 그리고 그것으로 아이가 한 일은 원칙적으로 그 아이의 결정이다."

왜?

자살 생존자들은 '왜?'라는 질문을 반복해서 합니다. "왜 스스로 목숨을 거두었을까요?" '알아야 한다'는 감정은 누군가가 자살했을 때 더 심해집니다. 위스콘신주 워키쇼카운티에 있는 정신건강협회Mental Health Association에서 출판한 『자살 후의 애도Grief After Suicide』라는 안내 책자에는 이렇게 적혀 있습니다. "왜 누군가가 의도적으로 상대방의 죽음을 재촉하거나 초래하겠는가? 수년간 그 질문에 대한 답을 연구해온 정신건강 전문가들은, 스스로 목숨을 거둔 사람들은 자기 상황에 희망이 없으며 갇혀 있다고 느낀다는 데 대해 대체로 동의한다. 현실이 어떻든 간에 정서적 지지를 받는 것과 무관하게 그들은 삶과

　우리는 저마다의 속도로 슬픔을 통과한다

우정 등으로부터 격리되었고 단절되었다고 느낀다. 신체적 질병이 없어도 자살 희생자는 강렬한 고통, 괴로움, 절망을 느꼈다. 『자살 이후 After Suicide』의 저자인 존 휴잇은 '그는 죽음을 선택했다기보다 아마 참기 힘든 고통을 끝낼 선택을 한 것일 터이다'라고 했다."

최근 브룩은 자살한 30대 중반의 한 여성의 장례식에 지지자support person로 초대를 받았습니다.

저는 대부분의 시간을 가족과 친한 친구들과의 대화를 듣는 데 보냈어요. 모든 사람의 마음에 첫 번째로 떠오른 가장 중요한 생각은 이것이었죠. '왜 그랬을까?' 사랑하는 사람들은 그녀의 입장이 되어보려고 계속해서 애썼고, 그녀가 이런 결정을 내리게 만든 것에 대해 이해해보고자 생각을 거듭했어요. 때로 그들은 동의할 만한 일반적인 결론을 내렸어요. 그렇지만 잠시 후 '왜?'라는 질문으로 되돌아왔어요. 저는 우리가 그 질문에 쉽게 대답할 수 있다고 믿지 않아요. 누군가 자신의 인생을 끝내기로 선택했을 때, 그 사람은 우리가 완전하게 이해할 수 없는 장소, 그 시점에서는 자살이라는 선택이 타당한 것으로 여겨지는 장소에 있어요. 우리 대부분은 자기 삶을 끝낸다는 개념을 이해할 수 없어요. 애도의 여행을 직접 겪어봐야 이해할 수 있듯이, 자살이라는 선택은 우리의 길에서는 볼 수 없거나 이해할 수 없는 것이라고 저는 생각해요.

자기 삶을 거둔 사람의 생각의 전 과정은 결코 알 수 없겠지만, 당신이 이 질문을 하는 유일한 사람이 아니라는 것은 알아야 합니다.

오프라인과 온라인의 많은 자조 모임이 당신의 질문과 감정을 살피는
데 도움이 될 수 있습니다.

종교와 자살

자살과 종교에 대해 뒤섞인 많은 감정과 생각 그리고 느낌이 있습니
다. 자살에 엄격한 견해를 가진 교회와 관련된 사람들에게 이는 특히
어려운 시기일 수 있습니다. 『사랑하는 사람이 사망하면 해야 하는
것들What to Do When a Loved One Dies』에서 에바 쇼는 이렇게 말했습니다.
"자살은 구약성서 곳곳에 언급되어 있지만, 의견이나 비난, 용납은 쓰
여 있지 않다. 성 아우구스티누스는 자살이 무거운 죄라고 말했고, 천
주교와 몇몇 개신교는 때로 자살에 대해 가혹한 관점을 지니고 있다.
모든 주요 종교는 자살이 대죄라는 철학을 버리고 있지만, 자살에 대
해 종교적 의견을 말하는 소수의 사람을 당신은 용서[혹은 무시]해야
할 수도 있다."

편견

'연민의 친구들'은 자살에 대해 다음과 같이 말합니다. "초기의 문화
적, 종교적 해석이 자살과 관련된 낙인의 원인이다. 어려울 수도 있지
만 '자살'이라는 단어를 직면하는 것이 중요하다. 사망의 원인을 비
밀로 하는 것은 자녀에 대해 말하는 즐거움을 빼앗고 지지해주려는
가족과 친구로부터 당신을 고립시킬 수 있다. 자살을 둘러싼 편견에
대해 걱정하기보다는 차라리 당신 자신의 치유와 생존에 집중하라.
많은 부모는 자녀에 대해 말할 때 '자살을 저지르다committed suicide,

우리는 저마다의 속도로 슬픔을 통과한다

commit에는 마치 그것이 죄라는 듯한 뉘앙스가 있다'보다는 '자살하다completed suicide'라는 표현을 선호한다."

주변 사람들 역시 자살을 이해하고 받아들이는 게 어려울 수 있습니다. 테레즈 A. 랜도는 "죽음의 이유를 알고자 하는 정상적인 욕구는 자살의 경우 더 강해질 것이다"라고 쓴 바 있습니다. 당신 마음속의 질문에 답하기 위해 열심히 노력할 필요가 있고, 당신이 준비가 된 뒤에야 아이에 대해서도 다른 사람들과 편안하게 대화할 수 있을 것입니다.

만약 당신이 누군가를 자살로 잃었다면, 더 많은 정보를 얻으세요. 인터넷에는 유용한 자원과 온라인 지지 카페들이 있습니다. 또한 이 주제를 다룬 책도 많이 있습니다. 만약 자조 모임의 형태를 편하게 느낀다면, 자살 생존자를 위한 곳도 많습니다. 지역 교회, 병원 또는 대학에 전화해 지역 단체에 대한 정보를 구하세요. 당신이 잃은, 사랑했던 사람에 대해 현실적으로 (긍정적인 면과 부정적인 면 모두) 기억할 수 있는 단계에 다다를 필요가 있습니다.

———

오래된 카디시 기도

예배가 끝났을 때 드리는 송영으로, 사망한 근친을 위해 드리는 기도

야생의 사과밭 황소자리 태생의 사신은

안개의 메시지로

반짝반짝 빛나는 대지에서 온 전령인가

19년 11개월이 되는 때에

모든 자살자를 위하여 너의 낡고 오래된 카디시 기도를 읊어라

삶을 찬양하라, 비록 우리가 알고 사랑했던 그들 위로

터널이 내려앉듯 그 삶이 무너졌지만

삶을 찬양하라, 비록 우리가 알고 사랑했던 그들의 숨 쉴 자리가

일격을 맞은 창문처럼 닫혀버렸지만

삶을 찬양하라, 비록 우리가 알고 사랑했던

몹시도 사랑했지만, 너무나 잘 알았지만,

그것으로는 충분하지 못했던 그 삶을

삶을 찬양하라, 비록 우리를 사랑했다고 믿었던 그들의 마음에

매듭처럼 단단히 그 삶이 조여 있었지만

삶을 찬양하라, 우리가 알고 사랑했지만

자기 자신은 가치가 없다고 느꼈던 그들에게도

공간과 이유를 주었던 그 삶을

그들을 찬양하라, 그들이 할 수 있었던 동안에,

그들이 얼마나 삶을 사랑했었는지를

— 에이드리엔 리치

———

세 자녀의 엄마이자 이제 서른일곱 살이 된 이혼녀 레이철 베린의
이야기입니다.

우리는 저마다의 속도로 슬픔을 통과한다

그분은 죽을 필요가 없었어요. 그분을 우울하게 만든 약간의 화학적인 불균형이 아버지를 자살하게 만든 원인이었습니다. 그때는 크리스마스이브였고 저는 열네 살이었어요. 어쨌든 크리스마스이브였던지라, 제가 쿠키를 굽느라 바쁜 동안에 끔찍하게도 잘못된 일이 일어났어요. 아버지가 엄마를 꼭 끌어안을 무렵 저는 아버지에게 줄 선물 포장을 모두 마쳤지요. 그다음 아버지는 제 인생에서 사라졌어요, 영원히. 자동차 배기가스에 의한 일산화탄소 중독으로 자살했어요.

저는 초반에는 위축되어 지냈고 우리는 그대로 이사를 했습니다. 저는 새로운 학교에 다녔어요. 열네 살의 나이에 어른이 되어 이 비극을 견뎠습니다. 친구들은 잔인하게 굴면서 이렇게 말했어요. "네 아빠는 자살했으니 지옥에 갈 거라는 거 알지?" 이 말은 저를 매우 힘들게 했고, 저는 매일 밤 그분의 영혼을 위해 기도했어요.

저는 이 상실에 대해 상담받은 적이 전혀 없어요. 대신—마치 농구 경기에서 득점을 올리듯이—아빠를 위한 모든 것을 하는 것으로 견뎠어요. 나이가 들수록 제 대인관계는 의존적이 되었고 누군가를 잃을까봐 극도로 두려워했어요. 누군가 집을 나설 때 저는 여전히 불안감을 느껴요. 다시는 돌아올 수 없을 것 같아서. 저는 항상 마지막 말로 "사랑해"라고 합니다.

그가 죽은 지 6년 후 가장 좋은 치료가 일어났습니다. 그가 저에게 와서 이렇게 말하는 꿈을 꾸었어요. "기도해줘서 고맙다. 나는 이제 하느님과 함께 평화롭게 지내고 있어." 그날 어머니도 똑같은 환영을 봤다고 했어요! 그 꿈과 엄마가 본 환영은 저에게 있어 큰 의미와 치유였어요.

『노래 수업Singing Lessons』의 저자인 주디 콜린스는 아들 클라크의 자살 이후 개인적인 회복의 여정에 대하여 이렇게 쓰고 있습니다. "클라크가 죽은 기념일, 한밤중에 꿈에서 깨어났다. 꿈속에서 나는 클라크에게 죽지 말라고 설득하고 있었다. 죽을 필요가 없다고, 삶을 끝낼 필요가 없다고 그를 확신시키려 애쓰면서. 아들은 미소 지으면서 눈에 사랑을 담아 나를 바라보았다. '어머니……' 그가 말했다. '죽음은 끝이 아니에요.'

요즘 나는 우울하게 있지 않는다. 내게는 여러 방법이 있다.

영적인 책을 읽는다.

친절하게 말하고 기분이 좋아지는 목소리를 가진 친구에게 전화를 건다.

인생에서 좋은 것들에 대해 생각한다. 종종 그것들을 종이에 적는다. 내 인생에는 감사할 것이 아주 많다.

남편, 친구들, 어머니, 그리고 형제와 함께 웃는다.

묵상을 하는 동안 내게 힘을 주는, 나를 치유하는 신의 소리를 듣는다."

당신이 할 수 있는 일

자살, 특히 근거 없는 믿음들에 대해 가능한 한 많이 배우세요. 진실을 이해한다면 죄책감도 덜어질 수 있습니다.

당신이 사랑하는 사람의 자살을 발견했다면 외상후스트레스장애의 가능성을 고려해보세요. 정신건강 전문가와 이야기하길 바랍니다.

당신의 생각, 질문과 분노를 종이에 적어보세요. 복잡한 감정을 내면에 가두어버린다면 스스로에게 더 많은 고통을 주게 됩니다. 매일 시간을 내서 '그것을 밖으로 꺼내'보세요.

사랑하는 이를 자살로 잃은 다른 사람들을 온라인이든 오프라인으로든 찾아보세요. 물어보길 바라요. 앞서 길에서 살아남은 사람들로부터 안내를 받고 힘을 얻어보세요.

삶의 현실에 직면하세요. 우리 모두는 인간입니다. 우리가 하고자 했던 일과 하지 못했던 일들이 있습니다. 지나고 난 뒤에는 종종 우리가 하지 않았거나 '징후를 놓쳤던' 것만 보게 됩니다. 모든 사람을 위해 모든 것을 할 수는 없습니다. 우리는 미래를 볼 수 없습니다. '놓쳤던 징후들'을 보거나 하지 않았던 일들을 해서 결과를 바꿀 수 있을지를 알지 못합니다.

죄책감이 당신을 괴롭힌다면 당신이 죄책감에 대해 어떻게 느끼는지 구체적으로 종이에 적어보세요. 사랑했던 이에게 진실과 당신의 죄책감에 대한 강렬함을 전하는 편지를 써보세요. 당신 자신을 용서하는 편지도 써보세요.

사랑하는 사람이 한 자살의 결정은 당신이 선택하거나 통제할 수 없는 것이라는 점을 기억하세요. 그러나 오늘 당신의 삶을 살고 앞으로 나아갈 수 있는 방법은 당신이 통제할 수 있습니다.

17장

대형 참사

가끔 그라운드제로Ground Zero, 9·11 테러 당시 세계무역센터가 있던 장소를
운전하며 지나간다. 머릿속에 떠오르는 맨해튼 시내와는 다른 모습을
보게 된다는 것은 어려운 일이다. 항상 거대한 비행기 바퀴가 거리에 뒹굴고,
비행기의 파편들이 수많은 먼지와 잔해가 되어 언제까지나 남아 있을 것이다.
우리는 단지 청소를 하고 각자의 삶에 따라 움직이고 있을 따름이다.
조금 더 현명해져서, 조금 더 서로를 존중하는 마음으로.

라 페미나, 뉴욕시 정책 담당 공무원,

2006년 9월 8일 자 『타임 매거진』 온라인, 「우리 삶 속의 비극The Tragedy Inside Our Lives」

재난이나 외상 사건은 직접적인 파괴 이상으로 훨씬 더 큰 영향을 끼칩니다. 손상된 건물을 재건하는 데 시간이 걸리듯이 삶을 애도하고 재건하는 데도 시간이 걸립니다. 재난이나 외상 사건 이후 수개월, 심지어 수년 동안 삶이 정상으로 돌아오지 않을 수도 있습니다. 관계를 긴장시키는 일상적인 활동에서의 변화, 기대의 변화, 그리고 책임감의 변화 때문에 사는 환경에도 변화가 나타날 수 있습니다. 이런 관계, 역할 및 일상의 혼란은 삶을 익숙하지 않거나 예측 불가능하게 만듭니다. 재난 또는 외상 사건은 우리 삶의 여러 주요 영역에 광범위한 영향을 미쳐 정서적인 삶의 재건을 극히 어렵게 만들 수 있습니다.

이 책의 초판이 출간된 이후 언론에 보도되는 대규모의 상실은 계속해서 점점 늘어나고 있습니다. 수많은 목숨을 앗아간 쓰나미부터 허리케인 카트리나, 9·11과 테러들, 그리고 이라크 전쟁에 이르기까지 갑작스런 상실로 인한 국가와 개인의 인식과 충격(개인뿐 아니라 집단적 애도)은 커지고 있습니다. 이 장에서는 다수의 죽음으로 언론의 관심을 받는 상실에서 직면하게 되는 추가적인 어려움들에 대해 설명합니다.

트라우마

역사적으로 애도는 우울의 한 형태로 간주되었지만, 미국 보건복지부에 보고된 지난 10~15년간의 연구들은 애도가 정확히 트라우마의 한 형태임을 보여줍니다. 역사적으로 외상은 대규모의 재앙 상황에서 특히 심각합니다.

외상성 고통 중 심각한 경우는 그 사람이 어떻게 죽었는지에 대한 지속적이고 침습적원하지 않아도 기습적으로 머리에 떠오르는 기억과 생각으로, 외상성으로 일어난 뇌의 기능 손상 증상 중 하나이며 불쾌한 기억의 특징을 보입니다. 자신답지 않게 과도한, 강한 반응이 동반된 고인의 죽음을 재경험하는 반복적인 꿈을 꾸기도 합니다. 과각성과 자극과민성역시 외상후스트레스장애 증상 중 하나로, 사소한 자극에도 과민하게 반응하게 되는 증상 경험을 계속하기도 합니다. 폭발적인 분노, 주변에 대한 과도한 경계, 자극에 지나치게 놀라는 반응도 흔합니다.

다양한 사고, 감정 및 증상은 외상 사건에 대한 정상적인 반응입니다. 대중에게 널리 알려진 비극은 국민이자 개인인 우리에게 영향을 줍니다. 우리의 반응은 개인적인 본성, 유산, 그리고 과거와 현재의 경험에 의해 형성되었습니다. 그것은 개인마다 약간씩 다를 수 있으며, 각 개인의 반응은 자신만의 애도 문제에 대처하고 해결하는 방식에 영향을 미칩니다.

생화학적·생리적 반응과 기질, 성향, 장기적인 영향의 가능성을 포함해 사건에 대한 개인적인 경험에 따라 스트레스 수준, 애도, 트라우마뿐 아니라 다른 반응도 다르게 나타날 수 있습니다. 과거에 트라우마 경험이 있는 사람들에게는 예전 증상이 되살아날 수 있습니다. 죄책감이나 슬픔은 반응을 복잡하게 만들거나 증상들을 더할 수 있습니다.

비극 이후 사람들은 자신이 알고 있던 세계, 인간의 본성, 영성 및 자신에 대한 신념들이 흔들립니다. 내면세계는 이전과 같은 방식으로 유지될 수 없으며, 애도 중인 사람들은 '새로운 세상'에서 '자신들의 자리를 찾기' 위해 변화를 거쳐야만 합니다. 많은 사람이 새로운 가치에 동화되거나 적응하겠지만, 일부는 예전의 가치와 신념으로 되돌아 갈 수 없을 것입니다.

많은 비극적인 상실에서 가장 암울하고 힘든 날들은, 죽음 이후 첫 몇 개월간의 즉각적인 영향들에서 나타납니다. 대규모 폭력의 경우 이 기간이 1년 내내 지속되기도 합니다. 슬픔에 잠긴 개인과 가족이 치유하려고 노력하는 중에 언론 보도, 주변의 대화 및 스스로 통제할 수 없는 다양한 외부 요인이 그들을 다시 슬픔의 세계로 내던집니다. 이 같은 외부의 기습 공격을 막고자 외부 세계로부터 자신을 차단하고 싶을 수도 있습니다. 그러나 결국 앞으로 나아가려면 이런 차단은 장기적인 해결책이 될 수 없습니다. 대부분, 큰 규모의 비극 상황에는 생존자를 돕기 위한 자원들과 자조 모임이 있습니다. 비슷한 여행을 떠나는 다른 사람들의 도움과 지지를 얻으세요.

복수와 응징에 집착하기

사랑하는 사람이 폭력으로 사망한 경우 처음에는 복수와 응징에 대한 생각에 사로잡힐 수 있습니다. 악의, 부주의 또는 누군가의 무책임한 행동으로 사망했을 수 있습니다. 이러한 집착은 우리가 감정에서 벗어나려는 방법일 뿐이므로, 이 단계에서 벗어나 추모 기금 마련, 음주 운전을 반대하는 엄마들의 모임MADD 등의 기관 자원봉사 같은 건

우리는 저마다의 속도로 슬픔을 통과한다

설적인 행위로 옮겨가보세요. 복수와 응징에 대한 생각을 늦추거나 멈추는 한 가지 방법은, 분노의 대상인 사람이나 상황에 스스로 얼마나 많은 에너지를 쏟아붓고 있는지를 아는 것입니다. 그 대상이 우리 생각과 삶을 어떻게 통제하고 있는지 깨달으면, 우리는 이런 파괴적인 생각을 버리기 위한 단계에 들어설 수 있습니다. 이 책 22장에는 이 작업을 하는 데 도움이 되는 시각화 연습이 실려 있습니다. 대신 당신이 잃어버린 사람의 삶을 기념할 방법에 집중해보세요. 누군가의 실수로 죽음이 초래되었다면, 그들 스스로 고통과 죄책감을 느낄 가능성이 있습니다.

의학 박사 마크 굴스턴과 필립 골드버그는 『자신의 길에서 벗어나기Get Out of Your Own Way』에서 딸이 잔인하게 살해당한 의뢰인의 이야기를 전했습니다. 그 의뢰인은 자살 생각과 분노에 사로잡혀 있었습니다. 저자는 자신의 삶을 살아가도록 격려했습니다. 그녀는 "이 문제를 극복할 때까지는 나아갈 수 없어요"라고 말했습니다.

저자는 "그 반대예요"라고 답했습니다. "당신의 삶을 살아가지 않는다면 당신은 그걸 극복하지 못할 거예요." 저는 이렇게 설명합니다. "오로지 자기 활동에 몰두하고 새로운 추억을 만들어내야만, 밤낮없이 따라다니며 괴롭히던 고통스러운 생각의 영향이 약해질 수 있습니다."

아이들에게 말하기

사랑하던 사람의 죽음 이후 외상 사건에 대해 아동 및 청소년에게 이야기할 때에는 온화한 예의gentle courtesy를 갖추는 것이 중요합니다(예를 들어 대화에 적절한 환경을 선택하세요). 진실을 말하는 것은 필수입니다. 이해하고 처리할 수 있는 능력 안에서 아이의 연령에 맞는 정보를 주는 것도 중요합니다. 사실을 왜곡하거나 정보를 제한하면 미래의 혼란과 불신을 초래할 수 있습니다. 아래 슬픔에 잠긴 아이에게 도움이 되는 추가 지침이 제시되어 있습니다(자세한 정보를 얻으려면 9장 「아이들의 애도 돕기」를 참조하세요).

- 아이들과 더 많은 시간을 보내세요.
- 테러리스트와 연관된 사람이나 국가로 고정관념을 만들지 마세요.
- 아이들은 감정적·사회적으로 퇴행할 수 있습니다. 당신이 그들을 사랑하고 있으며 안전하다는 확신이 필요합니다.
- 청소년들이 당신이나 친구에게 자기 생각과 느낌을 말할 수 있도록 격려해주세요.
- 장기간의 고립, 지속적인 슬픔, 분리, 학업적인 침체 등의 신호에 주의하세요.
- 정부와 사법 기관이 우리를 보호하기 위해 적극적으로 노력하고 있음을 아이들에게 알려주세요.
- 안전감과 정상적인 상태의 회복에 도움이 되도록 식사 시간, 여가, 레크리에이션 활동 및 취침 시간으로 가족의 규칙적인 일정을 유지하세요.
- 대화할 때 개방적이고 안전한 분위기에서 질문을 하도록 북돋우세요.
- 진실을 말하세요.

- 연령에 맞게 대답해주세요.
- 아이(들)를 돕는 데 확신이 없다면, 정신건강 전문의로부터 도움을 받으세요.
- 어린이가 다루기에는 너무 많은 정보를 한꺼번에 주지 마세요. 정보를 줄 때는 아이의 질문에 맞춰 대답해주세요.
- 아이들이 학교에서 듣거나 텔레비전에서 본 것에 대해 물어보세요.

테러와 정신건강

- 재난을 목격하고도 그것에 영향을 받지 않는 사람은 없습니다.
- 재난 트라우마에는 두 가지 유형이 있습니다. 개인과 지역사회.
- 대부분의 사람이 재난 상황 중에, 그리고 그 이후에 함께 모여서 기능합니다.
- 스트레스와 애도 반응은 비정상정인 상황에 대한 정상적인 반응입니다.

전형적인 반응

공포와 불안	짜증
울기, 훌쩍이기, 소리 지르기	혼란
지나치게 의존하기	반항
어둠이나 동물에 대한 공포	우울
혼자 남겨지는 것에 대한 공포	등교 거부
군중 혹은 낯선 사람들에 대한 공포	집 밖으로 나가길 싫어함

잠들기 어려움	학교에서의 행동 문제
악몽	좋지 못한 학업 성적
큰 소음에 대한 민감성	싸움
술과 약물 남용	

출처: 미국 국립보건원 정신건강정보센터

외상후스트레스

자신이나 타인을 테러 혹은 그 외의 트라우마, 고통스럽거나 극도의 스트레스를 주는 사건의 '피해자'로 보는 게 항상 도움이 되는 것은 아니며, 사실은 그 사람의 생존 기술을 무시하는 일입니다. 비록 그가 '피해자'처럼 여겨질지라도, '생존자'는 회복력이 있고 도움을 요청하는 방법을 알고 있으며 긍정적인 대처 행동을 개발할 능력을 지닌 사람입니다.

급성 스트레스 반응은 일반적인 수준을 넘어선 외상 및 스트레스 사건에 대한 일반적인 반응입니다. 끔찍한 사건에 직접 영향을 받은 사람 중 최소 50퍼센트는 어느 정도 외상후스트레스를 받으므로, 스트레스에 효과적으로 대처하기 위해 상담이 필요할 수도 있습니다. 감정적인 반응은, 평범한 인간 경험의 범위를 벗어나 발생한, 매우 비인간적인 행위에 대한 인간의 반응입니다.

치유를 향한 길

우리는 저마다 치유 속도가 다릅니다. 다시 정상적으로 느끼거나 일상으로 돌아가는 데 정해진 시간이란 없습니다. 당신에게는 '좋은 날들'과 '나쁜 날들'이 있을 겁니다. 당신이 겪은 상실을 애도하는 시간을 갖고 통제할 수 없는 것들에 대해서도 편안해지도록 두세요.

다른 사람들과 대화하고 그들의 이야기를 듣는 게 당신에게 도움이 되는 방향으로 감정을 표현하게 해줄 것입니다.

당신이 할 수 있는 일상적인 일에 집중하며 운동, 식사 시간 등 규칙적인 일정을 유지하려고 노력해보세요. 친구나 가족 구성원과 정기적으로 연락하고 도움을 구하세요.

당신에게 가장 중요한 자원은 같은 사건으로 사랑하는 이를 잃은 사람입니다. 용기와 위안을 나누고 서로 의지할 수 있을 겁니다.

이 충격적인 사건에 대한 책임이 당신에게 있다고 여기거나, 구조에 직접 참여하지 못했다고 여겨 좌절하지 마세요.

일상생활을 적극적으로 하거나 생활 방식을 조정해 신체 및 정서적 치유를 돕는 단계를 밟으세요. 삶에 대한 건강한 접근(가령 건강한 식사, 휴식, 운동, 이완, 명상)이 당신과 가족을 도울 것입니다.

추모 행사나 의식에 참여하고 감정을 표현하는 데 상징물을 이용해보세요.

가족, 친구 및 영적·종교적 수단과 같은 기존의 지지 집단을 활용하세요.

18장

그 외의 특정 상황들

남편이 사망했다고 적힌 종이 한 장이 내가 가진 전부였다.

엘사, 어느 군인의 아내

종결의 어려움: 고인의 시신이 발견되지 않은 경우

9·11 참사처럼 고인의 시신이 발견되지 않은 경우, 애도 과정을 끝내기는커녕 시작조차 하기 힘들 수 있습니다. 종종 애도 과정 자체가 느려지기도 합니다. 건강했던 사람이 어떤 '증거'도 없이 지금은 사라지고 없다는 사실을 직면하기가 힘들 수 있습니다. 육신은 우리 곁에 없지만 고인에게 '안식을 주기 위해' 애쓰며 우리의 사후 의식 역시 달라집니다.

『애도 안내서』의 저자인 헬렌 피츠제럴드는 말합니다.

만약 당신이 시신을 볼 수 없거나 묻을 수 없는 상황에서 사랑하는 이를 잃었다면, 그 사람이 진짜로 사망했는지 아닌지 당신은 풀리지 않는 의문을 갖게 되어 애도는 복잡해지고 회복도 지연될 수 있다…… 시신이 없다면 공개적으로 애도하는 추모 의식조차 원치 않을 수도 있다. 사랑하는 이가 아직 살아 있을 수도 있다는 일말의 희망을 접지 않으려 할 수도 있다. 그럼에도 불구하고 인생의 이 부분에서 어떤 결말을 맺을 필요가 있고, 당신에게는 스스로 준비되었을 때 추모 의식을 치를 권리가 있다. 이러한 의식은 결코 고인에 대한 배신의 행위가 아니며 오히려 사랑했던 사람의 인생을 기념하는 것을

우리는 저마다의 속도로 슬픔을 통과한다

돕는다…… 어딘가에 시신이 있을 사람들을 기리는 기념비가 추모 의식에 포함될 수 있다. 당신이 원한다면 기념비를 묘지나 당신의 소유지에 세울 수 있다.

유해가 없다면 기념물을 만들 수도 있습니다. 기념 명판이 새겨진 공원 벤치, 아름다운 호수 옆의 석상이나 돌탑, 동상이나 장학 기금 등. 뭔가 시각적으로 볼 수 있고 실제로 존재하는 것이어야 한다는 점이 매우 중요합니다. 이러한 추모 도구는 애도 과정에서 든든한 닻이 됩니다.

앤 마리는 공원에 나무를 심었습니다. 바다에서 죽어 시신을 못 찾은 그녀의 오빠는 야외활동을 좋아했습니다. 그녀는 공원의 허가를 받아 나무 밑 언저리에 기념 명판을 세웠습니다. 그녀는 위로가 필요할 때 그 나무를 찾아갑니다. 다른 사람들이 오빠를 기리는 기념 명판을 읽을 뿐 아니라 나무의 아름다움도 즐긴다는 것이 그녀를 기쁘게 합니다.

사랑하는 사람이 죽는 것을 실제로 봤어요. 그 자리에 있었죠! 이제 늘 불안감을 느껴요…… 무슨 일이 일어나고 있는 건가요?
만약 당신이 비극적인 죽음을 목격하고 그 비극의 장면이 '영화'처럼 계속 마음속에서 되풀이된다면, 당신의 몸에는 '투쟁 혹은 도피 Flight-or-Fight Response 반응'이 저장되어 크고 작은 불안감이 생겨납니다.

크리스티안 노스럽 박사는 이렇게 설명합니다. "투쟁 혹은 도피 반응은 신체가 급성 스트레스를 다루는 방법으로, 근육이 위험에서 벗어나는 데 필요한 에너지를 위해 저장되어 있던 포도당과 지방을 쓰는 것이다. 그러나 이 방법으로 평생 지낼 수는 없다…… 불안이 만들어지면 당신의 모든 면역 세포는 몸을 투쟁하도록 준비시키면서 작동하기 시작한다…… 그러나 실제로는 투쟁할 대상이 없기 때문에 코르티솔콩팥의 부신피질에서 분비되는 스트레스 호르몬으로, 급성 스트레스에 반응해 분비되며 스트레스에 대항하는 신체에 필요한 에너지를 공급해주는 역할을 한다은 이 시스템 내에 남게 된다. 이때 당신의 감정은 '독성'이 된다. 만약 이 투쟁 혹은 도피 반응이 오랫동안 지속된다면, 부신이 고갈되면서 호르몬은 균형을 잃고 여러 질병에 노출될 수 있다."

이런 불안을 극복하는 데에는 전문가의 도움과 지도가 필요할 수 있습니다. 만약 몇 가지 자가 요법을 시도해보고 싶다면, 22장의 진정 훈련calming exercise으로 시작해보세요.

의도치 않게 죽음을 초래했어요. 어떻게 스스로를 용서하고 앞으로 나아갈 수 있을까요?

당신이 사고 자동차를 운전했거나, 비행기 혹은 배를 조종했을 수 있습니다. 당신이 그 유람선 티켓을 구매했거나, 그 식당을 선택했거나, 혹은 그 여행을 제안했을 수 있습니다. 그렇다면 당신은 어떻게 해야 할까요? 어떤 방식으로든 (크든 작든) 의도치 않게 비난을 받을 수 있다는 것을 알면서 어떻게 살아갈 수 있을까요? 답은 '의도치 않게'라는 단어에 중점을 두는 것입니다. 의도치 않게inadvertently의 의미는, 당신이 그 사건을 의도하지 않았고unintended, 의도가 없었다는 unintentional 것입니다. 스스로에게 이런 단어를 수백 번 말하거나 적어보세요.

"나는 의도적으로 _____ (고인의 이름)를 죽이거나 그의 죽음을 초래하지 않았다."

만약 당신이 스스로를 용서하기 정 힘들다면, 도움이 필요한 다른 사람을 도와주도록 해보세요. 자존감을 되찾는 데 이보다 더 나은 치료법은 없습니다. 당신은 소중합니다. 당신의 인생은 의미가 있습니다. 스스로를 질책하는 데 쓰이는 그 에너지를 당신의 소중한 능력을 필요로 하는 단체 혹은 누군가를 돕는 쪽으로 돌려보세요.

전통적이지 않은 관계

당신이 고인의 전 부인이거나 '내연녀' 혹은 의붓 자녀일 수 있습니다. 즉 전통적인 인간관계에 속하지 않을 수 있습니다. '진짜' 부인, '친' 모, '친'자녀가 있다면, 이들이 친척이나 친구들로부터 더 많이 관심 받는 것처럼 보일 것입니다. 이들은 더 진짜 가족처럼 보입니다. 그러나 당신 역시 필요한 것들이 있습니다. 패멀라의 경험이 바로 이런 비전통적인 관계에 해당되는 하나의 사례입니다.

조지가 죽었을 때 그는 저의 전남편이었습니다. 우리는 이혼 후 가까운 친구관계이자 공동 육아관계로 발전했습니다. 그가 죽었을 때, 저는 제 애도가 타당하게 받아들여지지 않는다고 느꼈습니다. 어떤 무신경한 사람들은 심지어 그의 죽음에 대한 제 강렬한 반응을 믿지 않는다고까지 했습니다. 저는 제게 맞는 어떠한 자조 모임도 찾을 수 없었습니다. 그래서 저는 홀로 애도했습니다, 고립된 채로.

만약 고인과의 관계가 일반적이지 않아 도움을 받을 곳을 찾지 못한다면, 당신은 혼자 애도할 방법을 찾아야 합니다. 이 책의 자조 훈련이 당신에게 도움이 될 수 있습니다.

만약 당신과 함께 애도하는 사람들 가운데 비전통적인 관계에 있는 사람이 있다면 (그리고 그 관계가 당신의 가치관과 맞지 않다면), 그 사람의 감정과 경험을 이해하기 위해 할 수 있는 일을 해보세요.

이는 모든 사람에게 찾아온다
우리는 모른다. 언제인지
혹은 어떻게인지, 혹은 왜인지. 이는 언제나
알 수 없고, 위협적이고
침묵에 싸여 있다
사랑하는 사람이 갑자기 죽었을 때
우리는 마치 마비된 것 같다
우리의 선로 안에서 그대로 정지된 듯
그리고 오, 그들이 다시 돌아오기를 우리는 얼마나 원하는가

우리는 저마다의 속도로 슬픔을 통과한다

– 덜로리스 달, 시집 『갑자기 홀로』 중
「사랑하는 사람이 죽었을 때When a Loved One Dies」에서 발췌

애도는 누적된다

한 사람의 죽음만으로도 힘들 대로 힘들 수 있습니다. 그런데 '과부하'의 전형적인 사례가 메리에게 일어났습니다. 메리의 어머니는 심장마비로 돌아가시고, 할머니는 요양원에서 돌아가셨으며, 가장 친한 친구는 암으로, 남편은 갑작스런 뇌졸중으로 모두 같은 해에 사망했습니다. 하나의 상실 후 곧이어 다른 상실을 겪는다면, 그사이에 회복할 시간은 없습니다. 이런 이유로 각각의 죽음에 대해 따로 애도하는 것이 중요하며, 그러지 못할 경우 너무도 강하게 압도되는 느낌에 애도를 전혀 할 수 없을 것입니다. 당신이 제대로 대처하기에는 너무나 많은 일을 겪고 있다면, 감정의 미로에서 길을 찾는 작업을 도와줄 상담가를 찾으세요. 상담가를 찾아가는 것은 결코 나약함의 표시가 아니며 당신이 앞으로 헤쳐나가 인생의 궤도로 돌아가는 데 전념한다는 신호입니다.

당신이 힘든 감정을 피하려는 것은 아닌지 생각해보세요. 인생의 다른 사건들 중에 있을지라도 시간을 내야 합니다. 우선순위를 정하고 애도의 시간을 갖는 것 역시 도움이 될 수 있습니다. 적어도 하루에 20분씩 두 번 정도 당신의 슬픔을 느끼고 다룰 시간을 내세요. 애도하는 많은 사람이 이야기하길, 어떠한 방해 없이 가끔 하루쯤 애도를 하는 게 도움이 된다고 합니다. 당신에게 맞는 어떤 방법이라도 좋습니다. 중요한 것은 당신이 시간을 내야 한다는 것입니다. 그러지 않

고서는 앞으로 나아갈 수 없습니다.

우리의 가장 암울한 시간이 신문 1면을 장식하는 경우

죽음은 아무도 치료해줄 수 없는 마음의 고통을 남기고,
사랑은 아무도 훔쳐갈 수 없는 추억을 남긴다
– 작자 미상

사람들이 누구나 아는 유명한 사건으로 인해 소중한 이를 잃고 상실을 겪으면, 애도 과정뿐만 아니라 상실 그 자체가 '공공의 뉴스'가 될 수 있습니다.

24시간 계속되는 뉴스 보도는 비극의 매 순간을 시간 순서대로, 거기에다 전문가의 해석과 희생자의 이야기까지 확대해서 보여줍니다. 어떤 부분은 유용하고 정확하지만, 어떤 부분은 유해하고 부정확합니다. 고인이나 (신체적 혹은 정서적인) 부상자, 미래의 위험, 반격의 필요성, 추측, 사업 손실, 회복 비용, 그리고 보호에 대한 염려가 공중파를 채웁니다. 선정주의, 텔레비전, 언론…… 그들은 당신의 집에서 실제로 무슨 일이 일어나고 있는지 모릅니다. 추측하고 통찰과 의견을 던질 때, 그들이 직접적인 생존자인 경우는 거의 없으며 다만 당신의 아주 사적인 이야기를 보도하려는 기자일 뿐입니다. 언론 혹은 오랫동안 소식이 없던 사람들로부터 갑자기 전화를 받게 될 수도 있습니다.

마치 끊임없는 폭격을 받거나 당신의 사생활이 공개된 듯이 느껴

우리는 저마다의 속도로 슬픔을 통과한다

질 것입니다. 당신이 '사랑했던 사람'의 죽음뿐 아니라 고인의 가족이나 친구들에게도 관심을 보이는 대중매체를 피하기가 때로 어려울 수 (심지어 불가능할 수) 있으며, 그런 언론의 관심이 당신의 괴로움과 고통을 가중시킬 수 있습니다. 그러나 대중매체가 한편으로 사건의 수사와 진실을 전하는 데 중요한 역할을 할 수 있다는 점을 잊지 않는 게 중요합니다.

대중매체로부터 질문을 받고 가족을 대변할 사람을 친구 또는 가족 중에서 정하세요. 만약 대중매체가 보도한 내용이 당신을 불편하게 만든다면, 기자에게 그렇게 말하세요. 이런 관심을 이용해 애도가 얼마나 고통스러운지, 언론이나 다른 사람들이 애도하는 이들을 어떻게 도울 수 있는지 전하세요.

언론을 대할 때의 주의 사항

- 방송사들은 이러한 사안을 세심하게 다룰 명백한 의무가 있습니다. 만약 그들이 지나치게 침입하거나 당신이 더욱더 심각하게 걱정해야 할 문제들을 야기한다면, 언론중재위원회의 도움을 구할 수 있습니다. 실시간 온라인 상담이 가능하며 전화나 직접 상담, 또는 이메일 상담이 가능합니다.
- 신문 및 방송 기자들은 종종 고인이나 가족의 사진을 원하며, 이를 얻기 위해 때로는 무슨 일이든 서슴지 않습니다. 당신이 기억하고 싶은 고인의 모습이 담긴 사진을 제공하는 게 좋을 수도 있습니다.
- 언론으로부터 질문을 받고 가족을 대변할 사람을 친구 또는 가

족 중에서 정하세요. 대변인에게 사진이나 기본적인 신상 정보를 전달합니다.

일반적으로 언론은 이런 상황을 조심스럽게 다루지만, 그럼에도 언론에 협조하고 싶지 않을 수 있습니다. 당신과 '사랑했던' 고인에 대한 언론의 관심이 침입적이거나 고통스러울 수 있습니다. 그러한 침입을 완전히 막을 순 없겠지만, 그 충격의 정도를 줄일 수 있는 몇 가지 단계를 취할 수 있습니다.

- 당신을 대신해 언론으로부터의 전화, 질문, 그리고 언론과의 연락을 처리할 대변인을 정하세요. 당신이 직접 작성해 미리 준비된 성명서를 위임받은 사람이 읽게 할 수 있습니다.
- 언론과 대중은 정보를 얻고자 합니다. 우리의 애도는 사적이지만 우리의 상실이 공적이라면, 당신이 선택한 정보를 전달하는 것이 언론을 만족시키는 데 도움이 될 수도 있습니다. 당신도 언론을 이용해 당신처럼 애도 중인 다른 사람들에게 전하고 싶은 말, 어떤 단체를 지지하는 의사를 밝히거나 대중에 당신을 지지할 방법을 알릴 수 있습니다.
- 어느 순간 언론을 애도를 촉진시키는 수단의 하나로 삼을 수도 있습니다. 언론은 당신이 분노를 표현하고 당신에게 지지가 얼마나 필요한지 세상에 알릴 수 있습니다. 언론에서 당신이 사랑했던 사람을 기리는 말들이 적힌 사진을 보여주는 게 도움이 될 수 있습니다. 언론을 이용해 기념비나 장학재단을 설립할 수도

우리는 저마다의 속도로 슬픔을 통과한다

있습니다. 접촉할 언론사 담당자의 이름, 전화번호 및 이메일 주소를 관리할 사람을 두세요.

4부

애도를 지나는 길

이제 마지막으로 우리의 목표는 치유 과정에 도움이 되는 아이디어와 실습 방법을 소개하는 것입니다. 지지 방법을 찾고, 애도 과정이 어떻게 진행되는지 훑어보며, 믿음의 역할을 탐색하고, 애도 회복 훈련들을 연습할 겁니다. 우리 바람은 당신에게 말을 하는 것이 아니라, 당신과 함께 있는 것입니다…… 애도의 여행(상실에서 자기 발견까지, 급성 애도에서부터 관리 중인 애도까지, 미로의 한쪽 끝에서부터 반대쪽 끝까지)을 하는 사람들로서.

우리가 이 길 위 어디쯤에 있는지를 공유하는 것으로 글을 맺으려 합니다. 1999년의 첫 노트에서부터 시작해 이후 2008년 오늘의 우리에게 애도가 어떻게 보이며 느껴지는지를 이야기하겠습니다.

19장

앞으로 나아갈 길: 애도의 여정을 이해하기

인생의 가장 깊은 고통들은 '극복'할 수 없으며, 극복해야만 하는 것도 아니다.
'그것'이 무엇이든 겪어본 사람들은 "당신은 극복했나요?"라고 묻지 않는다.
이는 걱정스러운 마음에서 나오는 질문이자,
결코 주어질 수 없는 안정을 구하는 것일 뿐이다.
일생 동안 많은 고통이 존재하고 많은 슬픔 또한 생겨난다.
우리는 그것을 '극복'하지 않는다.
우리는 그것들과 함께 살아가고 성장하고 깊어지며,
그것들을 이해하는 방법을 배운다.

매들린 렝글, 『이집트에 팔리다Sold Into Egypt』

애도 과정은 그 길을 여행하는 사람마다 다르지만, 초판 이후 수년간 우리는 애도 작업에서 사랑하는 사람을 갑작스레 잃고 미로를 헤쳐나가는 사람들의 공통적인 주제를 발견했습니다. 이 책을 발견한 많은 애도자는 좀더 일찍 발견했더라면 좋았을 거라고 전했습니다. 감정의 인정, 재확신, 그리고 이 여행에 대한 통찰이 그들의 걱정과 공포를 덜어주었을 것입니다.

우리는 종종 앞으로 무슨 일이 닥칠지 앎으로써 그 일을 더 잘 준비할 수 있습니다. 혹은 최소한 무엇이 다가오고 있는지 몰라 그 영향으로 쓰러질 것 같다고 느끼게 되지는 않을 것입니다. 인생의 어떤 영역에서 '알려지지 않은 것'은 우리를 불안, 공포, 걱정으로 가득 채우는 경향이 있습니다. 이 장에서 우리는 압도되지 않을 정도로 간략하게 그 여행의 너머를 보여주고자 합니다.

연도별 애도의 주제

첫 번째 해: 모든 것이 처음인 시간

애도의 단계에 추가적으로, 매년 각각의 도전 과제들이 있습니다. 다음의 내용은 각각의 해가 어떤 것에 관련되는지 안내합니다. 애도의 많은 영역처럼 이러한 경험도 항상 일직선으로 이뤄지는 것은 아닙니다.

첫 번째 해는 방향감각의 상실, 무감각, 부정, 둔해진 죄책감에 의해 간혹 터져나오는 행복감, 급성 고통, 그리고 다시 무감각함이 되돌아오는 특징이 있습니다. 또한 초기 단계에서는 깊은 좌절(예를 들어 '그녀가 정말 없다는 게 믿기지 않아'와 같은)이 뒤따르는 행복감(예를 들어 '혼자라서 얼마나 좋은지')과 같은 슬픔의 롤러코스터가 있을 수도 있습니다. 어떤 사람들은 진정한 즐거움 없이, 그저 살아가는 일을 하는 로봇으로 처음 1년간의 자신을 묘사합니다.

신생아의 첫해를 떠올리면 쉽습니다. 첫걸음, 첫 미소, 첫 옹알이, 첫 마디, 첫 이. 우리는 누군가를 잃었을 때 일반적으로 '첫 번째'라는 숫자에 압도되는 경험을 합니다. 우리는 사랑했던 사람이 없는 첫 번째 바다 여행을 경험하고, 그가 없는 첫 부활절 저녁 식사를 하며, 그 없이 처음 여행을 계획하고, 그가 선물을 열어볼 일이 없는 크리스마스 아침을 처음으로 맞이합니다. 이러한 경험은 저마다 감정적으로 어렵고, 신체적인 기력을 빼앗아 갑니다. 부디 이런 경험을 나눌 방법을 찾아보세요. 자조 모임을 만들거나 참여해서, 이러한 '첫 번째'들을 겪은 사람들과 함께할 수 있을 것입니다. 당신은 어려움과 상실감을 나누고 함께 길을 가는 다른 사람들로부터 위안을 받을 수 있습니다.

첫해부터 빨리 시작할 수 있는 치유 과정이 있습니다. 정보를 얻고 당신의 질문에 대한 대답을 찾는 것이 단단한 시작점이 될 수 있습니다. 그러나 당신이 준비되어 있다고 여겨지지 않는다면 스스로를 몰아붙이지 마세요. 어떤 애도자들은 규칙에 맞춰 자기 일을 하면서 편안함을 느낍니다. 이 과정에는 통제를 벗어난 상황에서 약간이라도 통제감을 느끼도록 돕는 무언가가 있습니다. 세부적인 사항을 정리하는 데 변호사가 도움이 될 수도 있습니다. 또한 오늘날엔 유용한 유료 자료가 많습니다. 애도에 대해 많이 읽고 배우는 것도 첫해에는 도움이 될 수 있습니다. 더 많이 읽을수록 자신을 더 많이 알아갈 것입니다. 배움은 당신의 경험을 정상화하는 데 도움이 될 것입니다.

다양한 추모 방식

장례식에서의 콜라주 사진부터 나무 심기까지 "나는 이 사람을 사랑했고 기억한다"고 표현할 수 있는 방법들이 있습니다. 당신이 사랑했던 사람을 기억하는 법을 고심 중이라면, 미국 은퇴자협회에서 제공하는 아래의 몇 가지 아이디어를 참고해보세요.

- 추도하는 촛불 켜기.
- 사랑했던 사람의 추억 앨범 만들기.
- 어려운 이웃에게 성금이나 시간을 후원하기.
- 사랑했던 사람의 사진이 담긴 핀 달기.
- 그의 이름으로 된 기념 장학 재단 만들기.
- 그에 대한 시 또는 글을 쓰기.
- 고인과 당신이 함께 좋아하던 장소 방문하기.
- 고인을 추억하며 나무에 특별한 장식물 달기.
- 고인이 좋아하던 음악 연주하기.
- 그가 좋아하던 천으로 퀼트 만들기.
- 친구나 가족과 함께 고인과의 추억을 나누기.
- 교회나 종교적인 장소에 추도 꽃을 바치기.

- 특별했던 물건들로 추억 상자 만들기.
- 그가 좋아하던 전통을 존중하기.
- 당신의 기억 속에 새로운 전통을 만들기.
- 고인의 사랑스러운 기억들을 모아 넣은 양말을 걸어두기.
- 가족과 친구들을 불러 고인을 기리는 자리를 마련하기.
- 당신이 좋아하는 글을 소리 내어 읽기.

두 번째 해: 재구성

두 번째 해는 한 사람의 인생에 대한 재구성과 재검토를 하게 되는 시기입니다. 나는 어디서 살기를 원하는가? 어떻게 스스로를 지지할 것인가? 어떤 차를 팔 것인가? 일터로 돌아가면 아이들은 어떻게 돌볼 것인가? 그의 옷을 어떻게 하지? 엄마가 쓰던 방을 어떻게 하지? 여전히 애도에 잠겨 있는 사람에게 생각할 여력이 거의 없을 재정리의 시간이 되었습니다. 그러나 이것은 치유 과정에서 가장 필수적인 부분이기 때문에, 애도와 슬픔을 느끼는 시간은 따로 두는 것이 중요합니다.

두 번째 해에는 힘든 현실을 맞닥뜨리게 됩니다. 우리는 사랑했던 사람이 이제 없지만 삶은 계속된다는 사실을 더는 아닌 척하거나 부정할 수 없습니다. '계속되는 삶'에 대한 기대는 우리 주변에 가득합니다. 사회, 동료, 심지어 선의에 찬 친한 친구들조차 당신이 '일상으로 돌아오기'를 기대할지도 모릅니다. 애도에서의 회복이 사회적인 타임라인과 일치하지 않는다는 것을 알게 되었을 때 재조정은 더 어려워집니다.

이 단계에서 어떤 이들은 새로운 계획을 세우고 시작할 준비가 되어 있습니다. 그들은 개인적인 목표, 희망, 공포, 그리고 꿈을 확인할 준비가 되어 있습니다. 그러나 두 번째 해에 완벽한 회복이 되기를 기대하는 것은 비현실적입니다. 날이 더 밝아올 것입니다—그러나 여전히 밤은 찾아옵니다. 당신은 강해질 것입니다. 만약 당신이 3부를 읽고 연습하기를 아직 마치지 않았다면, 지금이 목표를 설정하고 생각과 추억, 감정 작업을 시작하기에 좋은 때입니다.

세 번째 해: 균형을 되찾기

셋째 해에는 안도와 숨겨진 감정들 사이의 간격이 좀더 멀어질 수 있겠지만, 이들 감정은 여전히 예상치 못한 순간에 나타납니다. 당신은 매일이 아닌 일주일에 한 번 정도 (그 뒤에는 한 달에 한 번) 울거나 슬픔을 느낄지도 모릅니다. 당신은 대체로 삶을 재구성했을 것입니다. 당신이 애도를 통과하고 살아가리라는 것을 압니다. 그동안 꺼리던 세상에 대한 신뢰감을 회복했을지도 모릅니다.

바라건대, 셋째 해에 당신은 애도 작업을 잘해나가고 있을 것입니다. 당신은 자신과 세계를 재정의하고 재발견하는 길을 확신하며 지나가고 있을 것입니다. 당신의 비극을 의미 있는 추모로 바꿀 방법을 찾았거나 혹은 찾기 위해 전력을 다하고 있을 수도 있습니다. 당신이 아직 회복 작업을 시작하지 않았다면, 지금 시작하거나 혹은 왜 시작하지 못했는지를 검토해보는 것이 중요합니다. 작업을 미루면 미룰수록 삶에 대한 자신감과 편안함을 느끼는 데 더 긴 시간이 걸릴 것입니다. 균형감을 다시 찾는 데는 최소한 3년이 필요하며, 어떤 사람들에게는 더 오랜 시간이 걸릴 수도 있습니다.

애도 단계

브룩은 애도 단계 지지 프로그램Grief Step Support Programs이라는, 애도하고 슬픔의 덫에서 벗어나 (비록 달라졌지만) 완전한 삶으로 들어가려는 사람들에서 공통적으로 보이는 열 가지 모델을 개발했습니다. 모든 사람이 각 단계의 순서를 정확히 거쳐가지는 않으며, 단계들을 달력(두 번째 해까지 해야 한다)에 맞출 필요도 없습니다.

브룩은 '받아들이는 삶' 단계에 성공한 사람들에게는 몇 가지 유사점이 있다는 것을 알아냈습니다.

- 그들은 자신의 '진행 과정'을 측정하려고 시계나 달력 또는 다른 사람들의 기대를 보지 않았습니다. 대신 자기 마음과 몸이 과정을 이끄는 대로 했고, 준비되었을 때 다음 단계로 나아가도록 스스로를 격려했습니다.
- 그들은 각 단계를 자신만의 상실에 맞춰 작업했습니다. 어떤 이들은 순서대로 따랐고 다른 이들은 그러지 않았지만, 각각의 진행 단계를 어떤 식으로든 작업해온 사람들이 '받아들이는 삶'의 단계에 왔습니다.
- 애도 작업을 하지 않은 날보다 한 날이 더 많았습니다. 샛길로 하루, 일주일, 혹은 한 달 정도 여행의 길에서 벗어나기도 했지만 되돌아왔습니다.
- 막힐 때는 잠시 멈추기도 했지만, 결국 그들은 중단하기보다는 도달하기를 택했습니다.

이 책에서는 첫 두 단계를 자세히 다루고 있습니다. 그것은 새로운 시작을 위한 토대이며, 끝이 아닌 과정의 시작입니다. 다른 단계들은 감정적·신체적으로 가장 어려운 초기 애도 과정과 관련 있기에 이 책에 간단히 언급되었습니다.

상실 후 시기별로 적용하거나 완수되지 않는 단계들은 언급하지 않았습니다. 우리에게는 이 단계를 넘어가기 위한 지식과 힘을 되찾을 시간이 필요합니다. 그러나 우리는 세 가지 중요한 이유로 그 단계들을 포함시켰습니다.

이 책을 읽고 앞으로 몇 개월 혹은 몇 년 뒤 당신이 복잡한 감정과 난제를 마주했을 때, 그것이 어디서 비롯되는지 알리는 것이 우리 의무라고 느낍니다. 이는 당신이 '애도를 잘 못했다'거나 '충분히 애도하지 않았다'는 것이 아닙니다. 이 여정은 너무나 길기 때문에 한 권의 책에 담아낼 수 없고 여러 과정으로 구성되어 있습니다. 이 책은 애도의 첫 번째 도전에 내미는 도움의 손길입니다.

이 책은 2, 3년 전에 겪은 상실을 애도 중인 수많은 독자의 손을 거쳐 만들어졌습니다. 만일 당신이 이런 독자 가운데 한 명이라면, 이 애도 단계 모델grief steps model이 당신에게 도움이 될 수 있다는 것을 알려드리고 싶습니다. 만일 당신이 이 책을 읽고 '저걸 알고 있었더라면 좋았을 텐데' 또는 '나는 저렇게 하지 못했어' 하는 생각이 들더라도 여전히 건강한 방향으로 애도해나갈 수 있음을 부디 알아주세요.

많은 독자가 첫 한두 해 동안 이 책이 어디서든 그들과 함께했다고 전해주었습니다. 이 책은 인정과 안전을 위한 든든한 담요 역할을 해주었습니다. 시간이 지나면서 우리는 "이제 어디로 가야 하나요?"라고 묻는 많은 편지를 받기 시작했습니다. 2000년 당시 브룩은 애도 단계 모델을 아직 개발하지 않았습니다. 왜냐하면 그녀도 여전히 애도의 직접적인 여파 속에 있었기 때문입니다. 이 책에 있는 정보를 넘어서서 나아가고 있다면 당신은 이미 혼자가 아닙니다. 브룩은 당신이 이 책의 내용을 통해 익숙하게 느낄 스타일의 안내 도구를 만들었습니다.

10단계의 길

1단계: 충격과 살아남기

목표: 현실에 기반을 두면서 상실의 충격에서 살아남기

2단계: 롤러코스터를 탄 느낌

목표: 상실에 수반된 모든 범위의 감정과 충격을 완화하기

3단계: 우리 이야기를 이해하기

목표: 강박적인 사고를 멈추기 위해 시작, 중간, 끝을 찾아내기

4단계: 인정과 적극적인 애도

목표: 상실의 현실을 인정하고, 충분히 애도하기

5단계: 용서

목표: 용서의 행동을 통해 불필요한 고통에서 자신을 풀어주기

6단계: 믿음

목표: 삶 그리고/또는 신에 대한 믿음을 탐색, 정의하고 다시 세우고 바로잡기

7단계: 의미 찾기

목표: 극심한 비극일지라도 의미를 가질 수 있음을 이해하고 의미를

밝혀내기

8단계: 우리 자신을 재정의하기

목표: 상실이 만들어내는 공허함과 그 공허함이 우리의 개인적인 신념들을 어떻게 바꾸는지 이해하기

9단계: 상실과 함께 살아가기

목표: 찾아낸 의미를 일상의 삶으로 통합하기

10단계: 삶을 받아들이기

목표: 인생을 충만하게 살아가야 하는 책임을 받아들이기

우리는 저마다의 속도로 슬픔을 통과한다

20장

믿음

어떤 종교를 선택하든 간에 우리는 그 종교가 과거에 다른 이들이
'죽음의 그림자의 어두운 계곡'을 지나갈 수 있도록 이끌어주었고,
앞으로도 그렇게 해줄 것임을 인정해야 한다.
우리는 그 암울한 길을 걷는 첫 번째 사람이 아니다,
우리가 결코 마지막 사람도 아님을 알듯이.

로버트 J. 마르크스, 수전 웬저호프 데이비드슨,
『궁극의 상실을 마주하기 Facing the Ultimate Loss**』**

신앙은 어느 정해진 시간 내에 답을 얻기에는 복잡하고 어려운 개념이므로, 막다른 곳에 내몰린 시기에는 놔두세요. 『궁극의 상실을 마주하기』에서 로버트 J. 마르크스와 수전 웬저호프 데이비드슨은 썼습니다. "고통 속에 있다는 것이 우리가 아는 전부이며, 빠른 해결책은 최대한 일찍 이를 부정하는 것이다. 고통을 겪는 동안 우리는 신앙이 쉽게 손에 잡히는 것이 아님을 알게 된다. 너무 우울해서 신앙이 무엇을 줄 수 있는지조차 들을 수 없는 많은 순간이 있다."

애도의 초기 몇 달 동안 우리는 신앙에 대한 복잡한 질문을 종종 옆으로 제쳐놓고 좀더 기초적인 것에 매달리게 됩니다. 왜 그 사람인가? 왜 나인가? 어떻게 이런 일이 일어날 수 있는가? 상실 이후 우리가 신앙을 찾거나 다시 신앙으로 돌아가는 데 수개월이 걸릴 수도 있습니다. 사람들은 그들의 여정으로 신의 은총 속에서 위안을 찾고 찾아낼 수 있습니다. 그러나 많은 사람이 영성에 대해 근본적인 의문을 갖습니다.

우리는 갑작스럽게 안개에 싸인 듯한 세상에서 언제나 새로운—답을 찾기 어려운—질문과 함께하게 됩니다. 여기에 쉬운 답안이 없다는 점에서, 신앙을 회복하거나 찾아내거나 새롭게 하는 과정 역시 애도 과정 자체와 비슷합니다. 우리는 이 책을 쉬운 답들로 채우지 않았습니다. 대신 한 번에 한 걸음씩 앞으로 나아갑니다. 이해하기 위해, 우리 자신의 길로 만들어가면서.

갈림길

애도 중인 사람들을 대하며 브룩은 흥미로운 현상을 봤습니다. 어떤 사람들에게 상실은 신앙을 더 강화하는 촉매가 되었던 반면, 다른 사람들에게는 그들의 신앙을 저버리는 이유가 되었습니다.

멀어지기

베서니는 천주교 신앙을 삶의 지침으로 여겨왔습니다. 매주 일요일 성당에 나가 주일학교에 참여하며, 매일 기도하고 아이들을 천주교 학교에 보내는 것이 그녀의 신앙생활 일부였습니다. 딸이 하굣길에 교통사고를 당했을 때, 베서니의 신앙은 무너졌습니다. 그녀는 위안을 얻고자 성당에 갔지만, 그들의 충고는 피상적이었고 그녀의 깊은 비애에 와닿지 않았습니다. 베서니가 종교 모임에 다시 참여하기까지는 딸의 사망 뒤로 3년이 걸렸습니다. "신의 존재를 의심하는 것은 아닙니다. 저는 주님이 행하신 것을 압니다. 단지 주님과 더 이상 어떤 것도 함께하고 싶지 않았습니다."

다가가기

9·11 직후 한 여성으로부터 전화를 받았는데, 그녀의 남편은 뉴욕시 소방관이었으며 구조활동 중 사망했다고 했습니다. 캐시는 뉴욕시의 많은 가족에게 이 책을 배포하려는데, 수백 권을 할인받을 수 있는지

문의했습니다. 물론 대답은 "네"였고 우리는 이야기를 나누기 시작했습니다. 캐시는 여섯 살과 한 살의 쌍둥이, 이렇게 세 아이의 엄마였습니다. 그녀는 남편이 언제나 '종교적인 사람'이었고, 자신은 '그러거나 말거나' 했었다고 합니다. 그러나 그의 죽음 이후 캐시는 신에 대한 강한 믿음을 발견했습니다.

우리는 캐시처럼 신을 믿지 않다가 살아남기 위한 힘을 내려고 신앙을 받아들인 많은 사람의 이야기를 알고 있습니다. 사람들은 사랑했던 이들을 받아들여줄 신의 존재를 알게 되면서 평화를 찾습니다.

지난주에 문득 그런 생각이 들었어요
내 사랑이 사후세계를 넘어설 수 있다면
나에 대한 그(죽은 내 아들)의 사랑 또한 그럴 수 있다는
– 재니스, 애도 단계 회원

수백 명의 가족과 작업하면서 브룩은 신앙으로부터 멀어지거나 가까워지는 것을 설명할 수 있는 두 가지 요인을 발견했습니다. 첫째, 분노와 감정을 표현하는 능력. 둘째, 종교적 공동체의 열린 자세.

신을 향한 분노

이 어두운 시기에 신에 대해 의문을 갖게 되는 일은 흔합니다. 우리는 결코 변하거나 흔들리지 않으리라 믿었던 신앙에 대해 의문을 갖게 될 수도 있습니다. 그래도 괜찮습니다. 「시편」은 어둡고 힘든 시기에 신에 대해 의문을 갖는 구절들로 가득합니다.

우리는 저마다의 속도로 슬픔을 통과한다

나의 하느님, 나의 하느님, 어찌하여 나를 버리십니까? 살려달라 울부짖는 소리 들리지도 않사옵니까?

나의 하느님, 온종일 불러봐도 대답 하나 없으시고, 밤새도록 외쳐도 모르는 체하십니까?

– 「시편」 22장 1, 2절(『현대 영어 성경CEV』) 한국어판은 『공동번역성서』에서 인용

『애도 극복 안내서The Grief Recovery Handbook』에서 존 W. 제임스와 러셀 프라이드먼은 이렇게 쓰고 있습니다. "우리가 신에게 화났다고 말하는 것이 허용되어야 하며, 이에 대해 평가받거나 비난받지 않아야 한다. 그러지 못한다면 이 분노는 영원히 지속되어 영혼의 성장을 막을 수도 있다. 우리는 진짜 감정을 표현할 수 없었기 때문에 종교로 돌아가지 못한 이들을 안다. 이런 경우, 애도 중인 사람은 그가 받을 수 있는 가장 강력한 위로의 자원으로부터 고립되는 것이다."

당신의 분노를 두려워 말라.

우주를 창조할 수 있는 힘이라면, 당신의 분노를 다룰 수 있다.

– 아델 제임슨 틸튼

애도 중인 사람이 신에게 고함지르고 화내며 비명을 지르는 일은 흔합니다. 이런 감정 때문에 죄의식을 가져서는 안 됩니다. 애도에 관한 많은 단면과 마찬가지로, 이러한 내면의 심판도 과정의 일부분입니다. 범종파 종교자인 패멀라는 다음과 같이 회상합니다.

"조지가 생명유지장치를 달고 있던 병원 복도를 서성이면서, 하늘

을 향해 주먹을 휘두르며 신에게 소리 지르던 것이 기억나요. 주변에서 이를 들은 누군가가 저보고 신에게 화내지 말고 말을 가려 하라더군요. 저는 이렇게 대답했어요. '나의 신은 이 분노를 다룰 수 있어요. 그리고 내가 신에게 화내더라도 신은 나를 버리지 않습니다.'"

원죄의 면에서 분노는 우리 신앙의 확인입니다. 작가 마르크스와 데이비드슨은 이에 대해 다음과 같이 잘 정리했습니다. "아이[또는 어떤 사람, 어떤 것]를 잃었을 때, 우리는 쉽게 분노—남편 또는 아내, 의사, 혹은 심지어 우리에게서 떠나가버린 아이에 대한 분노—의 희생자가 된다. 우리가 겪을 수 있는 모든 격렬한 분노 중 신에 대한 분노보다 더 비통한 것은 없다. '사랑과 자비의 신이 어떻게 내게 이럴 수 있는가?' 배신한 남편이나 아내에 대한 격렬한 분노조차 이보다 더 쓰디쓸 수는 없을 것이다. 일생의 믿음 뒤에 어떻게 정의와 자애의 신이 이런 끔찍한 불의를 허락할 수 있는가? 분노의 질문은 확언과 비난이 될 수 있다. 결국 우리가 느끼는 거대한 분노는 우리가 믿는 사실을 바탕으로 하는 것이다. 존재하지 않는 누군가에게 화를 낼 수는 없다."

종교적 공동체와 애도

흥미롭게도 브룩의 애도 자조 모임을 이끄는 전문가 훈련 프로그램의 등록자들은 대부분 종교 지도자입니다. 한 성직자는 이런 이야기를 들려주었습니다.

"우리는 상실을 겪은 많은 사람이 교회에 나오지 않게 된다는 걸 알고 있습니다. 그 수가 걷잡을 수 없이 늘어나고 있기 때문에 이런 신자들에게 우리가 도울 것이 있는지 물어봤습니다. 도움이 절실할

　　　　　　우리는 저마다의 속도로 슬픔을 통과한다

시기에 우리의 준비가 부족하다는 게 아주 명백했습니다. 우리는 음식 후원과 기도 모임을 만들 수 있지만, 우리가 애쓰는 그 이상이 필요했습니다. 교회는 특히 종교 의식과 교류에 익숙해져 있습니다. 우리는 탄생과 죽음을 위한 의식을 치릅니다. 그러나 의식이 끝난 후 어떤 방법으로 이들과 애도를 견뎌낼지 충분히 이해하지 못했습니다. 우리는 복음, 예배, 그들을 위해 기도하고 그들이 기도하도록 격려하는 데에만 초점을 맞췄습니다. 우리가 이해하지 못했던 것은, 많은 교인이 신과 대화하는 기본적인 어휘를 잃어버렸다는 것이었습니다."

『상실을 넘어서기: 인생 전반에 걸친 애도의 영향과 이를 의미 있게 만드는 방법Transcending Loss: Understanding the Lifelong Impact of Grief and How to Make It Meaningful』에서 애슐리 데이비스 프렌드는 신앙과 종교의 목적에 대한 훌륭한 관점을 제시합니다. "종교는 신과의 영적인 연결을 촉진해주는 이동 수단이자 길이다. 그러나 우리가 봐왔듯이, 많은 사람에게 종교는 자물쇠와 쇠사슬이 감긴 통행문처럼, 영성을 연결해주는 데 그리 도움이 되지 않는 다리다. 어떤 이들은 어떻게 그 문을 열고 자유로운 이동성을 회복할지를 다시 생각해보다가 어린 시절의 종교를 버리기도 한다. 그들은 비난보다 지지를 받을 수 있는, 위축되기보다는 성장할 수 있는, 희생되기보다는 살아가게 지탱해주는 새로운 공동체를 찾아 나선다."

당신의 종교적 공동체가 애도를 감당할 수 없다는 것을 알게 되었다면, 바로 당신이 필요로 하는 것을 재평가해보세요. 이 어둠의 시간을 당신과 함께할 수 있는 자조 모임이나 단체를 찾아보세요. 만일 믿음이 당신에게 중요하다면, 아무도 이해하지 못하고 나를 받아주지 못할 거라는 두려움 때문에 스스로를 닫아버리지 마세요. 여정을 통과해가면서, 처음에는 위로받지 못했던 종교 공동체로 되돌아가 자조 모임을 시작하기를 원할 수도 있습니다.

종교가 제게 지금 당장 필요한 대답과 지지를 제공할 수 있을까요?

연합감리교회의 목사 스티븐 골드스타인은 자신의 생각을 우리에게 전해주었습니다. "종교 지도자들은 애도 중인 사람에 대한 진정한 염려가 없는 가벼운 감수성으로, 죽음이나 인간의 고통에 대해 겉만 번지르르하고 진부한 종교적인 언어에 매달리곤 합니다. 초기에는 전형적이고 객관적인 '답'보다는, 종교적 만남 같은 단순한 인간적인 존재가 필요합니다. 누군가와 함께할 때, 저는 그들이 묻고 있다고 느껴지는 질문을 말로 표현하려고 노력합니다. 그들과 함께 '왜?'라고 묻고 제 자신의 의문을 나눕니다. 이것은 해결 방안이나 문제 풀이의 시간이 아닙니다. 핵심은 그들과 함께 있는 것이며, 나도 똑같은 질문을 품고 있다는, 나 자신의 인간적인 한계를 표현하는 것입니다. 이것이 '신의 존재'나 '영혼', 혹은 당신의 전통에서 초월자를 '부르는' 어떤 것을 가능케 하는 방법이라고 저는 확신합니다. 신은 이러한 시기, 특히 우리가 자신을 돌보는 데 취약할 때, 타인에 대한 진정한 관심이 우리가 '숨 쉬기' 위해서일 때, 심지어 우리가 초월자의 사랑을 찾아 기도하는 동안의 신체적인 접촉에서도 존재하십니다.

갑작스런 죽음이든 어떤 죽음이든 간에 이후 슬픔에 빠진 사람들과 함께 의문을 주의 깊게 살펴보고 점검할 때는 다른 사람들이 표현하

우리는 저마다의 속도로 슬픔을 통과한다

는 게 무엇인지 들으며 경청하고 당연시하지 않는 것이 중요합니다. 때로 이는 죄책감, 공포, 분노, 심지어 안도감을 주기도 하고, 대개는 이러한 정상적인 감정들의 조합이지만 이런 상황에서 '교회' '복음' 혹은 신의 존재를 느끼기 위해서는 우리의 기대 이상으로 주의를 기울이는 것이 가장 중요합니다. 만일 우리 경험을 다시 떠올리며 타인의 경험을 그대로 느낄 수 있을 정도의 상태라면, 치유를 위한 기회를 만들 수도 있습니다. 헨리 나우언이 표현했듯이 '상처받은 치유자 wounded healer'가 되는 것입니다. 이는 타인의 감정에 이름 붙이는 것이 아니라 하나가 되는 영혼으로 문을 열고 들어가는 것입니다. 그들이 어떻게 느끼고 있는지 말해주는 것이 아니라 영혼을 통해 그 사람과 함께하는 것입니다. 직관적으로 자신의 개인적인 경험을 들려주는 게 그 함께함을 가장 적절하게 정의하는 것일지도 모릅니다. 장례식이나 추도식 같은 종결 의식은 신앙에 대한 '역사적인 언어'를 말로 표현하는 시간입니다. 이것은 사람을 사랑했던 사람의 공동체로 이끌고, 우리가 한 부분으로 헌신할 수 있는 더 큰 공동체로 인도합니다.

물론 이것은 그러한 공동체가 그 사람의 삶 일부일 때에만 진정 효과를 나타낼 수 있습니다. 종교나 종교 지도자가 구원해주러 오기를 바라는 것은 비현실적이고 신앙적이지도 않습니다.

목사가 솔직한 경험을 나누는 걸 피하기 위해 그 사람의 생생한 슬픔을 듣지 않고 글로 적힌 기도문만 준다거나 '아버지의 집에는 많은 말씀이 있습니다'와 같은 손쉬운 성경 구절만 인용한다면, 이는 중요한 '영적인' 표현을 피하거나 막는 것일 뿐입니다. 그럴 경우 종교는 신의 존재와 은총을 막는 장벽이 됩니다.

목사나 종교 지도자가 부도덕하다면, 당신은 당연히 그것을 알고, 보살핌과 실재를 위해 다른 곳을 찾아야 할 것입니다. 특정 종교가 있느냐보다 위기의 시간에 그러한 가능성이 지역사회 내에 있다는 것이 더 중요합니다. 이것이 영적인 성숙을 위한 시작점입니다. 다른 사람의 고통이나 상실감을 다루는 것이 불편한 일부 성직자나 전문가는 또 다른 이슈입니다. 종교를 따르는 성숙한 사람들이라면, 당신의 경험에 대한 진실한 표현으로 은총을 드러낼 수단으로서, 가르침이 당신에게 도움이 되도록 번역되듯 전달되었을 것입니다."

무엇을 믿어야 하나요?

우리는 자신의 교차로에 서서 삶을 살펴보고 신앙을 평가해야 합니다. '신앙이 우리의 일부인가, 또는 단순히 맹목적으로 물려받고 받아들이는 것인가? 우리는 상실을 겪기 전에 진정 믿음을 갖고 있었는가? 아니면 마지못해 믿는가? 신앙은 우리에게 어떤 의미인가?' 일단 기본적인 욕구와 믿음 체계를 확인하면, 우리에게 가장 도움이 될 만한 공동체와 자료를 찾기 시작할 수 있습니다. 그 정의대로, 신앙은 일상에서 우리에게 용기를 북돋워주고 지지해주는 것이어야 합니다. 시간이 지나면서 믿음이 치유의 중요한 도구임은 거듭 증명되어왔습니다. 그러나 이는 그 믿음이 우리를 지지해줄 때에만 사실입니다. 신앙생활에서 어려운 시간을 보내고 있는 중이라면, 신앙 공동체에서 당신이 필요로 하는 것이 무엇인지를 심사숙고하는 시간을 가져보세요. 단지 한 공동체가 지지해주지 않는다고 해서 모든 모임이 그러지 않는다는 뜻은 아닙니다.

하느님의 놀라우신 은총

하느님의 놀라우신 은총! 이 얼마나 달콤한 음성인가요
저같이 가엾은 이를 구해주시니!
한때 길을 잃고 방황했지만 이제는 저의 길을 찾았어요
저는 눈 먼 존재였지만 이제는 볼 수 있지요
제 가슴에 두려움을 가르쳐주셨던 하느님의 은총
하느님의 은총은 제 두려움을 사라지게 하셨습니다
제 앞에 나타난 하느님의 은총이 얼마나 값진 것인지
그 시간 저는 처음으로 믿음을 가졌습니다
제가 겪어온 많은
위험과 고난과 유혹을 통해서
하느님의 은총은 지금까지 저를 안전하게 보호해주셨습니다
또한 하느님은 저를 안식처로 인도하실 것입니다
하느님께서 제게 은혜를 베푸셨습니다
그분의 말은 제 희망을 지키며
그분은 제 방패와 운명이 될 것입니다
목숨이 붙어 있는 한
맞습니다. 이 몸과 심장이 죽게 될 때
그리고 사후의 삶이 끝날 때
저는 면사포 안에서 갖게 될 것입니다

기쁨과 평화의 삶을

신과 다시 연결되기

『이별, 별거 혹은 이혼으로부터 살아남기 위한 일일 명상Daily Meditations for Surviving a Breakup, Separation or Divorce』의 저자인 미키 맥웨이드는 말합니다. "정기적으로 신과 만나는 시간을 갖는 것은 우리에게 평온함을 준다. 이는 어떤 상황에서든 진실이다. 어떤 사람은 '어떻게 신이 내게 이런 일이 일어나도록 할 수 있는가?'라고 묻겠지만, 이런 질문은 절망을 가져오는 덫일 뿐이다. 신은 당신에게 이런 일이 일어나게 하지 않았으며, 우리에게 평안과 힘을 주실 것이다. 우리가 구한다면, 그분은 우리에게 계속 살아가기 위해 필요한 도구를 주실 것이다. 그분은 우리의 초대에 응하신다."

기도는 신에게 닿을 수 있도록 우리를 돕고, 당신의 의지 외에는 아무것도 요구하지 않습니다. 고통을 겪는 동안 '올바른' 또는 '잘못된' 기도 방법에 대해 걱정하지 마세요. 신과 함께 걷고 이야기를 나누세요. 당신이 어떻게 느끼는지를 그분에게 알리세요. 당신에게 무엇이 필요한지를 그분이 알게 하세요. 이 대화를 다른 관계들과 마찬가지로 여기세요. 당신이 누군가에게 화났을 때 표현하기보다 그것을 숨긴다면 어떻게 될까요? 두 사람 사이에는 벽이 생길 것입니다. 다른 관계와 마찬가지로, 내면의 가장 깊은 생각을 신과 나눌 때 그 벽은 흔들립니다.

당신과 신 사이에 벽이 생겼다면, 그 벽이 무너지도록 기도해보세요. 어떻게 하면 신에게 닿을 수 있고 그 벽을 부술 수 있을지 물어보

우리는 저마다의 속도로 슬픔을 통과한다

세요. 신은 강요하지 않으나, 초대에 응하십니다. 마음을 열고 그의 존재를 청하는 그 순간 오실 것입니다.

당신이 할 수 있는 일

믿음을 회복하는 과정은 하룻밤 사이에 가능하지 않습니다. 믿음을 살펴보고 재건할 시간과 공간을 스스로에게 주세요. 기도 일지를 시작하거나 매일 성찰의 시간을 가져보세요.

믿음에 대한 감정과 인생의 과거 및 현재에서 신앙의 역할을 탐색하는 데 일지를 활용해보세요. 종교 공동체에서 당신이 필요로 하는 것은 무엇입니까?

온라인 기도 모임이나 기도 집단에 참여해보세요.

당신이 신에 대해서 분노하고 있다면, 편지로 그것을 표현하거나 사적인 공간을 찾아 그것을 표출해보세요. 그 안에 사로잡혀 있지 마세요.

믿음의 기도

우리는 믿는다. 부재의 너머에

존재함이 있다는 것을

고통의 너머에

치유가 있고

부서짐의 너머에

온전함이 있고

분노의 너머에

평화가 있고
상처의 너머에
용서가 있고
침묵의 너머에
말씀이 있고
말씀의 너머에
이해가 있고
이해를 통하여
사랑이 있다는 것을
– 작자 미상

우리는 저마다의 속도로 슬픔을 통과한다

21장

자조와 치료

의지와 재치를 버리고,
성장과 발전이라는 인간미 없는 힘을 믿으며,
그저 기다리는 수밖에 없는 불가능한 상황이 요구된다.
벽에 부딪혔다면, 깊은 정보들로부터 시작하여
벽 너머를 보고 모든 것이 분명해질 때까지
나무처럼 뿌리를 내려 성장하라.

카를 융

살아남은 사람은 고립감을 느끼고 정체성의 상실을 겪을 수 있습니다. 어떤 사람들은 책에 제시된 단계를 넘어 오래도록 계속되는 슬픔을 겪습니다. 고인 때문에 통증을 느낄 수도 있습니다. 많은 사람이 목회 상담자 또는 애도 치료사와 상담하지만, 시, 음악, 자원봉사 활동, 자조 모임, 집단 치료, 자가 치료 서적, 그리고 예상 외로 위안을 주는 다양하고 유용한 전문 치료 같은 다른 자원들도 있습니다. 이 장에서는 그 일부를 살펴봅니다. 어떤 치료법이나 자조 방법이 다른 것보다 당신에게 더 효과적일 수 있습니다.

애도 치료와 애도 상담

상실 이후 사람들이 받을 수 있는 대부분의 지원은 친구 및 가족으로부터 옵니다. 의사와 간호사가 지지 자원이 되기도 합니다. 상실을 극복하는 데 어려움을 겪는 사람들에게는 애도 상담이나 애도 치료가 필요할 수 있습니다.

애도 상담

애도 상담은 애도 치료보다 덜 구조화되고 덜 형식적입니다. 상담은 일대일 또는 집단으로 진행됩니다. 애도 관련 특정 자격증이 없는 정

우리는 저마다의 속도로 슬픔을 통과한다

신건강 전문가가 진행하기도 합니다. 애도 과정이 처음인 사람들이 앞서 여정 중인 사람들로부터 도움을 받을 수 있는 자조 모임에서 진행되기도 합니다.

미국 보건복지부는 애도 상담의 목표를 다음과 같이 요약합니다.

- 상실에 대해 이야기하도록 도와 상실을 받아들이도록 돕기.
- 상실과 관련된 감정(예를 들면 분노, 죄책감, 불안, 무력감, 슬픔)을 알아차리고 표현하도록 돕기.
- 고인 없이 살고 혼자 의사결정을 할 수 있도록 돕기.
- 고인과 정서적으로 분리되고 새로운 관계를 시작하도록 돕기.
- 생일, 기념일 같은 중요한 시기에는 애도에 집중할 수 있도록 지지하고 시간을 할애하기.
- 정상적인 애도와 애도의 개인 간 차이를 설명하기.
- 지속적으로 지원하기.
- 자신의 대처 방식을 이해하도록 돕기.
- 대처 중에 발생할 수 있는 문제를 파악하고 필요할 경우 전문적인 애도 치료를 권고하기.

애도 치료

애도 치료는 대개 유가족의 특정 필요를 위해 일대일로 진행됩니다. 유가족이 당면한 과제가 비슷한 경우 집단으로 진행되기도 합니다. 애도와 사별에 대한 훈련을 받은 정신건강 전문가가 맡습니다. 내담자와 치료사가 함께, 애도 여행만의 독특한 도전 과제를 파악하고 이를 해결하기 위한 방법이나 과정을 적용합니다. 치료 계획에는 종종 내담자와 치료사 간의 합의, 치료 비용 및 치료 회기 횟수에 대한 약속이 포함됩니다.

미국 보건복지부는 애도하는 이들을 돕기 위해 애도 치료에서 종종 수행되는 여섯 가지 과제를 다음과 같이 제안합니다.

1. 고통스러운 애도 관련 변화를 겪고 표현하며 조절할 수 있는 능력을 개발한다.
2. 고통스러운 변화에 효과적으로 대처할 수 있는 방법을 찾는다.
3. 고인과 지속적인 관계를 맺는다.
4. 건강을 챙기고 신체 기능을 유지한다.
5. 관계를 회복하고, 애도의 슬픔을 다른 사람들이 공감하기 어려울 수도 있음을 이해한다.
6. 자신과 세계에 대한 건강한 상像을 계발한다.

이 모든 것 뒤에 과연 좋은 것이 있을까요?

처음에는 엄청난 상실 후 결국 어떤 좋은 것이 올 수 있음을 받아들이기가 무척 힘들 것입니다. 애도 단계를 통과하는 것만큼 어려운 일이겠지만, 애도를 '나에게 일어난 일'에서 '치유를 위해 내가 하고 있는 일'로 바꾸는 게 가능하다고 믿어보세요. 당신은 고통을 가능성으로, 상실을 창조적인 표현으로 바꿀 수 있는 단 한 사람입니다. 시간이 지난 후 당신은 고인을 기리기 위해 자선 사업을 시작하거나 장학금 또는 재단을 설립할 수 있습니다. (우리가 하듯이) 책을 쓰거나 그림을 그리거나 조각을 하거나 노래를 쓸 영감을 받을 수도 있습니다.

사랑하는 사람의 갑작스런 죽음으로 인해 고통스럽게 찢긴 부분은, 감염에 노출되기 쉬운 벌어진 상처가 될 수 있습니다. 그 '감염'은 자기 학대(술, 난잡한 성행위, 약물 복용 등)로 나타나거나, 당신의 선택에 따라 내면의 성장으로 나타날 수도 있습니다.

어떤 사람들에게 사별 과정은 삶, 인간관계, 그들을 둘러싼 세상에 대한 새로운 인식을 가져다줄 수 있습니다. 많은 사람이 한층 더 조화로워졌고 타인들과 연결되었다고 느낀다고 합니다.

이 주요한 생애 전환기의 결과로 성장과 독창성을 택함으로써 당신은 새로운 친구를 찾을 수도 있습니다. 특히 당신이 서로 도울 필요가 있는 자조 모임을 찾았을 경우가 그렇습니다. 의미 있는 새 삶을 만들고자 노력하는 데 있어 어려움을 공유할 수 있고, 동시에 회복 과정의 이해를 돕는 데 유용합니다. 성장을 선택함으로써 당신은 다른 방식으로 우주와의 관계를 이해하기 시작할 수 있습니다. 우리가 가장 기대하지 않던 사람들, 지역사회와 가족, 심지어는 낯선 사람들의 작은 사랑의 행동 안에서 신(또는 삶의 에너지로 당신이 선택한 이름)과 조우할 수 있습니다.

매기의 이야기

제 남편은 야구를 하다가 갑자기 사망했어요. 심장 마비였죠. 그는 젊었습니다. 우리는 젊었어요. 애도의 초기 단계에서 스스로 제대로 기능하지 못하고 있다는 걸 알아차렸을 때, 제게는 어린아이 둘에게 요리해줄 에너지조차 없었어요. 그래서 우리는 맥도널드에 갔어요. 햄버거와 감자튀김을 먹다가 저처럼 어린 자녀 둘과 앉아 있는 한 여성을 봤어요. 그리고 그녀가 결혼반지를 끼고 있지 않다는 것도 알아차렸죠. 저는 이웃이 낯설었고 제 친구 대부분은 '우리 부부의' 친구들이었기 때문에 저를 떠났어요. 아이들에게 잠깐 인사를 하고 오겠다고 한 뒤, 저는 그 여성에게 다가가 저를 소개하면서 남편의 죽음에서 회복 중인데 도움을 청할 자조 모임이나 치료자를 아는지 물었어요. 제가 할 수 있는 것이 있을지 그녀가 알 것만 같았죠. 그녀는 자신도 남편을 잃었다면서 우리를 자기 자리로 초대했습니다. 자기 집에서 와인을 같이하자고 했고, 자신의 치료사 이름을 알려주었습니다. 완전히 낯선 이 이방인은 제 가장 친한 친구가 되었고, 몇 달간 고통과 재적응기를 거치는 과정에서 저를 사랑하고 지지해주었어요.

앤드리아 라선드 멜로즈는 『아홉 가지 비전Nine Visions』에서 인간 정신의 이 예상치 못함을 다음과 같이 설명합니다. "우리는 우리가 할 수 없다고 생각하는 부담, 맡기 두려운 책임으로부터 벗어나기 위해 종종 앞을 보지 못하는 채로 비틀거린다. 물에 빠졌다고 믿고 공포에 질려, 비이성적인 행동이 우리를 도울 것인 양 허우적대고 동요한

우리는 저마다의 속도로 슬픔을 통과한다

다. 친구가 포옹을 해주거나 낯선 이가 손을 내밀 때, 그 어둠 속으로 어떤 식으로든 평화의 순간이 찾아온다. (⋯) 그리고 우리는 자신이 그동안 쭉 바위 위에 있었다는 것을 깨닫는다. 지지를 받으며, 안정적으로, 안전하게. 주변 사람들을 통해 신을 느끼거나 우리 모두의 일상이라는 가면을 통해 인간 정신의 자비 같은 신호를 보며. 이 선물은 무한히 소중한 것이다."

당신은 이 정신세계(창조적인 힘, 신, 능력자)가 당신의 삶을 향하도록 선택할 수 있고, 이전의 도전적이고 두려웠던 상황을 새로운 방식으로 바라볼 기회를 가지며, 새로운 자신을 깨닫는 결과를 얻을 수 있습니다. 성장을 선택함으로써 자신과 주변 사람들에게 이 과도기적인 경험이 고통스럽더라도 "살아남을 것이고 더 나아질 것입니다"라고 말할 수 있습니다.

제 슬픔과 고통이 창조적인 에너지가 되는 것이 정말 가능한가요?
네, 슬픔과 고통을 창조적인 힘으로 바꿀 방법을 찾아보세요. 여러분이 읽고 있는 이 책은 이러한 힘으로 변환된 한 예입니다. 올림픽 메달리스트 예카테리나 고르데예바는 남편이자 스케이팅 파트너의 갑작스런 죽음 이후 빙판으로 처음 돌아갔을 때 이 힘을 활용했습니다. 빙판 위 그녀의 안무는 슬픔이 창조적인 표현으로 바뀐 매우 감동적이고도 강력한 사례였습니다.

예카테리나 고르데예바는 『나의 세르게이My Sergei』라는 책의 프롤로그에 다음과 같이 썼습니다. "새로운 삶, 내가 알고 있던 것과는 다른 삶이 다가왔다. 세르게이의 장례식이 있은 지 2주 뒤 모스크바로 돌아왔을 때 처음으로 이것을 느꼈다. 슬픔 속에서 나는 자신을 잃어버린 듯한 두려움을 느꼈다. 다시 자신을 찾기 위해 생각할 수 있는 유일한 것, 내가 가장 잘 아는 것, 네 살 때부터 훈련받아온 것을 했다. 나는 빙판 위로 돌아갔는데, 이는 세르게이와 내게 언제나 매우 소중한 것이었고, 코치들과 훈련하고 있는 젊은 스케이트 선수들의 얼굴에서 미래에 대한 그들의 밝은 꿈과 희망을 봤다. '새로운 삶이 다가오고 있구나'라고 생각했다."

이 책은 또한 다음과 같이 말하고 있습니다. "예카테리나와 그녀의 코치 마리나가 '세르게이에게 헌정하는' 안무 작업을 했을 때, 마리나는 다음과 같이 말하며 아이스댄스를 마음속에 그려보도록 도와주었다. '당신이 마지막으로 세르게이와 스케이트 타는 것을 상상해보세요…… 이제 당신은 그를 잃었고 그리워하며 그를 찾지만 찾을 수 없어요. 당신은 무릎을 꿇고 왜 이런 일이 일어났는지 신에게 질문해요. 다리는 힘이 하나도 없고 부러진 것만 같아요. 움직일 수 없어요. 당신 안의 모든 게 부서진 것만 같아요. 당신은 신에게 도움을 청해야 해요. 인생은 계속되고 이제 스케이트를 타야 한다는 것을 당신이 이해하고 있음을 신에게 말해야 합니다. 당신 삶의 절반, 즉 인생에서 가장 아름다운 시간 동안 세르게이와 함께할 수 있게 해준 신에게 감사해야 해요. 이는 모든 사람이 역경에 부딪혔을 때 일어서고 앞으로 나아가며 견딜 힘을 가질 수 있는 방법이에요. 위하며 살아갈 수 있는 그 누군가를 찾을 수 있어요. 이제 당신 자신의 삶을 살아갈 수 있어요.'"

자신을 창조적으로 표현하기 위해 꼭 올림픽 아이스댄서가 될 필요는 없습니다. 작은 시집을 쓸 수도 있습니다. 노래 가사를 쓰거나 작곡을 하고 싶을 수도 있습니다. 간단한 콜라주 사진을 만드는 것도 도움이 될 수 있습니다. 책을 쓰거나 어떤 조직을 설립할 수도 있습니다. 당신 자신에게 맞는 독창적인 표현 수단을 찾아보세요.

슬픔에는 반드시 변화를 가능케 하는 힘이 있습니다. 누군가를 잃었을 때 우리는, 경제적인 안정이든 사랑이든 인도든 혹은 이 모든 것이든, 그들이 우리에게 주었던 것을 잃게 됩니다. 이제 당신이 이런 기능을 담당하거나 잃어버린 것을 얻기 위한 새 방식을 찾아보는 것도 경험을 풍부하게 해줄 수 있습니다. 사람이 존재하는 하나의 특별한 방식을 생각해보세요. 우리는 우리가 갈망하고 애도하는 것을 가장 감사하게 받아들이며, 그것들은 우리 안에서 그 특성을 더 강하게 만들어 사랑했던 사람의 정신세계가 계속 살아 있도록 합니다.

일지와 편지 쓰기

회복을 위한 가장 강력한 도구 중 하나는 어떠한 편집이나 판단도 없이 당신의 실제 생각과 느낌을 일지에 적어보는 것입니다. 고인에게 편지를 쓰는 것도 위안을 줄 수 있습니다. 당신의 초기 감정 중 일부는 매우 강한 것이거나 분노일 것입니다. 이를 멈추려 애쓰지 마세요. 당신은 그 감정을 나눌 필요가 있습니다. 시간이 지나 정서적인 부담이 줄어들면 글이 약간 부드러워질 것입니다. 당신이 들려줄 독특하고 의미 있는 이야기, 즉 관계의 시작, 중간, 그리고 결말에 대한 이야기가 있습니다. 당신의 이야기 들려주기, 일지 쓰기, 시 쓰기, 다른 사람들의 이야기 듣기…… 이것이 우리가 치료하는 몇 가지 방식입니다. 당신이 쓴 글을 자조 모임에서 읽고 싶을 수도 있지만, 누군가가 꼭 읽어야 할 필요는 없습니다. 저와 대화를 나누었던 한 여성은 이렇게 말했습니다. "저한테 가장 효과적이었던 것은 일일 감사 일지를 계속 쓰는 일이었고, 그를 통해 제 삶이 슬픔과 상실 이상의 것으로 가득하다는 걸 알 수 있었어요. 제가 균형감을 더 많이 느낄 수 있도록 도와주었고 힘이 되는 시선을 주었습니다."

글을 쓸 때 어떤 기대나 한계를 두지 마세요. 간단히 쓰세요. 시작하는 게 어렵다면 5분 동안 시간을 정해놓고 마음속에 떠오르는 것을 무엇이든 써보세요. 멈추지 마세요. 글이 말이 안 되거나 일관되지 않을 수 있지만, 어쨌든 종이에 글을 쓰는 데 익숙해지도록 도와줄 것입니다. 철자법이나 문법, 문체에 대해 걱정하지 마세요. 그냥 말을 꺼내놓으세요. 매일 아침 잠에서 깨어날 때나 자러 가기 전 밤마다 5분씩 글쓰기 연습을 해보세요.

시간을 내 당신의 이야기를 들려줄 방법을 찾아보세요. 당신의 이야기를 들어보세요. 다른 사람들의 이야기도 들어보세요.

자조 도서

처음에는 책 한 권을 다 읽기가 아마 무척 어려울 겁니다. 하지만 애도에 관해 도움이 될 만한 훌륭한 책들이 있습니다. 이 책 또한 앞장부터 뒤표지까지 책 전체를 읽으려고 하지 마세요. 색인이나 목차에서 당신이 가장 필요한 부분을 찾아 그저 한 번에 한 장이나 두 장씩

우리는 저마다의 속도로 슬픔을 통과한다

읽어보세요. 시간이 지나면 더 많이 읽을 수 있을 겁니다.

자조, 치료, 치유에 대한 Q & A

자조 모임이 필요하다는 것을 알고 있지만, 어떤 집단이 저에게 가장 적합할까요? 어느 집단이 저한테 맞을지 어떻게 알 수 있나요?

자조 또는 치료 집단은 자신의 감정을 탐색하기에 이상적인 곳입니다. 고인과 알고 지내던 당신의 이전 친구 집단은 더 이상 도움이 안 될 수도 있기 때문에 자조 모임은 세상 속에서 당신의 자리를 새로 만드는 데 도움이 될 곳입니다. 기본적인 집단 유형을 살펴보도록 하겠습니다.

전문적으로 운영되는 자조 모임은 심리치료사, 목회 상담사, 심리학자, 사회복지사 또는 기타 정신건강 전문가가 조직하고 운영합니다. 이런 집단에서는 판단 없이 지지받고 보살핌을 얻고 있다고 느낄 것입니다. 전문가에 의해 운영되므로 비용이 들 수 있습니다.

동료 자조 모임은 사랑하는 사람의 갑작스러운 죽음을 겪고 타인을, 사람들을 돕기로 결정한 이에 의해 운영됩니다. 일반적으로 애도 과정의 최소 1년 내지 2년째에 있는 사람입니다. 대개는 비용이 들지 않거나 혹은 기부금이 필요할 수 있습니다.

전문적으로 운영되는 치료 집단에서는 그 집단을 운영하는 전문가에게 개인 상담을 받고, 집단은 치료를 위해 부가적으로 활용됩니다. 당신은 이 집단에서도 지지와 보살핌을 받고 있다고 느낄 수 있지만, 치료사는 [무조건적으로 당신을 지지하기보다] 치료를 위해 당신의 신념 중 일부에 도전할 수도 있습니다.

많은 단체가 집단을 조직합니다. 병원과 종교 단체들도 종종 집단을 후원합니다. 치료사와 사회복지사도 집단을 구성합니다. 첫 모임 도중이나 그 후의 직감에 주의를 기울이면 당신에게 맞는 집단을 찾는 게 더 쉬울 것입니다. 결정을 확신하지 못할 때에는 당신을 안내해줄 당신의 감정을 믿어보세요. 그리고 포기하지 마세요. 당신에게 맞는 집단을 찾을 때까지 노력해보세요.

집단을 담당하고 있는 사람에게 당신이 물어보고 싶을 만한 질문들이 있습니다.

- 비용을 내야 합니까?
- 얼마나 자주 모입니까?
- 출석을 요구합니까?
- 집단에서 의무적으로 사연을 공유하거나 말해야 합니까?
  집단 구성원이 몇 명입니까? (열 명 이상이면 당신이 필요한 것이 잘 채워지지 못할 수도 있습니다. 각 개인에게 배정되는 시간이 줄어듭니다.)
- 남성/여성 집단입니까? (여성으로만 구성된 집단은 여성들이 지지적인 관계를 만드는 데 도움이 될 것입니다. 모두가 남성으로 이루어진 집단은 남성들이 자신의 감정을 안전하게 표현하는 데 도움이 될 것입니다. 그러나 많은 자조 모임은 성별이나 연령의 배타 없이 구성되어 있으며, 이와 무관하게 집단으로서의 역할로 도움이 될 수 있다.)

처음으로 자조 모임이나 치료 집단에 참석할 때는 다음과 같은 연습이 도움이 될 수 있습니다. 연필과 종이를 가져가서 모임 도중 혹은 바로 직후에 당신이 어떻게 느끼는지를 나타내는 단어들을 적어보세요. 자신의 감정에 세심한 주의를 기울이세요. 이제 두 번째로 참석할 때 다시 한번, 그리고 세 번째에 한 번 더 반복해보세요. 첫 번째와 두 번째에 느꼈던 감정과 여전히 같은 감정을 느끼고 있나요? 당신의 경험이 대부분 긍정적이라면 그 집단에 계속 참석하세요. 불안, 공포, 스트레스 또는 수치심이 주로 쓰여 있다면 더 이상 참여하지 마세요. 당신에게 긍정적인 느낌을 주는 집단을 발견할 때까지 계속 찾아보세요. 집단은 당신의 확장된 지지 체계의 일부분임을 기억하세요. 그러나 애도 과정에는 시간이 필요하고 기복이 있기 때문에 당신이 집단에 참석할 때마다 기분이 좋아지지는 않는다는 것을 감안하세요.

우리가 들었던 상실의 이야기는 지문만큼이나 다양합니다. 그 각각은 다른 것들과 약간씩 차이를 보입니다. 우리가 집단 구성원과 모여 공유하기 시작할 때 서로 간의 연결은 믿기 어려울 만큼 놀랍습니다. 애도 과정에서 어느 단계에 있는지, 혹은 어떻게 사랑하는 사람을 잃었는지에 관계없이, 서로의 고통을 거의 즉각적으로 받아들이고 연결되며 지지하게 되죠. 이 공동체 의식과 수용은 영적·정서적 치유에 매우 중요합니다.

집단이 당신에게 '줄 수 있는' 기회를 받아들이세요. 받을 권리를 얻었다고 믿도록 노력해보세요. 감정에 대해 이야기하거나 표현하는 것을 두려워하지 마세요. 결국 이것이 당신이 집단에 참석한 이유입니다. 뒤로 물러나면 지지를 받을 수 없습니다. 기존 친구들을 떠올리고 그들과의 우정도 그 수준이나 깊이가 드러나는 데 시간이 걸렸다는 것을 떠올리세요. 집단도 마찬가지입니다.

너무 많은 시간을 혼자 있는 것 같아요. 안 좋은 건가요?

고독은 집단과의 경험만큼이나 중요합니다. 균형이 중요해요. (우리가 이를 두려워하지 않는다면) 천천히 나아가고 곰곰이 생각하며 우리의 책임, 우리가 필요로 하는 것, 그리고 깊은 내면의 시각을 얻을 기회가 고독 속에 있습니다. 그러나 혼자 너무 많은 시간을 보낼 경우 우리를 압도할 내면의 소리마저 믿게 될 위험이 있으므로, 혼자 지내면서 주 1회 정도 자조 모임에 참여한다면 더 나아질 수 있습니다. 집단은 고독 속에서 '배운' 것을 확인하고 우리가 스스로에게 말한 것이 진실인지 알게 될 기회를 줍니다.

인생이 끝난 것 같아요, 모든 것이 멈춘 것처럼, 영원히.

긍정적인 변화를 향한 첫걸음은 사랑했던 사람의 삶이 끝났지만 당신의 삶은 끝나지 않았다는 것을 깨닫는 데 있습니다. 생각과 언어를 바꿔보세요. 애도 중인 많은 사람이 고인이 돌아오리라는 생각에 매달립니다. 사람들은 삶을 제쳐두고 여기서 기다리기도 합니다. 이런 유의 기다림은 다른 일을 못 하도록 많은 에너지를 쓰게 합니다. 의식적으로 신경 써서 과거로부터 현재의 순간으로 생각을 돌려, 최대한 당신의 에너지를 긍정적이고 진취적인 현재를 만드는 데 쓰세요.

우리는 저마다의 속도로 슬픔을 통과한다

처방약을 복용하는 것을 좋아하지 않는데 여동생이 약초와 자연주의적 방법을 권유하고 있어요. 조언해줄 수 있나요?

어떤 사람들은 약초 치료법을 통한 큰 효과와 위안을 보고하며, 다른 이들은 약간 도움이 되었다고 하고, 또 다른 사람들은 거의 효과가 없었다고 보고합니다. 약초 치료제를 복용하거나 대체 요법을 시작하기 전에는 항상 의사와 상담하세요.

모든 사람이 자조 모임을 찾으라고 하지만, 제가 있는 지역에서는 찾을 수가 없어요.

자조 모임은 대개 다음과 같은 식으로 광고합니다.

- 사별 유가족 집단.
- 사별 유가족 후원.
- 최근 남편을 잃은 아내들.
- 남편을 잃은 젊은 아내들.
- 살해당한 아이들의 부모.
- 자살 유가족 후원.

당신의 지역에서 모임을 찾을 수 없다면, 당신이 모임을 만들 수도 있습니다. 지역 도서관에 이야기해보세요. 많은 도서관에는 사용 가능한 커뮤니티룸이 있습니다. 지역사회의 장, 신부 또는 목회자에게 이야기해보세요. 그들이 기꺼이 모임을 만들고 당신을 담당자로 지정해줄 수 있는지 알아보세요. 홀로 길을 잃을 필요는 없습니다! 기존의 많은 집단이 초보자용 집단 구성 자료를 제공하고 있습니다. 또한 인터넷이 지지 자원에 대한 새 세상을 열었다는 것을 기억하세요. 인터넷의 장점은 필요할 때마다 당신이 '접속sign on'할 수 있다는 것입니다. 아이디어를 얻기 위해 인터넷 자원을 참조해보세요.

일주일에 한 번 자조 모임에 참석할까 고려 중입니다. 모임에 참석하는 것이 모임 밖의 일에 대처하는 데도 도움이 될까요?

사별 유가족 지지 모임 또는 치료 집단에 전념하는 동안 "당신은 구성원과 함께합니다". 당신은 결코 혼자가 아닙니다. 때로 당신이 요청한다면, 구성원들이 마음만이 아니라 실제로도 함께할 것입니다. 예를 들어 모린은 아들의 사망진단서를 받기 위해 시청에 가야 했고, 그에 대한 걱정과 두려움을 모임에서 표현했습니다. 공공장소에서 무너질지도 모른다는 것이 두렵다고 하자, 모임의 다른 참석자인 셸리가 같이 가주겠다고 했으며, 원한다면 그녀의 차로 데려다주겠다고 자원했습니다.

친구와 가족 모두가 제게 이 일을 겪은 다른 사람들의 지지가 필요하다고 말하지만, 얼굴을 보면서 이 이야기를 할 준비가 되어 있지 않은 것 같아요. 다른 대안이 있나요?

다행히도 있습니다. 인터넷은 정보를 교환하고 공유할 수 있는 많은 길을 열어두고 있습니다. 인터넷에서 가장 인기 있는 기능 중 하나는 대화방입니다. 정해진 주제가 없거나 사회자가 없는 반면, 슬픔에 잠긴 사람들을 지지하기 위해 특별히 만들어진 대화방도 많이 있습니

우리는 저마다의 속도로 슬픔을 통과한다

다. 당신은 다른 사람들의 이야기를 듣거나 읽고, 원한다면 이야기를 나눌 수도 있습니다. 익명으로 참여할 수도 있습니다. 인터넷 공간의 또 다른 장점은 당신이 필요할 때 도움을 요청할 수 있다는 것입니다. 한밤중에 기분이 좋지 않다면, 컴퓨터에 그저 '접속'해서 당신을 편안하게 해줄 누군가를 찾을 수 있습니다.

전통적인 상담 및 집단 치료 외에 다른 치료법이 있나요? 그것들이 저에게 맞지 않는 것 같아요.

애도 상담 치료사와 전문가는 사별(특히 갑작스런 상실의 경우)이 외상성 스트레스 반응과 거의 유사하다는 데 동의합니다. 이 사실을 바탕으로, 당신이 알아볼 만한 추가적인 치료법들이 있습니다.

상실 이후 인생에 정말 많은 변화가 생겼어요. 어떻게 대처해야 할까요?

갑자기 인생이 바뀌었지만, 그 의미에 기꺼이 맞서고자 한다면 변화가 당신을 압도하는 힘을 줄일 수 있습니다. 그렇게 하기 위한 몇 가지 지침이 있습니다.

- 당신의 감정을 직면하세요. 부인하는 것은 적응 기간을 지연시키고 건강한 적응을 방해할 수 있습니다.
- 관계를 유지하세요. 고립은 부인과 같은 영향을 미칠 수 있습니다.
- 자신에게 시간을 주세요. 하룻밤 사이 변화에 적응할 수 있는 사람은 없습니다.

- 변화의 긍정적인 측면을 찾아보세요. 시간이 걸리겠지만, 이전에는 없었던 새로운 가능성을 열어보기 시작할 수도 있습니다.
- 시야를 넓혀 변화를 바라보세요. 큰 그림을 보세요. 지금은 급격한 듯 보이는 것이 '평생'의 관점에서 볼 때는 덜 중요한 것일 수도 있습니다.

우리는 저마다의 속도로 슬픔을 통과한다

22장

애도 회복 과정과 안내용 연습 자료

만일 너희가 너희 안에 있는 것을 열매 맺게 한다면
너희에게 있는 것이 너희를 구원하리라.

「도마의 복음서」

애도 과정을 겪는 동안 종이에 적힌 연습 과제들로 우리 슬픔을 처리하는 것이 도움이 될 수 있습니다. 서면 연습은 고통스럽고 머릿속에서 빙빙 도는 생각들을 풀어주며 종이 위에서 그것들을 처리하기 시작하도록 도와줍니다. 이 장의 연습 문제들을 애도 과정 중 반복해서 풀어볼 수 있습니다. 버지니아 린 프라이는 『나의 일부 또한 죽었다 Part of Me Died, Too』에서 다음과 같이 쓰고 있습니다. "우리는 삶에서 누가 죽을 것인지를 결코 선택하지 않는다. 그러나 우리는 추억으로 무엇을 할 것인지를 선택해야 한다. 추억으로 시를 쓰고 그림을 그리고 이야기를 만들며 우리는 함께 살아서 진실을 창조한다. 감정을 어루만지고 살펴보며 소중히 여길 수 있는 것으로 바꿈으로써 (…) 우리는 이 슬픔을 변화시키고, 변화는 우리에게 새로운 이해와 힘을 가져다준다." 이 연습 문제들은 당신의 감정을 창조로 변화시키는 데 도움이 될 것입니다.

모든 연습 문제가 당신에게 적합하지는 않을 것입니다. 연습 문제를 잘 읽어보고 당신이 어떻게 느끼는지 살펴보세요. 관심 있거나 당신의 애도 단계에 적절하다고 느껴진다면 그 문제를 연습해보세요. 잘 읽어보고 불편함이 느껴져도 즉시 버리지는 마세요. 무엇이 당신을 불편하게 만드는지를 찾아보세요. 불편한 감정은 종종 우리의 민

우리는 저마다의 속도로 슬픔을 통과한다

감함과 두려움 때문에 생겨납니다. 이런 연습 문제들 중 하나가 당신에게 가장 가치 있는 것일 수 있습니다.

마지막으로, 이 연습 문제들은 애도 작업을 위한 도구입니다. 자조 모임이나 다른 도움을 대신할 수는 없습니다. 연습 문제들을 더 보려면 www.griefsteps.com을 방문해보세요. 브룩의 애도 단계 사이트에는 개인과 집단 모두에게 적용 가능한 다양한 연습 문제로 당신을 이끌어줄 도움이 되는 여정이 나와 있습니다.

분노 연습

당신의 분노를 담아 큰 소리로 기도하거나 신에게 악을 쓰듯 외쳐보는 게 도움이 될 수 있습니다. 아래처럼요.

"오, 신이시여! 고통이 끔찍합니다. 저 자신에게 화가 납니다. 제 배우자에게 화가 납니다. 당신에게 화가 납니다! 당신이 저를 조건 없이 사랑한다는 것을 알기에 저의 분노도 감당할 수 있음을 압니다. 그러나 왜 제 분노를 멈추지는 못하십니까! 고통이 사라지게 해주세요! 제가 얼마나 감당할 수 있다고 생각하시는 건가요?"

이 '기도'를 외치는 동안 침대나 소파를 주먹으로 두드리는 것은 갇혀 있는 고통스런 에너지를 당신의 몸에 전달하는 하나의 방법입니다. 기도가 끝나면 안도감을 느낄 수 있습니다. 심지어 어떤 면에서는 축복받은 것처럼 느낄 수도 있습니다. 이것을 혼자서 하는 게 안전하다고 생각되지 않는다면 치료사 또는 믿을 만한 친구와 함께해보세요.

만약 고함치고 소리 지르는 것이 너무 무섭게 느껴진다면, 고인에게 짧은 글을 써보는 것으로 시작할 수 있습니다. 다음 문장들은 모든 생존자가 일시적으로 분노 외에는 어떤 것도 전혀 느낄 수 없었던 지점에 대한 것입니다.

"앨리슨에게, 나는 당신이 아이들과 나를 버렸기 때문에 상처받았고 화가 나. −롭으로부터."

"크리스, 내가 원하는 것은 당신에게 화를 내고 우는 것뿐이야. − 브렌다."

"톰에게, 지금 당장 너를 잡을 수 있다면, 나를 떠난 너를 죽일 거야. −사랑하는 애니로부터."

"아티에게, 이봐, 친구는 친구를 버리지 않아. 넌 정말 나를 망가뜨렸어."

물론 당신이 원한다면 더 길게 써도 됩니다. 중요한 것은 당신의 분노를 풀어주는 데 도움이 되는 수단이나 연습 문제를 찾는 것입니다. 분노와 감정을 다루는 다른 수단에 대한 자세한 내용은 3장을 참고하세요.

감사 연습

당신이 계속해서 성장하고 치유한다면 결국 당신은 최소한의 감사를 표현할 수 있는 (겉으로는 중요해 보이지 않더라도) 무언가를 찾게 될 것입니다. 지금 당장은 표현할 수 없더라도 이는 아마 일시적인 상태일 것입니다.

당신의 분노를 받아들인 뒤 준비가 되면 이 '감사 연습'을 해볼 수 있습니다. 다른 모든 것과 비교할 때, 감사의 표현을 통해 개인적으로, 영적으로 가장 많이 성장할 수 있습니다. 비록 처음에는 어렵더라도 사라진 삶에 대해 감사를 표현하는 것은 비극에 직면한 상태에서 어떤 의미를 갖는 데 도움을 줄 수 있습니다. 무엇이 고인과의 관계에서 힘을 주고 행복감을 주었는지 써보는 것은 당신과 그가 함께했던 것들을 신성하게 유지하는 과정에서, 소중한 것을 계속 간직하고 (이제 그가 세상을 떠났기에) 당신에게 영감을 줄 수 없다는 잘못된 믿음을 버릴 수 있도록 도와줍니다.

왜 펜을 들고 글을 쓸까요? 왜 그냥 생각하지 않을까요? 펜과 종이, 잉크의 색을 고르고 종이 위로 펜을 움직이고 단어를 보면서 글을 쓰는 행위, 이 모든 것은 당신의 언어를 좀더 현실감 있게, 더 구체적으로 만들어줍니다. 당신은 무엇을 쓸지 고민하면서 첫 번째로(혹은 수천 번째로) 당신의 삶을 정리해야 하는 것에 대한 분노를 느끼고, 잃은 것에 대한 인식의 눈물을 흘리며, 최종적으로는 말하지 않았던 것을 표현할 기회를 스스로에게 준다는 안도감으로 에너지가 이동하는 것을 깨닫게 될 것입니다.

날짜를 쓰고 메모를 특별한 장소에 보관하거나 개인 문서함에 넣어두세요. 메모를 없애버리고 싶어질 수도 있습니다. 이것은 표현이 요구되는 감정을 내보이는 것임을 기억하세요. 그러나 몇 개월 또는 몇 년 후 다시 읽어보는 것도 때로는 도움이 되므로, 미래를 위해 남겨두고 싶을 수도 있습니다. 또한 시간이 지나며 다른 메모를 쓰는 것도 도움이 됩니다. 당신은 글을 쓸 때마다 새로운 통찰력을 얻을 것입니다. 어린 자녀가 있다면, 아이들이 컸을 때 그들에게 이 글을 읽어주고 싶을지도 모릅니다.

다음은 그 예입니다.

짐에게,

붙잡아줘서 고마워. 당신은 내가 붙들려 있어야 했을 때—믿음을 배우기 어려웠을 때—나를 잘 붙잡아줬어. 당신은 내가 사랑을 할 수 있다는 것을 알게 해줬어.

당신은 내가 슬퍼할 때 나를 붙잡아줬어. 그때는 너무 슬픈 일이 많았어. "모든 것이 잘될 거야"라고 여러 번 말해줘서 고마워. 이 생에 와줘서 고마워. 이번에 나는 배웠어야 했지만 오랫동안 거부해왔던 교훈을 얻었어. 내가 무엇을 배웠을까? 나는 아이였을 때 부모로부터 받지 못했던 것을 대신 줄 누군가와 결혼하는 게 현명하지 않다는 것을 배웠어. 자신을 돌보고 사랑하는 것이 중요해.

우리 아들에게 좋은 아버지가 되어줘서 고마워. 당신은 내가 원했던 아버지와 같은 사람이었어. 우리 결혼생활 10년에 감사해. 사랑받고 있다고 느낀 10년이었어. 우리 아들이 태어났을 때 나와 함께해주고, 아들이 아기였을 때 내가 아들과 함께 집에서 지낼 수 있게 지원해줘서 고마워. 그래, 무엇보다 우리 아들, 당신이 없었다면 태어나지 않았을 우리 아들에 대해 당신에게 감사해.

사랑을 담아,
존으로부터.

존은 이 글을 쓰고 나서 거의 한 시간 동안 흐느껴 울다 그치기를 반복했지만, 편지로 남편에게 감사를 표현함으로써 이전보다 좀더 자

우리는 저마다의 속도로 슬픔을 통과한다

신을 긍정적으로 여기고 안도감을 느꼈다고 했습니다.

상실로부터 배우기

퍼트리샤는 열네 살 된 아들 더그를 총기 자살로 잃었습니다. 그녀는
애도 과정에서 배운 삶에 대한 확신 열 가지를 제안했습니다.

1. 나는 감정들을 흘려보낸다. 이 감정들은 내 삶의 피와 같다. 이
   감정들은 나를 죽이지 않는다. 이 감정들이 나를 치유할 것이다.
   (어쨌거나 펀치백은 분노에서 눈물로 이동하는 좋은 방법이다.)
2. 나는 내 단서를 따른다. 나는 그저 알면 되고, 다음 단계를 존중
   한다.
3. 나는 우주가 나를 지지한다고 믿으며, 이는 눈에 보일 수도, 보이
   지 않을 수도 있다.
4. 도움은 존재한다. 다른 사람들에게 도움을 요청하고 사람들이
   다음과 같이 돕고 싶어한다고 믿기만 하면 된다.
   물리적인 도움: (내 아들이 죽은 장소인) 잔디를 깎고 갑판을 닦아
   주세요.
   형이상학적인 도움: 나를 위해 기도하고 밝은 빛으로 인도해주
   세요.
   심리적인 도움: 더그에 대한 추억, 당신에게 의미 있는 시를 보내
   주세요.
5. 나는 내 안의 악마를 마주볼 것이다. 불안은 무언가를 막아두
   는 마개나 포기의 표시가 아니며, 걸음을 천천히 하고, 창의력이

필요한 새로운 곳일 뿐이다.

6. 감사: 모든 상황에는 선물과 한계가 존재한다. 나는 한계와 고통을 부인하지 않고, 자신에게 그 상황의 선물과 선함 또한 보게 할 것이다.

7. 친구로서 함께하라. 내가 누군가에게 줄 수 있는 가장 큰 선물은 상대를 있는 그대로 온전히 받아들이는 것이다.

8. 인생은 목적지가 아닌 여행이다. 나는 슬픔과 기쁨이라는 선물을 위해 하루하루를 완전하게 살아간다.

9. 슬픔은 파도처럼 다가온다. 각각의 파도는 나를 다음 단계로 인도한다. 바다는 결코 고인 물이 되지 않는다.

10. 나는 기도하고 명상하며 나에게 맞는 어떠한 방식으로든 정신 세계와 접촉할 것이다.

퍼트리샤의 마지막 메모를 덧붙입니다. "이 과정이 끝난 후…… 봄과 부활절이 왔던 것처럼 애도의 새 물결이 몰아쳤다. 나는 너무나도 고통스럽게 배웠던 교훈을 기억하기 위해 내가 적은 것을 반복해서 읽어야 할 필요가 있음을 깨달았다. 내가 쓴 오래된 글이 나를 이끌어주는 것…… 나는 친구에게 내가 알게 된 진실을 말할 것이다. 그래서 언젠가 내가 그것을 잊어버렸을 때 내 친구가 나에게 그것을 다시 말해줄 수 있게. 그러니 독자 여러분, 힘든 시기에 내가 그것을 기억하도록 도와주기를."

퍼트리샤는 슬픔을 마주하면서 얻은 교훈의 힘을 활용하기로 결정했습니다. 이 연습은 치유이기도 하고 힘을 주는 것이기도 합니다. 당신도 시도해보세요. 문구점에서 작고 예쁜 노트 한 권을 사세요. 그리고 애도 과정을 통해 배운 것들을 기록하세요. 이는 당신이 겪고 있는 단계들을 잘 알려주고 그 목적과 의미를 더 잘 알게 되는 훌륭한 방법이 될 수 있습니다.

사랑했던 사람이 내게 남긴 것

누군가가 갑자기 죽었을 때 어떤 면에서 거부당하거나 버려졌다고 느끼는 것은 드문 일이 아닙니다. 버려짐에 대해 타는 듯한 고통과 분노를 느낄 때, 이 고통이 어떤 의미 있는 게 될 것이라거나 죽음으로 인한 관계의 끝이 당신의 성장에 어떤 식으로든 도움이 될 수 있다고 생각하기란 훨씬 더 어렵죠. 특히 당신이 스스로에게 좋은 느낌을 갖는 일을 타인에게 의존해왔다면 더더욱 그럴 수 있습니다. 지금이 내면을 들여다보고 자신이 가치 있는 사람이라고 스스로 확신해야 할 때입니다. 당신에게 중요한 사람들이 죽기 전에 해주었던 긍정적인 말들을 기억하고 재생해야 할 때이기도 합니다. 모든 사람은 반복해서 스스로에게 말해줄 가치가 있는, 삶을 낙관하는 긍정적인 메시지를 사랑했던 고인으로부터 적어도 한 번은 들어본 적이 있습니다. 당신의 일지에 그 메시지들을 나열하거나 편지 형식으로 써보세요(친애하는 _____에게, 이것들이 제가 당신에게 물려받은 긍정적인 메시지들입니다. 사랑하는 _____로부터).

이 긍정적인 메시지들이 당신을 기분 좋게 하고 북돋워줄 수 있게 하세요.

소리 지르기 연습

때로는 할 수 있는 유일한 일이 소리 지르는 것뿐입니다! 감정은 안에서 솟구치며 분출될 곳을 요구합니다. 가능한 한 큰 소리로 마음에 떠오르는 것은 무엇이든 말하는 게 해방과 안도감을 줄 수 있습니다. 이 연습을 할 적절한 장소를 찾기가 쉽지 않을 수 있습니다. 아무도 듣는 사람이 없는 열린 공간을 찾기 위해 여행을 잠깐 떠나야 할지도 모릅니다. 다음은 패멀라와 그녀의 여동생 메릴린이 어떻게 문제를 해결했는지를 보여주는 예입니다.

"여동생의 남편이 갑자기 죽은 지 몇 개월이 지나고 조지의 죽음으로 내 마음도 여전히 어지러웠던 때, 우리는 워크숍에 참석하려고 캐나다에 갔어요. 자유 시간에 우리는 차를 몰아 광활한 공터를 가로질러 수 마일을 달렸고, 주변에는 아무도 없었어요. 어느 오후 우리는 캐나다의 '황무지no man's land' 고속도로 중간에서 이렇게 소리 질렀어요. '왜 죽었어!' '당신이 죽어서 미워' '이 죽음은 정말 짜증나!' 그리고 욕했죠. 우리는 소리 지르는 것이 얼마나 우스꽝스러웠던지 웃기도 했고, 그것이 우리에게 필요했기 때문에 울기도 했어요. 눈물 때문에 도로를 보기가 힘들어 울지 않은 사람이 차를 운전하는 게 안전하다고 결정했어요!"

격렬한 감정은 배출 수단이 있어야 합니다. 그렇지 않으면 감정이 우리를 아프게 할 수 있습니다. 슬픔의 가장 강력한 배출 수단은 사적인 장소(주차된 차 안이 상당히 이 목적에 맞을 수 있습니다)에서 최대한 크게 소리를 지르고 악을 쓰는 겁니다. 스스로 이렇게 하도록 놔두는 것이 자신과 치유 과정의 가치를 인정하는 것입니다. 당신의 고통에 목소리를 주려는 마음을 억누르지 마세요. 마음만 먹는다면, 이런 방식으로 가장 깊은 감정을 표현하는 것은 인간으로서 당신의 권리입니다.

우선순위 정하기

사랑하는 사람을 잃은 뒤 세상은 종종 통제가 불가능해 보여, 우리는 그 안에서 우리의 위치를 알아내려고 애쓰게 됩니다. 중요한 게 무엇인지 생각하고 차이를 만들 수 있는 방법을 찾는 게 커다란 도움이 될 수 있습니다. 다음의 연습이 우선순위를 정하도록 돕습니다. 대답에는 옳고 그름이 없다는 것을 명심하세요.

- 당신에게 가장 중요한 세 가지는 무엇입니까?
- 당신에게 영적으로 가장 가치 있는 것은 무엇입니까?
- 당신에게 정서적으로 가장 가치 있는 것은 무엇입니까?
- 당신에게 가장 가치 있는 소유물은 무엇입니까?
- 당신에게 누가 가장 중요합니까? (이름을 적어보세요.)
- 인생의 가치를 위해 이루어야 한다고 느끼는 것은 무엇입니까?
- 죽어서 당신은 어떻게 기억되고 싶습니까?
- 일상을 특별하게 만들어주는, 매일매일 할 수 있는 두 가지 일은 무엇입니까?
- 인생에서 가장 감사한 것은 무엇입니까?

일지에 이러한 질문들에 대한 답을 달고, 자신에 대해 무엇을 발견했는지 적어보세요. 다음 질문에 대답해보세요.

- 가장 중요한 삶의 요소는 무엇입니까? (대답에서 종종 공통적인 경향이 보일 것입니다.)
- 배운 것들을 바탕으로 할 때, 충만한 삶이란 어떤 것입니까?
- 충만한 삶으로 나아가기 위해 지금 어떤 단계를 밟을 수 있습니까? 나중에는 어떤 단계를 밟을 수 있습니까?

죄책감에 대처하기

'만약 이랬다면 좋았을 텐데' 또는 '했어야만 했는데'라는 생각으로 고통스럽고, 사랑했던 사람을 돕거나 죽음을 막기 위해 당신이 더 많은 것을 할 수 없었던 것을 깊이 후회하고 있다면 다음을 연습해보세요.

고인에게 최소한 한 장 분량의 편지를 써보세요. 무엇이든 고인에게 당신이 원하는 것을 말해보세요. 단, 다음 세 가지를 포함시키세요.

- 일어난 일에 대한 진실.
- 일어난 일을 당신이 어떻게 느끼는지.
- 고인의 죽음이 당신의 삶에 어떤 영향을 주었는지.

이제 페이지를 넘기고 고인이 편지에 답하는 것을 상상해보세요. 고인에게 질문하는 것은 이 연습을 매우 가치 있게 만들어줄 것입니다. 그러니 다음과 같은 질문을 적어보세요. "일어난 일에 대해 당신은 어떻게 느끼고 있나요?" 그리고 "제가 한 것에 대해 당신은 나를

우리는 저마다의 속도로 슬픔을 통과한다

용서해줄 수 있나요?" "이 모든 일에 있어 제가 (실제로든 상상으로든) 충분히 벌을 받았나요? 그리고 얼마나 미안해하고 있는지 보여주기 위해 제가 할 수 있는 것이 있나요?" "제가 얼마나 고통받고 있는지 당신에게 어떻게 보여줄 수 있나요?" 그런 다음 눈을 감고 마치 고인이 당신을 통해 말을 하는 것처럼 각각의 질문에 답해보세요.

이 연습을 혼자 하기 힘들다고 생각된다면 치료사 또는 믿을 만한 친구에게 조용히 당신 곁에 앉아 있어달라고 요청할 수도 있습니다. 내면의 목소리가 어떤 식으로든 스스로에게 해를 입힐 거라고 '말하는' 경우에는 즉시 전문가의 도움을 받으세요.

시詩

시는 물질세계와 창조 및 영혼의 세계 사이에 감정의 다리를 놓아줍니다. 시 모임에 방문하거나 가입하는 것은 슬픔을 치유하는 방식에 특별한 영향을 줄 수 있습니다. 시는 정의상 우리 모두가 착용하는 가면 뒤의 원초적인 감정에 닿습니다. 애도의 가면을 쓰고 있을 때는 우리가 겪고 있는 고통을 다른 사람들이 알 수 없을 거라고 여길 수 있지만, 우리는 엄청난 상실에도 불구하고 여전히 계속해서 일상을 살아가야 합니다. 그 결과 우리는 그러한 상실을 경험하지 않은 친구와의 교류가 끊어졌다고 느낄 수 있습니다. 다른 사람들은 우리 감정의 강도를 받아들일 수 없다고 느낄 수도 있습니다. 시 모임에서는 감정이 역동적인 힘이 됩니다. 이 모임에서 당신은 환영받고, 쓰거나 말하는 형태를 통해 슬픔을 표현할 수 있는 감성적인 장소를 발견할 것입니다.

당신의 지역에서 '예술가 모임'이나 '시'를 인터넷으로 검색해보세요. 또한 지역 신문에서 시 낭송회를 찾아보세요. 낭송회에 참석해서, 다른 참석자들에게 지역의 다른 행사들을 물어보세요.

당신 자신의 시를 쓸 수도 있습니다. 창의력을 자극하고 안내해주는 책이 많습니다. 지역 서점의 글쓰기/참고 도서 서가를 둘러보세요. 일주일에 한 번, 카페나 공원에서 예쁜 노트에 시를 쓰며 아침 시간을 보내는 것은 정말로 마음을 씻어내는 경험이 될 수 있습니다. 형식은 걱정하지 마세요. 그냥 당신 자신을 표현할 말들을 창의적으로 적어보세요. 시를 쓰세요.

『시인의 동반자: 시를 쓰는 즐거움에 대한 안내서The Poets' Companion: A Guide to the Pleasure of Writing Poetry』의 저자 킴 애도니지오와 도리앤 록스는 죽음과 애도에 관한 부분을 썼습니다. 그들은 이 주제를 가지고 작업하는 법을 안내합니다. "죽음과 관련된 의식에 대해 시를 써보라. 이는 전통적인 장례식, 경야, 좀더 개인적인 의식에 관한 것일 수 있다. 당신이 애도 가운데 아름다운 기쁨을 겪었던 경우도 포함하라." 또 다른 제안도 있습니다. "한때 고인에게 속했던 물건을 당신이 가지고 있다면, 고인이 어떻게 그 물건을 사용했는지에 대한 추억이나 이미지를 함께 떠올려보라. 당신이 현재 그 물건을 어떻게 쓰고 있는지를 이야기할 수도 있다."

감사 일지

세라 밴 브레스나크의 베스트셀러 『단순한 풍요로움: 편안함과 기쁨의 일기Simple Abundance: A Daybook of Comfort and Joy』에서 그녀는 감사 일지를 사용할 것을 지지했습니다. 그녀는 이것이 "믿음을 넘어설 정도로 삶의 질을 변화시킬 수 있는 도구"라고 말합니다. 우리는 그 의견에 전적으로 동의합니다. 다음은 감사 일지에 대한 세라의 설명입니다.

"나는 매일 잠자리에 들기 전 예쁜 노트에 그날 감사했던 다섯 가지 일을 적는다. 어떤 날에는 노트에 놀라운 것들이, 대부분의 날에는 단순한 기쁨들이 채워질 것이다. '폭우로 길을 잃었는데, 젖은 채 떨고 있었지만 다치지 않은 미키를 발견했다. 청소하는 동안 푸치니 음악을 들었고 내가 얼마나 오페라를 사랑하는지를 기억해냈다.'

다른 힘든 날들에 감사할 것이 없다고 생각되면 기본적인 것들을 쓸 것이다. 나의 건강, 남편과 딸, 그들의 건강, 나의 반려동물들, 나의 집, 친구들과 내가 곧 자러 들어갈 편안한 침대, 덧붙여 하루가 무사히 끝났다는 사실. 괜찮다. 실제 생활이 항상 완벽하거나 우리에게 유리하지만은 않지만, 삶이 굴러가고 있다는 것을 반복해서 인정하는 일은 살아남는 데, 그리고 어려움을 극복하는 데 도움이 될 수 있다."

삶의 긍정적인 면을 인식하는 것은, 우리가 암흑기에 휩싸일 때 특히 중요합니다. 우리는 흔히 상실과 제대로 되지 않는 일에 너무 집중한 나머지 어떤 좋은 것들도 보지 못합니다. 처음 몇 달 동안은 긍정적인 부분을 찾기가 몹시 어렵겠지만, 그 기간이 지나면 아무리 단순한 것일지라도 긍정적인 것을 다시 보기 시작해야 합니다. 목록에 "나는 오늘 침대에서 빠져나올 수 있었다"와 같은 기본적인 일을 써도 됩니다. 중요한 것은 긍정적인 면이 있다는 사실에 대해 열린 시선을 유지하는 것입니다. 그것들을 인식함으로써, 더 많은 긍정적인 것을 삶에 끌어들이게 됩니다.

감사 일지를 쓸 당신만의 특별한 노트를 준비해서 침대 옆에 두세요. 매일 밤 불 끄기 전에 다섯 가지 긍정적인 사건을 찾아 당신의 하루를 되돌아보세요.

이완

스트레스, 불안, 슬픔, 우울 같은 감정은 우리 안에 응어리를 남길 수 있습니다. 호흡운동을 하면 긴장을 풀고 상처받은 감정을 풀 수 있습니다. 다음 연습은 힘든 시간 동안 당신을 진정시키는 데 도움이 됩니다.

한 손을 복부에 얹으세요. 숨을 들이마실 때 가슴이 아닌 복부에서 움직임을 느껴보세요. 열을 세는 동안 숨을 들이마신 다음 열을 세는 동안 숨을 내쉬세요. 더 깊이 이완되려면 같은 동작을 10회에서 15회 반복하세요.

몸 전체를 이완시키기 위해 조용한 곳에 누우세요. 천천히 깊게 숨을 들이마시고 내쉬세요. 왼쪽 다리부터 시작해 셋을 세는 동안 최대한 근육에 단단히 힘을 줘 수축시켜보세요. 그런 다음 긴장을 완전히 푸세요. 차례차례 오른쪽 다리, 왼팔, 오른팔도 똑같이 해보세요. 그런 다음 상체로 옮겨가 골반을 조이고, 그다음 배, 가슴, 어깨, 목, 마지막으로 얼굴 근육을 조여보세요. 이 연습을 끝내면 매우 평온하고 평화로운 느낌이 들 겁니다. 더 깊이 이완하려면 해변이나 다른 고요한 장면을 머릿속으로 영화처럼 시각화해보세요.

시각화

창조적인 시각화는 마음과 몸을 진정시키는 훌륭한 방법이 될 수 있

우리는 저마다의 속도로 슬픔을 통과한다

습니다. 몸이 이완되면 우리는 마음의 스크린에서 고요하고 치유적이며 용기를 주는 '영화'를 재생할 수 있습니다. 이러한 영화나 상상력은 치유, 용서와 평화를 촉진할 수 있습니다.

시각화는 익숙해지기까지 시간이 걸리기도 합니다. 처음 시도할 때 '잘된다'고 느껴지지 않을 수 있습니다. 스스로에게 시간을 주세요. 다른 운동과 마찬가지로 시각화도 연습을 해야 합니다. 바닥에 눕거나 의자에 앉아 시각화를 할 수도 있습니다. 이 과정이 이완을 크게 해주기 때문에, 침대에서 연습한다면 잠들 수도 있습니다.

처음에는 이완 연습을 통해 전신을 이완하세요. 몸이 이완되고 과도한 긴장이 더 이상 느껴지지 않으면 시각화를 시작하세요.

연습할 때 적어둘 만한 생각과 이미지가 떠오를 수 있습니다. 따라서 시각화 일지를 가까이 두는 것이 좋습니다.

다음의 몇 가지 시각화 방법이 있습니다. 편하게 느껴지는 것을 고르거나 자신만의 방법을 만들어보세요. 이 긍정적인 메시지가 당신 마음속에 들어가면 불안과 우울감을 줄이고 삶의 기쁨과 평화를 더 많이 느끼게 해줄 것입니다.

- 창의적인 방법으로 당신의 애도를 이용해 자신을 시각화해보세요. 당신이 무엇을 하고 있는지, 주변에 누가 있는지, 당신이 어떻게 느끼고 있고, 무엇을 보고 있는지 알아보세요.
- 죽음에 대해 죄책감을 느낀다면 마음속의 모든 죄책감을 풍선에 불어넣는다고 상상해보세요. 죄책감이 폐를 통해 몸 밖으로 나왔는지, 그리고 풍선으로 옮겨갔는지 살펴보세요. 풍선에 당

신의 모든 죄책감을 불어넣을 수 있는 한 불어 풍선이 커지게, 더 커지게 만드세요. 풍선 끈을 단단히 잡고 마지막으로 죄책감을 느껴보세요. 그리고 끈을 놓으세요. 풍선이 당신에게서 죄책감을 가져가는 것을 지켜보세요. 당신이 없애고 싶은 다른 감정, 예를 들어 증오, 분노, 질투, 또는 복수에 대해서도 이처럼 시각화해볼 수 있습니다.

• 고인과 대화하거나 그의 존재를 느끼고 싶다면 친숙한 환경에 앉아 있는 그들을 시각화해보세요. 그들에게 가서 당신의 질문과 걱정을 말하며 대화해보세요.

• 지금으로부터 1년 또는 2년 후의 자신을 시각화해보세요. 당신이 될 것 같은 모습과 당신이 만들게 될 긍정적인 변화를 시각화해보세요. 마음에 무엇이 떠오르나요? 당신 주위에는 누가 있나요? 당신의 일상생활은 어떤가요? 당신은 무엇을 믿고 있나요?

이완 및 시각화 지침에 유용할 수 있는 오디오 테이프 리스트는 부록을 참고하세요.

메모리북

메모리북Memory Book을 만드는 것은 우리가 사랑했던 사람에 대한 훌륭한 기념품입니다. 오빠가 죽었을 때 브룩은 기념 앨범에 넣을 신문기사, 사진 및 기타 기념품을 모았습니다. 여러 종류의 종이, 스텐실, 매직펜과 스티커로 자신의 추억에 맞는 '틀'을 만들어 특별한 페이지를 완성했습니다.

앨범 제작은 최근 몇 년 동안 인기를 얻고 있습니다. 추억을 창의적으로 보관하는 방법을 가르치는 스크랩북 가게들도 있습니다. 콜라주, 고무도장, 종이 장식 등 여러 방법으로 추억을 위한 아름다운 책을 만들 수 있습니다.

창의적인 수단을 알려주는 가게들뿐 아니라 많은 잡지와 책에서도 안내를 받을 수 있습니다. 자신이 창의적이라고 생각하지 않더라도 이를 시작하는 데 도움이 되는 방법들이 있습니다. 지역 서점의 공예 섹션에서 스크랩북에 관한 책을 찾아보세요. 가판대 또는 공예품 가게에 아이디어를 제공하는 잡지가 있을 수도 있습니다.

다음은 메모리북을 제작하기 위한 몇 가지 기본적인 팁입니다.

1. 추억을 담기에 좋은 앨범을 고르세요. 가능한 한 중성 용지와 장식들을 사용하세요. 중성 종이여야 시간이 지나도 사진이 손상되지 않습니다.
2. 넣고 싶은 모든 자료를 수집하세요. 무엇이든 가능합니다. 엽서, 잡지에서 오려낸 단어, 사진, 특별한 시 등 당신이 넣고 싶은 어떤 것이든 좋아요.
3. 자연스럽게 진행 방향이 보일 때까지 수집한 항목을 다양하게 나열해보세요. 연대순으로 정리할 수도 있고 또 다른 주제가 떠오를 수도 있습니다.
4. 장식으로 쓸 스텐실, 스티커, 우표와 종이를 모으세요. 공예품점이나 및 스크랩북 가게에서 구할 수 있습니다. 사무용품 가게와 대형 마트에도 종종 합리적인 가격의 좋은 물건이 있습니다.

5. 한 페이지에 넣을 자료들을 고르세요. 디자인이 당신에게 편안 하다고 느껴질 때까지 자료들을 옮겨가며 배치해보세요. 어떻게 배치해야 할지 아이디어가 떠오르지 않는다면 잡지를 참고해보세요.

6. 시간을 갖고 천천히 하세요. 메모리북을 만드는 과정은 서두를 필요가 없습니다. 많은 사람이 '빈둥거리기'와 만들기에서 즐거움을 느낍니다. 평생 덧붙이며 만들어가는 책이 될 수도 있습니다.

온라인 기념관

인터넷은 온라인 기념관의 형식으로 우리가 사랑했던 사람을 소중히 여기며 기억할 수 있는 새로운 방법을 만들어주었습니다. 고인을 기념 하고 기억하기 위한 영상, 글, 녹음, 음악 및 사진을 영구적인 웹 페이지에 올릴 수 있습니다.

이는 또한 어린 자녀들이 자라면서 그들이 어렸을 때 죽은 고인을 알고 싶어하는 경우에도 도움이 됩니다.

의식儀式

의식은 인생에서 중요한 부분입니다. 의식을 통해 우리는 신념과 감 정을 관찰하고 기억하며 구조화할 수 있습니다. 캐서린 M. 샌더스는 『애도에서 살아남기』에서 이렇게 썼습니다. "과거에는 삶의 모든 전 환점마다 통과의례가 의식으로 표현되었고, 신성시되는 장소에서 행 해졌다. 축하받을 사람을 위해 많은 친족이 모였다. 변화와 전환이라 는 혼돈의 시기에 이 의식들은 중요한 방향과 영적인 힘을 주는 것이었다."

장례식은 이런 의식의 한 종류입니다. 이 의식은 우리와 상실을 공유하는 사람들이 함께 모일 수 있도록 안내와 방향을 제시하고 삶을 축복하도록 합니다.

자신만의 의식을 만드는 것이 어려워 보일 수도 있지만 꼭 그렇지만도 않습니다. 먼저 당신이 기억하고 축복하려 하는 것이 무엇인지 스스로에게 물어보세요. 고인이 세상을 떠난 날을 기념하는 의식은 많은 사람에게 가치 있습니다. 어떤 사람들은 고인의 생일을 기리는 의식을 만들고 싶어합니다. 고인이 배우자인 경우, 결혼기념일을 의식의 날로 보내는 것도 좋을 수 있습니다. 의식에는 제한이 없습니다. 계절마다 혹은 1년이나 2년마다 한 번씩 의식일을 보낼 수 있습니다. 빈도수는 의식의 목적에 따라 정할 수 있습니다. 애도 중인 대부분의 사람에게 의식은 일상의 요구로부터 벗어나는 시간이 되고, 슬픔을 온전히 느끼며 사랑했던 사람에 대한 추억에 집중할 수 있는 시간이 됩니다.

다음으로, 당신만을 위한 의식을 원하는지 혹은 다른 사람들과 이를 공유하고 싶은지 정하세요. 어떤 사람들은 친구들이 의식에 함께 하는 것이 좋겠다고 생각합니다. 또 다른 사람들은 혼자서 자신의 감정을 탐색하는 시간을 갖길 원하기도 합니다.

다음으로 정할 것은 장소입니다. 고인과 관련된 특별한 장소, 집 근처나 해외일 수도 있습니다. 다시 말하지만, 장소를 정할 때 당신의 목적을 염두에 두세요.

우리가 알고 있는 사람들이 위안을 받았던 몇 가지 의식을 아래에 소개하고자 합니다. 필요에 따라 적당한 것을 고르거나 다른 아이디어를 발전시킬 바탕으로 마음껏 사용해보세요.

캐런의 어머니가 50세에 갑자기 돌아가신 뒤 아버지는 미국에 남고 그녀는 프랑스에 살고 있었습니다. 캐런은 매년 어머니 기일에 맞춰 일주일간 집으로 돌아옵니다. 그녀와 아버지는 그 기간에 추억을 떠올리고 묘지를 찾아갑니다.

제시카, 모니카, 로라, 알리는 친한 대학 친구들로, 당시 함께 살았습니다. 로라가 자동차 사고로 갑자기 죽었을 때 나머지 셋은 각자 따로 살고 있었습니다. 매년 사망 기념일에 그들은 함께 모여 유람선을 타면서 즐거웠던 대학 시절을 회상합니다. 졸업한 지 5년이 지났지만, 그들은 여전히 이 의식을 계속하고 있습니다.

데이비드는 죽은 아들의 생일에 혼자 있기를 원했습니다. 그는 산속 작은 오두막을 빌리고 여분의 옷 외에는 아무것도 가져가지 않았습니다. 그는 산속을 걷고 풍경의 아름다움을 느끼면서 아들과 '이야기'를 나눕니다.

편모인 커샌드라는 딸이 갑자기 죽은 뒤 슬픔에 빠졌습니다. 그녀는 기일이면 다른 아이들을 전남편에게 맡깁니다. 그녀는 글을 쓰고 울고 영화를 보고 오래된 사진들을 바라보면서 주말을 보냅니다.

조용히 앉아서 당신을 치유하는 데 도움이 되는 것이 무엇인지 생각해보세요. 그런 다음 의식을 치르세요. 달력에 날짜를 표시하세요.

23장

여행은 계속됩니다: 저자들이 남기는 메모

이 책의 개정판을 낼 시기에 우리는 이 장을 초판본의 내용대로 둘지 아니면 바꾸거나 지워버릴지 고민했습니다. 저는 패멀라에게 농담처럼 이제 글솜씨가 열 배는 좋아졌으니 예전에 제가 썼던 부분은 지우자고 했습니다. 진심으로 원래 내용을 바꾸거나 지우고 싶었죠. 몇 년이 지난 후, 저는 '애도로부터 벗어났다'고 믿었던 것이 사실은 애도로 향하는 입구였다는 것을 깨달았습니다. 결국 우리는 원래의 이야기를 바꾸지 않은 채 남겨두고, 오늘 우리가 어디에 있는지에 대한 이야기를 덧붙이기로 했습니다. 한 가지 확실한 것은, 1999년의 도입부에 쓴 인용구가 여전히 유효하다는 점입니다.

> 우리가 시작이라고 부르는 것들은 종종 끝을 의미한다
> 끝을 맺는 것이 시작을 만든다
> 끝은 우리가 시작하는 바로 그곳이다
> – T. S. 엘리엇

브룩 노엘

1999년 10월 4일

패멀라와 저는 이 책의 초안을 끝내려고 정신없이 일하고 있었습니다.

할 일의 목록에서 제가 마지막 부분을 써서 끝마쳐야 했던 날은, 믿기 어렵게도 바로 케일럽의 2주기였습니다(1999년 10월 4일). 흥미로운 점은 작년에는 제가 아무것도 할 수 없는 상태였다는 것입니다. 정신이 나가 있었지요. 올해는 비록 인간보다는 로봇에 더 가깝다고 느꼈지만, 그래도 뭔가를 할 수 있는 상태라는 것을 깨달았습니다.

제가 이렇게 한 걸음씩 나아가고 있는 게 자랑스럽습니다. 어머니와 저는 몇몇 친한 친구와 함께 오빠를 기리는 수상스키 대회를 열었습니다. 지난여름에 첫 대회를 개최했죠. 오빠의 관심과 열정을 우리 인생의 한 부분으로 만들 수 있다는 것이 기뻤습니다.

특히 저는, 나름 잘하고 있습니다. 많은 면에서 저는 아직 고통을 충분히 느끼지 않으려 합니다. 여전히 고통을 느끼기보다 도망치려는 경향이 있습니다. 그러나 이 책의 집필이 도망치는 것을 막아줍니다. 아직도 갈 길이 멀지만, 책을 쓰는 동안 제가 느낄 수 있는 모든 감정을 탐색하는 법을 배웠습니다.

저는 이제 죽음도 삶도 두렵지 않습니다. 저는 자연과 우주의 순리와 순환에 대해 믿음을 갖게 되었습니다. 대부분의 시간에는 우주를 잘 이해하지 못하지만, 제가 이해할 수 있는 만큼은 이해할 것이라는 믿음을 배웠습니다.

저는 이제 애도 초기의 어두컴컴한 고치에서 벗어나, 더 작아졌지만 제 일부로 자리잡은 애도와 '함께 살아가는' 지점에 왔습니다. 애도는 저에게 웃고 즐기고 매순간 살아 있는 법을 가르쳐주었습니다.

지금 저는 어디에 있는 걸까요? 저는 살아남아, 다시 만들어지고 있습니다. 한때 당신이 그 상실의 경험에서도 좋은 날이 올 거라고 설득하려 했다면, 저는 당신을 비웃었을 것입니다! 그러나 이제는 알 것 같습니다. 이 상실은 저에게 삶을 주었습니다—오빠의 죽음을 통해 저는 살아가는 법을 배웠습니다.

2007년 7월 29일

당신의 손에 있는 이 책의 집필을 시작하게 했던 오빠의 죽음, 그 10주년 기일이 두 달 앞으로 다가왔습니다. 비극의 결과로 저는 혼돈 속에서 전후 상황을, 마음속에서 잃어버렸던 의미를 찾아 헤맸습니다. 동서남북 없이 그저 빠르고 흐릿하게 돌기만 하는 세상 속에서 어찌할 바를 모른 채 '왜 나인가? 왜 오빠인가? 그리고 이제는 어떻게 해야 하나?'를 중얼거리며.

'저는 지금 어디에 있을까요?' 부분을 두 번째로 쓰리라고는 전혀 예상치 못했습니다. 하긴 초판의 출간도 생각해본 적이 없었습니다. 고교 시절 진로를 고민할 때도, 그리고 대학 시절 수강 신청 책자를 넘겨보는 동안에도, 기자가 비극에 대한 제 의견을 듣고자 전화를 할 날이 올 것이라고는 상상해본 적이 없었습니다.

"애도 전문가의 의견이 필요해서 연락을 드렸습니다"라는 낯선 목소리가 들렸습니다. 전화를 받을 때마다 저는 눈을 심하게 깜빡였습니다. 비록 그들은 저를 볼 수 없지만요. 저는 상상하지도 않았고 상상할 수도 없었던 삶을, 원하지도 않았던 역할로 채워가면서 살아가던 중이었습니다.

1997년의 제 의도는 아주 단순하고도 순진한 것이었습니다. 제 여행을 다른 사람들을 위해 변화시켜야 했습니다. '만약 누군가가 내가

우리는 저마다의 속도로 슬픔을 통과한다

볼 수 있었던 것보다 좀더 멀리 애도 여행을 바라볼 수 있다면, 무의미함 속에서 아주 작은 의미를 찾을 수 있을지도 모른다'고 생각했습니다. 또 이 책을 완성해나가며 제 슬픔을 깔끔하고 단단하게 정리할 수 있기를 바랐던 것도 사실입니다. 저는 슬픔을 억누를 수 있기를, 책장에서 끄집어내 그 거친 가장자리를 밀어넣고 다시 제자리로 돌려놓기를 바랐습니다.

애도는 그런 식으로 되지 않는다는 것을 저는 배웠습니다. '애도 전문가'가 되었을지언정 말입니다. 삶 또한 그런 식으로 되지 않습니다. 제가 아무리 방향을 조종하고 계획하고 꿈꾸고 희망하더라도, 삶은 그 나름의 방향으로 흐르며, 때로는 원하지 않는 무섭고 캄캄한 방향으로 향합니다.

1997년 눈 깜짝할 사이 저는 원치 않던 길에 놓였습니다. 그 순간 저는 그 길을 걷지 않았던 사람들과 제가 이제는 '다르다'는 것을 알게 되었습니다. 비록 정확히 어떻게인지 설명할 수는 없지만요.

1997년 10월 4일, 저는 선택의 여지도 없이 애도로 덧칠된 안경을 쓰게 되었습니다. 그 후 몇 년간 저는 그 안경을 쓰고 있는 게 제 삶의 가장 큰 책무이자 가장 무거운 짐이며, 만약 그 안경을 조정하고 그 상태로 초점을 맞추는 방법을 배운다면 잠재적인 선물이 될 수도 있다는 것을 배웠습니다.

저는 평생 안경을 썼습니다. 원하는 것을 좀더 선명하게 보도록 해주고 시력을 보통 사람들처럼 교정해주었던 안경. 하지만 애도로 덧칠된 안경은 제가 이전에 알고 있던 안경과는 닮은 점이 하나도 없었습니다. 처음에는 눈물 때문에 너무나 흐릿했습니다. 한 치 앞밖에 보이지 않았고, 스스로 진정할 만한 것을 찾고자 사투를 벌여야 했습니다. 안경을 벗어버리고 깨버리거나 되돌려주고 싶어 못 견딜 정도였지만, 그때는 (그리고 지금도) 그것이 불가능했습니다. 저는 이 안경을 평생 지니게 되었습니다.

결국 그 흐릿함 속에서 작은 입구를, 무언가를 봤습니다. 시간이 지난 뒤 제 시력이 교정되지도 망가지지도 않았음을 (그저 변했을 뿐임을) 알게 되었습니다. 저는 모든 면에서 새로운 깊이를 보게 되었습니다. 앞, 뒤, 중간, 주변의 공간들 사이에서.

오늘 밤 이 글을 쓰면서도 저는 애도로 덧칠된 안경을 쓰고 있지만, 더 이상 흐리거나 무겁지 않습니다. 사실 더 오래 쓰고 있을수록 더 많이 볼 수 있습니다. 초점을 맞추는 동안 많은 것을 봤지만 특별히 여기에 공유할 만한 것은 거의 없습니다.

애초에 우리가 이 책을 썼을 때는 이 책이 '완성된' 느낌이 들지 않았기 때문에 이 부분을 추가했습니다. 지금은 알고 있지만, 그때는 알지 못했습니다. 끝은 없으며 단지 일련의 시작만이 있다는 것을. 그동안의 세월은 여행이었습니다. 확신하건대, 이 여행은 끝나지 않았고, 저는 제가 어디에 있는지 알지 못합니다. 시작인지, 순서가 있는지, 전환점인지 돌아가는 건지 모든 게 뒤집히는 건지 더 이상 알 필요가 없습니다. 저는 나침반 없이도 풍요롭게 살아갈 수 있습니다.

항상 그런 것은 아니었습니다. 처음에는 다루기 힘들고 달갑지 않은 슬픔의 세계에 빠져 있었고, 알아내려 애썼습니다. 다음에 무엇이 올까? 뭔가 다른 게 있을까? 애도는 대답할 수 없는 질문을 하게 했습니다. 다섯 살 이후로는 묻지 않은 유형의 질문들. '누가 세상을 만들었나요? 무엇이 최초였나요? 왜 우리는 여기 있나요?' 당혹스러운 권위자들과 멘토들은 각기 다른 대답으로 씨름을 했습니다. 청년이 된 후 저는 어떤 질문에는 쉬운 대답이 없다는 것을, 혹은 전혀 답이 없다는 것을 이해하기 시작했습니다.

저는 대답 없는 질문을 지닌 채 편안하게 살 수 있음을 배울 것이라고는 믿지 못했습니다. 대개는 그냥 질문하는 것을 그만뒀습니다. 천천히, 생일 그리고 다음 생일, 그것들은 '알 수 없는', 순서대로 돌아가는 바쁜 일상생활 속 어디에도 분류와 배치가 안 되는, 대답할 수 없는 것들을 위한 방대한 저장 탱크 사이로 사라져갔습니다. 그러나 애도는 경고 없이 이 저장 탱크를 내 무릎에 버렸습니다. 다섯 살짜리 아이처럼 저는 그 질문들에 더해 더 많은 것을 물었습니다. '다음에 어떤 일이 일어나나요? 그가 제 말을 들을 수 있나요? 제가 뭘 해야 하나요? 그는 저를 자랑스러워하나요? 그는 알고 있나요? 그가 떠났을 때보다 지금 제 나이가 더 많은데, 그는 여전히 제 오빠인가요? 이걸 극복한다는 게 가능은 한가요? 제가 미친 건가요? 원래 이렇게 아픈 건가요?'

10년 전 저는, 고통의 깊이 때문에 그 대답을 들을 자격이 있다고 느꼈습니다. 대답을 찾아낼 거라고 생각했죠. 나중에는 애도가 대답에 관한 것이 아님을, 질문을 가진 채로 살아가는 것임을 배웠습니다. 숨기기에는 너무 크고, 무시하기에는 너무 중요하며, 깔끔히 대답하기에는 너무 복잡한 질문들. 이것들은 정착민에서 탐구자로, 방관자에서 모험가로, 존재하던 누군가로부터 매 순간 진정으로 살아가는 누군가로 저를 변화시켰습니다.

2007년 7월 29일 현재, 저는 제 유년 시절의 집 부두에 앉아 이 책의 표지원저의 책 표지는 어두운 밤하늘의 호숫가를 그리고 있다에 영감을 준 호수에 발을 담그고 있습니다. 이곳은 어머니가 저와 케일럽을 낳고 안전하게 키운 유년기의 집입니다. 고요한 물 위로 바위를 밟고 넘어가는 법과 북쪽 소나무 숲 오르기, 자전거 타기, 맨발로 수상스키 타기, 수영, 스노클링, 그림 그리는 법과 헬멧으로 NFL의 모든 미식축구 팀을 구별해내고 스키보트를 만들고, 축구공을 던지고, 물속에서 숨을 참고, 꿈꾸는 법을 가르쳐준 케일럽이 여기에 있습니다. 어머니와 저, 케일럽의 가까운 친구들이 모여 지난해 여름 케일럽의 유골을 여기에 뿌렸습니다. 이 호수의 이름은 휴식의 호수Rest Lake입니다.

저는 독수리 보는 것을 좋아해서, 여기가 글쓰기에 좋은 장소 같았습니다. 거의 항상 그렇게 시간을 보냈습니다. 케일럽과 제가 어렸을 때, 여전히 한 자릿수의 나이였을 때, 우리는 이 호수에서 서로에게 악의 없는 가상의 질문을 많이 했습니다. 우리는 번갈아가며 상대에게 물었습니다. "인간이 아닌 다른 생물이 될 수 있다면 뭐가 될 거야?" 케일럽이 이 질문에 대답하는 데는 1초도 걸리지 않았습니다. "나는 독수리가 될 거야."

오늘 밤은 독수리를 관찰하기에는 조금 늦은 시각입니다. 저는 두 시간 동안 여기에 앉아 있었고, 독수리의 급강하를 보길 고대하고 있습니다. 급강하의 선을 보고 그 안에서 빛나는 평화를 느끼기를. 저는 하늘을 바라보지만, 구름, 태양 혹은 달을 볼 수 없습니다. 그것은 이 호수 너머 중간에 긴 시간 속에 있습니다. 제 여행 안에 그 시간이 있습니다.

우리는 저마다의 속도로 슬픔을 통과한다

저는 지금 어디에 있을까요? 케일럽이 떠난 뒤 저는 해마다 이 호수에 서서 독수리를 기다리며 긴장하고 갈망합니다. 저는 독수리를 봐야만 했습니다. 그리고 해마다 봐왔습니다.

그가 아직도 여기에 있을까? 기억할 수 있을까? 살아남을 수 있을까…… 1년 전이라면, 대답을 얻기 위해 하늘을 바라봤을 것입니다. 그의 서른일곱 번째 생일이자, 천국에서 축하하는 열 번째 생일인 오늘 밤에 저는 오직 제 내면을 봅니다. 물론 저는 독수리를 보고 싶지만 더 이상 그럴 필요는 없습니다. 그가 아직도 여기에 있을까? 기억할 수 있을까? 살아남을 수 있을까? 저는 이전에는 답할 수 없었던 이 질문들에 대답합니다. 세 가지 모두 답을 부정할 수 없습니다. "그래."

패멀라 D. 블레어
1999년

조지가 죽은 지 9년이 지났습니다. 저는 훌륭한 사람과 결혼했습니다. 저는 상실과 과도기 이행, 특히 죽음과 이혼을 전문으로 하는 치료사입니다. 아들 이언은 대학에 다닙니다. 그는 음악가이며 커피 전문 회사의 교대 관리자로서 시간제 근무를 하고 있습니다. 딸 에이미가 낳은 예쁜 아들 데릭은 이제 여덟 살이 되었습니다. 그 아이는 엄마 에이미의 눈을 통해서가 아니면 조지에 대해 결코 알 수 없을 것입니다. 딸은 그 사람의 무조건적인 사랑과 신뢰, 장난들을 기억합니다. 이언이 기억하는 것에 대해서는 잘 모르겠습니다. 제 짐작으로 야구 경기장에서 아빠와 함께 공놀이를 하고 카메라 가게에서 일하는 아빠를 찾아가고 디즈니랜드로 가족 여행을 떠난 것을 기억하고 있을 것 같습니다. 저요? 너무 짧았던 우리 결혼생활에 대한 쓰고도 달콤했던 추억, 그의 포옹, 우리가 함께 만든 아이라는 기적, 생명유지장치가 영원히 멈춘 날, 새로운 기억들이 영원히 멈춘 날을 기억합니다.

저는 아직도 상실감을 느낍니다. 또한 그것이 제게 가져다 준 새로운 삶도 느낍니다. 모든 상실에는 숨겨진 가능성이 있습니다. 새로 빨아놓은 이불 안쪽에 들어간 잃어버린 양말처럼, 그것은 누군가 이불을 흔들어 느슨하게 하기 전까지 그 안에 숨어 있습니다. 그것은 거기에 있습니다. 당신은 그저 이불을 조금 움직여 그것이 나오게 하면 됩니다.

갑작스런 상실은 우리를 어디로 데려갈까요? 그것은 결코 원해본 적 없던 곳으로 우리를 데려갑니다. 흩어지고 추락해서 애도의 늪에 빠져 반대편으로 통과해 나오는 우리 영혼의 깊숙한 곳, 미지의 신비하고 생소한 여행으로 우리를 데려갑니다. 그 혼란에서 살아남고 반대편으로 나와, 죽음이 삶을 끝낼지라도 결코 관계를 끝내지는 못한다는 것을 당신에게 말하기 위해 저는 여기에 있습니다.

2007년 7월 29일

이 글을 새로 쓸 즈음, 제가 매일 조금씩 조지를 생각한다는 것을 남편이 읽으면 어떻게 느낄지 궁금해졌습니다. 조지의 상실에 대한 생각과 느낌을 인정한다면, 그는 제가 우리 사랑을 배신했다고 여길까요? 이 책의 독자들 중 많은 이가 똑같은 것을 궁금해할 것입니다. 그러나 배우자를 잃고 재혼한 사람들은 분명 제 말에 공감할 것입니다. 조지는 영원히 저와 제 아이들의 기억 속 일부일 것입니다. 남편인 스티브

역시 그 기억이 지워질 수 없다는 것을 — 그 기억에서 우리가 배우고 성장하며, 이야기의 힘에 다시 한번 젖어 사실을 확인할 겸 이따금씩 열어볼 수 있는 교과서 같은 것임을 — 이해합니다.

조지의 갑작스런 죽음 이후 15년이 지났습니다. 아들 이언은 어른이 되어 집을 떠났습니다. 그는 버몬트주 벌링턴에 있는 레스토랑을 관리하고 있습니다. 저는 조지가 하루만이라도 이언의 삶에 찾아올 수 있다면 아들을 자랑스러워할 것이라고 단언합니다. 조지가 아들의 인생을 놓친 것을 생각하면 여전히 감정적이 됩니다. '그곳에서' 자랑스럽게 환히 웃으며 아들을 보고 있을까요? 네, 저는 그렇게 믿습니다.

딸 에이미는 아들 데릭과 함께 근처에서 살고 있습니다. 그녀는 친아빠에게서 받지 못한 따뜻한 포옹과 친절한 말들을 주기 위해 그녀의 삶에 나타난 멋진 사람으로 여전히 조지를 기억합니다. 저는 조지의 에너지가 그녀를 보호하며 감싸고 있다고 믿고 싶습니다. 그녀와 저는 이따금씩 조지에 대한 추억에 잠기고, 이언은 채근하면 기억 속의 아버지를 말합니다. 죽기 직전 아버지의 날에 아빠에 대해 이언이 쓴 글은 조지의 큰 사진과 함께 액자에 꽂혀 그의 침실에 걸려 있습니다. 이언은 잊으려 하지 않습니다.

저는 남편인 스티브가 아버지로서 최선을 다하고 있는 것에 매우 감사합니다. 24년 동안 여전히 그와 행복한 결혼생활을 하고 있으며, 이제는 은퇴를 앞두고 있습니다. 저는 이제 점점 더 제 친구와 가족의 삶에서 죽음이 분명해지는 나이에 있습니다. 제가 그 시간들을 헤쳐가며 더 강해지리라는 것을 압니다. 제가 추락할 때 당신, 친애하는 독자 여러분과 같은 사람들의 도움과 지지가 저를 끌어올려줄 것을,

미지의 미래로 걸어 나가도록 저를 북돋워주고 함께할 것을 압니다.

이 책은 제 첫 번째 책이었고, 함께 끝까지 프로젝트를 마친 공동 저자에게 깊은 감사를 표합니다. 이것은 '끝'이 아닙니다. 저는 다른 책『다음 50년The Next Fifty Years』2005년에 출간되었다을 쓰고 있으며, 계속해서 책을 쓸 것입니다. 그러나 앞으로 얼마나 더 많은 책을 쓰든, 이 책, 그리고 조지는 항상 제 마음속에 특별하게 남아 있을 것입니다.

우리는 저마다의 속도로 슬픔을 통과한다

당신이 어둠만이 있는 곳에서 빛을,
절망밖에 보이지 않는 곳에서 희망을 볼 수 있기를 바랍니다.
당신의 공포가 믿음과 통찰로 대체되기를,
패배 속에서도 무언가에 대한 승리와
우리가 엮어놓은 관계들의 신성함을 느낄 수 있기를 바랍니다.
무엇보다 당신이 죽음에 휩싸이더라도
삶을 사랑할 수 있는 역량을 유지할 수 있기를 바랍니다.

부록

애도 과정의 여러 부분에서
당신을 도와줄 몇 가지 워크시트를 실었습니다.
당신만의 고유한 아이디어를 얻기 위한
템플릿이나 출발점으로 활용해보세요.

추도식

추도식을 책임지는 사람이 고인에 대해 잘 모른다면 이 양식을 작성해서 제공해보세요. 사본을 직접 보관하길 바랍니다. 이 양식에 포함된 정보는 의미 있는 추도식을 준비하는 데 도움이 될 것입니다. 추도식의 책임자가 당신이 사랑했던 사람에 대해 알고 있는 경우라도 이 양식은 유용할 것입니다.

가능하다면 이 양식을 혼자 작성하려고 하지 마세요. 정보를 얻기 위해 친구와 가족에게 물어보기 바랍니다. 당신이 사랑했던 사람이 직업을 갖고 있었다면, 파일 어딘가에 이력서가 있을 수 있습니다. 이력서가 일부 공란을 채우는 데 도움이 될 것입니다.

추도식 책임자에게 제공할 정보

고인의 이름:

연령:

생년월일:

사망일:

사망 원인:

종교적 배경(있는 경우):

우리는 저마다의 속도로 슬픔을 통과한다

고인이 좋아했을 만한 추도식 유형:
(예: 조용한, 격식을 차리지 않는/격식을 차리는, 독특한)

참석을 원하는 사람들:

가족 배경:

학력:

경력(또는 직업적 포부):

회원으로 활동하던 클럽 또는 소속 단체:

활동 또는 취미:

대인관계:

고인이 읽은 책들:

고인이 즐겨 듣던 음악:

가장 좋아하는 성경 구절 또는 영감을 받은 구절:

가장 좋아하는 시인 또는 시:

가장 좋아하는 자선단체(들):

메모:

추도사

당신은 추도사를 해달라는 요청을 받았습니다. 이제 무엇을 해야 할까요? 테런스 B. 폴리와 어맨다 베넷의 『추모를 하며In Memoriam』에 따르면 다음과 같습니다. "추도사를 할 때 기억해야 할 가장 중요한 점은 이것이 선물이라는 것이다. 고인을 사랑하고 존경했던 사람들 앞에서 당신이 가족이나 친구에 대해 말할 수 있는 선물. 이는 수행해야 할 과제도 아니고 판단을 받아야 할 일도 아니다. 당신의 작업은 사려 깊고 진심 어린 것이다."

이 양식은 고인에 대해 가장 중요한 것들을 생각하게 합니다. 추도사를 할 때는 서두르지 말고 천천히 하세요. 유머러스하게 하기로 결정했다면 애정을 갖고 하세요. 참석한 이들을 당황스럽게 할 농담이나 이야기는 피해야 합니다. 평정심을 잃을 경우 잠시 시간을 가지고 숨을 크게 들이 마시거나 물을 한잔 마신 후 계속해보세요.

추도사를 위한 메모

고인과의 관계 :

고인을 얼마나 오랫동안 알고 지내왔는지:

고인을 어떻게 만났는지:

가장 기억에 남는 것:

우리는 저마다의 속도로 슬픔을 통과한다

고인의 가장 좋은 점:

고인의 독특한 점(애정을 가지고 표현하기):

고인으로부터 받았던 호의:

고인이 오늘 이 의식에 대해 뭐라고 말할 것 같은지:

고인으로부터 배운 것을 우리 삶에 통합시키는 것은 가족에게 지속적인 추모와 위안의 근원이 됩니다. 따라서 다음 세 가지 질문을 고려해보세요.

고인으로부터 배운 것(사례나 가르침을 통해):

고인으로부터 배운 것을 어떻게 실행할 계획인지:

고인이 우리가 기억해주길 바랄 것 같은 지혜의 말들:

메모:

전화 연락 목록

다음 목록은 꼭 연락해야 할 곳에 대한 유용한 참고자료가 될 것입니다. 당신이 전화 연락을 완료할 수 있도록 지원자에게 연락해 도움을 구하세요. 지원자에게 이 목록을 제공해 그들이 연락하게 하고 필요한 것은 묻도록 하세요.

- 장례식장을 선택하세요. 장례식과 추도식의 날짜와 시간을 정하세요.
- 장례식/추도식을 맡을 성직자에게 연락하세요. 중재자가 필요하다면 그들에게도 연락하세요.
- 매장할 경우 장례식에서 관을 운구할 사람들을 정하세요.
- 알릴 필요가 있는 사람들의 목록을 작성하세요. 고인의 전화번호 주소록과 통보해야 할 사람들에 대한 정보를 입수하세요.
- 부고 작성을 위해 신문사에 연락하세요. 부고에는 전형적으로 다음 정보가 포함됩니다. 연령, 사망 원인, 출생지, 직업, 대학 학위, 군 복무 경력, 뛰어난 업적 또는 성과, 직계 유가족 명단, 장례식/추도식 시간과 장소.
- 선물이나 기부를 한다면 기념물이나 자선단체를 선택하세요.
- 모든 보험회사에 알리세요. 사회보험, 신용조합, 노동조합, 공제회, 군대, 생명보험, 신용카드 등. 이들로부터 발생하는 수입에 대해서도 확인하세요.
- 모든 채무와 관련해 시의적절하게 연락을 취하세요. 보험은 일부 채무를 상쇄해줄 수 있습니다. 다른 채무들에 대해 결제 방식을

우리는 저마다의 속도로 슬픔을 통과한다

확인하세요.

- 고인이 혼자 살았다면 집주인과 공공시설에 연락하세요. 유품을 집으로부터 옮겨줄 사람들을 정해야 합니다.
- 유언장이 준비되어 있는 경우 변호사와 유언 집행인에게 연락하세요. 유언장이 없다면 변호사에게 연락해 안내를 받으세요.

친구들로 구성된 지지 집단 초대

다음 편지는 지지가 필요할 때 창의적으로 대응할 수 있는 하나의 예입니다. 아래에 나와 있는 초대 편지는 고인의 자매 캐런이 가족과 친구들에게 쓴 것입니다. 캐슬린은 암과 정신 질환으로 오래 투병한 끝에 자살했습니다. 이 편지지 한쪽 모퉁이에는 다음과 같은 인용문이 새겨져 있습니다. "우리가 시작이라고 부르는 것들은 종종 끝을 의미한다. 끝을 맺는 것이 시작을 만든다. 끝은 우리가 시작하는 바로 그곳이다(T. S. 엘리엇)."

친애하는 가족과 친구들에게,

지난 몇 주 동안 저는 캐슬린의 죽음이 당신의 삶에 끼친 영향에 관해 몇몇 분과 이야기할 기회를 가졌습니다. 이는 슬픔을 다루는 데도 도움을 주었지요.

몇몇 분은 너무 바빠서 슬픔을 느낄 시간이 거의 없고 상실을 다루는 데 시간이 너무나 부족하다고 얘기해주었습니다. 전 세계 수많은 사회에는 슬픔을 극복하는 데 도움을 주는 지역마다의 고유한 의식이 있습니다. '진보적인' 우리 사회는 단점을 깨닫기 시작했고, 정서적인 고립을 막기 위해 상담사와 정신건강 서비스(사별 집단)를 통해 애도 작업을 하는 데 도움을 주도록 책임을 부여하고 있습니다. 이것들도 가치가 있긴 하지만, 캐슬린을 알고 지낸 사람들끼리 함께 모여 이야기를 나누고, 그저 함께 앉아서 치유를 위해 노력하는 것이 도움이 될 또 다른 방법임을 제안하고자 합니다.

우리는 저마다의 속도로 슬픔을 통과한다

캐슬린이 맞은 죽음의 본질은 우리 모두에게 많은 의문을 남겼습니다. 개인적으로 몇몇 분과 이에 대해 이야기를 나누는 동안, 이 문제에 대해 함께 이야기하는 게 모두가 평화를 찾는 데 도움이 되리라는 생각이 들었습니다.

캐슬린이 죽던 날 밤 올버니 메디컬센터로부터 우리 가족이 받은 안내문을 동봉합니다. 우리는 치유 작업을 시도하는 데 있어 이 안내문을 정기적으로 살펴보는 게 도움이 되었다고 생각합니다.

캐슬린이 호스피스 프로그램에 참여했다면, 그들은 가족과 친구들이 애도 과정을 잘 진행하고 있는지 평가할 만한 참조 틀을 갖춘 사별 프로그램을 제공했을 것입니다. 그녀의 정신 질환은 정말 더 이상 손쓸 수 없는 상태였습니다. 애도를 해나가기 위한 노력의 일환으로 우리는 다음과 같은 오후 모임을 열고자 합니다.

아울러 우리 가족은 캐슬린의 삶에 대한 역사적 개요, 즉 탄생에서부터 죽음까지를 아우르기 위해 노력하는 중입니다. 캐슬린에 대한 당신의 경험을 듣는 것이 이에 도움이 된다고 생각하기에 우리가 직조하고자 하는 태피스트리에 당신의 경험을 덧보탤 수 있습니다.

전화 통화를 하고 이야기를 나눌 시간을 주신 모든 분께 감사드립니다. 앞으로 있을 논의와 통찰을 기대하겠습니다.

사별 모임 일정

오후 3~5시 리지가(이후 계속 남아 있는 분들께는 수프와 샌드위치 제공)

1월 27일(토): 캐슬린 사망 3개월 기념일

4월 27일(토): 캐슬린 사망 6개월 기념일

7월 27일(토): 캐슬린 사망 9개월 기념일

10월 26일(토): 1주기

공허감을 느끼고 이를 보상할 방법을 찾아가는 첫해가 가장 힘이 듭니다. 당신이 이 모임에 참석할 수 없다면 홀로 추억할 시간을 갖도록 요청하는 바입니다.

회신 전화를 주시면 감사하겠습니다.

미국 원주민 문화와 캐슬린의 연관성을 경험했던 분들에게는 '내 모든 관계all my relations'라고 불리는 그들의 의사소통 관습에 대해 캐슬린이 언급했던 바를 떠오를지도 모릅니다. 이는 우리 모두가 하나의 체계(네트워크), 하나의 연결망, 하나의 공동체의 일부라는 해석을 입증하고 있습니다. 연결망의 구조가 손상되면 구성원들이 함께 모여 손상된 곳을 손볼 때까지는 그 끝이 계속 느슨해져 있습니다. 손상된 구멍을 고치기 위해 어떤 방법을 택할지는 우리가 누구인지, 그리고 우리가 서로에게 제공하기 위해 가져오는 것이 무엇인지에 달려 있습니다. 평안을 주고받으려는 당신의 의지에 감사드립니다. 희망은, 초기의 타격 속에서 고통을 초래하는 기억들이 때가 되면 큰 위안으로서, 우리 성장의 수단으로서 작용하는 것입니다.

모두에게 축복을.

사랑을 담아,

캐런

참고문헌

Adrienne, Carol. *The Purpose of Your Life Experiential Guide.* William Morrow, 1999.

Akner, Lois F. Whitney, Catherine (contributor). *How to Survive The Loss of a Parent: A Guide for Adults.* Quill, 1994.

Albertson, Sandy. *Endings and Beginnings.* Random House, 1980.

American Association of Retired Persons Brochure, *Frequently Asked Questions by the Widowed.*

American Association of Retired Persons Brochure, *On Being Alone.*

American Association of Retired Persons website article, "Common Reactions to Loss."

Arent Ruth. *Helping Children Grieve.* Sourcebooks, 2007.

Balch M.D. James F. and Phyllis A. Balch C.N.C. *Prescription for Nutritional Healing.* Avery Publishing Group, 1997.

Bowlby, John. *Loss: Sadness and Depression.* HarperCollins, 1980.

Bowlby, J: "Processes of mourning." *Int J Psychoanal 42:* 1961.

Bowlby, J: "Attachment and Loss." Vols. 1–3, New York: Basic Books, Inc., 1969–1980.

Bozarth, Alla Renee. *A Journey Through Grief: Specific Help to Get You*

Through the Most Difficult Stages of Grief. Hazelden, 1994.

Bramblett, John. *When Goodbye Is Forever: Learning to Live Again After the Loss of a Child.* Ballantine, 1997.

Breathnach, Sarah Ban. *Simple Abundance: A Daybook of Comfort and Joy.* New York: Warner, 1995.

Challem, Jack. "Relief for Chronic Fatigue: How NADH Can Help." *Let's Live*, October 1999. pp. 48–50.

Chevallier, Andrew. *The Encyclopedia of Medicinal Plants.* Dorling Kindersley, 1996.

Childs-Gowell, Elaine. *Good Grief Rituals: Tools for Healing.* Station Hill, 1992.

Coffin, Margaret M. *Death in Early America.* Thomas Nelson, 1976.

Collins, Judy. *Singing Lessons: A Memoir of Love, Loss, Hope, and Healing.* Pocket Books, 1998.

Conway, Jim. *Men in Midlife Crisis.* Chariot Victor, 1997.

Cunningham, Linda. *Grief and the Adolescent.* TAG: Teen Age Grief.

Curry, Cathleen L. *When Your Spouse Dies: A Concise and Practical Source of Help and Advice.* Ave Maria Press, 1990.

Deits, Bob. *Life After Loss: A Personal Guide Dealing With Death, Divorce, Job Change and Relocation.* Fisher, 1992.

Doka, Kenneth J (editor). Kenneth, Kola J. (editor). Hospice Foundation of America.

Living With Grief After Sudden Loss: Suicide Homicide Accident Heart Attack Stroke. Taylor and Francis, 1996.

Edelman, Hope. *Motherless Daughters: The Legacy of Loss.* Delta, 1995.

Editors of Prevention Health Books. *Prevention's Healing with Vitamins.* Rodale Press, 1996.

Ericsson, Stephanie. *Companion Through the Darkness: Inner Dialogues on Grief.* Harperperennial Library, 1993.

Felber, Marta. *Grief Expressed: When a Mate Dies.* Lifeword, 1997.

Fine, Carla. *No Time to Say Goodbye: Surviving the Suicide of a Loved*

One. Main Street Books, 1999.

"Final Details." Brochure by The American Association of Retired Persons.

Fitzgerald, Helen. *The Mourning Handbook: The Most Comprehensive Resource Offering Practical and Compassionate Advice on Coping With All Aspects of Death and Dying*. Fireside, 1995.

"Forgotten Mourners: after the death of a brother or sister, family members often don't realize the extent of the siblings' grief." *The Journal News*, July 29, 1999.

Freud, Sigmund. From a letter to Ludwig Binswanger who had lost a son.

Friedman, Russell and John W. James. *The Grief Recovery Handbook: The Action Program for Moving Beyond Death Divorce, and Other Losses*. HarperCollins, 1998.

Fumia, Molly. *Safe Passage: Words to Help the Grieving Hold Fast and Let Go*. Conaris Press, 1992.

Ginsburg, Genevieve Davis. *Widow to Widow: Thoughtful Practical Ideas for Rebuilding Your Life*. Fisher Books, 1995.

Grey, John. *Men Are from Mars, Women Are from Venus: A Practical Guide for Improving Communication and Getting What You Want in Your Relationships*. Harpercollins, 1992.

Golden, Tom LCSW. "A Family Ritual for the Year Anniversary." Tom Golden Grief Column.

Goldman, Linda. *Breaking the Silence: A Guide to Help Children with Complicated Grief*. Western Psychological Services.

Gootman, Marilyn. *When a Friend Dies: A Book for Teens about Grieving and Healing*. Free Spirit Publishing, 1994.

Goulston, Mark MD and Philip Goldberg. *Get Out of Your Own Way*. Perigee, 1996.

Grollman, Earl A. *Living When A Loved One Has Died*. Beacon Press, 1995.

Halifax, Joan. *The Fruitfull Darkness: Reconnecting With the Body of the Earth*. Harper San Francisco, 1994.

Harris, Maxine. *The Loss That Is Forever: The Lifelong Impact of the Early Death of a Mother or Father*. Plume, 1996.

Hays, Edward M. *Prayers for a Planetary Pilgrim: A Personal Manual for Prayer and Ritual*. Forest of Peace Books, 1998.

Heegaard, Marge Eaton. *Coping with Death and Grief*. Lerner Publications, 1990.

Hendricks, Lois Lindsey. *Dreams that Help You Mourn*. Resource Publications, 1997.

Henricks, Gay. *The Learning to Love Yourself Workbook*. Prentice Hall, 1992.

Hewett, John H. *After Suicide*. Westminster John Knox, 1980.

Johnson, Elizabeth A. *As Someone Dies: A Handbook for the Living*. Hay House, 1995.

Kennedy, Alexandra. *Losing a Parent: Passage to a New Way of Living*. Harper San Francisco, 1991.

King, Marlene. "The Surrogate Dreamers." *Intuition*. January/February 1998.

Kolf, June Cezra. *How Can I Help?: How to Support Someone Who Is Grieving*. Fisher Books, 1999.

Kubler-Ross, MD, Elisabeth. *On Children and Death: How Children and Their Parents Can and Do Cope with Death*. Simon and Schuster, 1997.

Kushner, Harold S. *When Bad Things Happen to Good People*. Avon, 1994.

L'Engle, Madeleine. *Sold into Egypt: Joseph's Journey into Human Being*. Harold Shaw, 1989.

Lerner, Harriet. *The Dance of Anger: A Woman's Guide to Changing the Patterns of Intimate Relationships*. HarperCollins, 1997.

Livingston MD, Gordon. *Only Spring: On Mourning the Death of My Son*. Marlowe & Company, 1999.

Mabey, Juliet. *Words to Comfort, Words to Heal: Poems and Mediations for Those Who Grieve.* Oneworld publications, 1998.

Marshall, Fiona. *Losing a Parent: A Personal Guide to Coping with That Special Grief That Comes with Losing a Parent.* Fisher Books, 1993.

Marx, Robert J. and Susan Davidson. *Facing the Ultimate Loss: Coping with the Death of a Child.* Sourcebooks, 2007.

Matsakis, Aphrodite. *Trust After Trauma: A Guide to Relationships for Survivors and Those Who Love Them.* New Harbinger Publications, 1998.

Matsakis, Aphrodite. *I Can't Get Over It: A Handbook for Trauma Survivors.* New Harbinger Publications, 1996.

Mechner, Vicki. *Healing Journeys: The Power of Rubenfield Synergy.* Omniquest, 1998.

Melrose, Andrea LaSonder (editor). *Nine Visions: A Book of Fantasies.* Seabury Press, 1983.

Mental Health Association in Waukesha County. "Grief After Suicide." Pewaukee, Wisconsin.

Miller PhD, Jack. *Healing our Losses: A Journal for Working Through Your Grief.* Resource Publications, 1993.

Mitchard, Jacquelyn. *The Deep End of the Ocean.* Penguin, 1999.

Noel, Brook. *Shadows of a Vagabond.* Champion Press, 1998.

Noel, Brook. *Grief Steps.* Champion Press, Ltd., 2003.

Noel, Brook with Art Klein. *The Single Parent Resource.* Champion Press, 1998.

Nouwen, Henri J. *Reaching Out: The Three Movements of the Spiritual Life.* Image Books, 1986.

O'Neil, Anne-Marie, Karen S. Schneider, and Alex Tresnowski. "Starting Over." *People* magazine, October 4, 1999. p 125.

Overbeck, Buz and Joanie Overbeck. "Where Life Surrounds Death." Adapted from Helping Children Cope with Loss.

Parkes CM: Bereavement: *Studies of Grief in Adult Life.* 2nd ed., Madison: International Universities Press Inc., 1987.

Parkes CM: Bereavement As a Psychosocial Transition: processes of adaptation to change. *J Soc Issues* 44, 1988.

Prend, Ashley Davis. *Transcending Loss: Understanding the Lifelong Impact of Grief and How to Make It Meaningful.* Berkely, 1997.

Rando, PhD, Therese A. *Treatment of Complicated Mourning.* Research Press, 1993.

Rando, PhD, Therese A. *How to Go on Living When Someone You Love Dies.* Bantam, 1991.

Rilke, Rainer Maria. *Letters to a Young Poet.* WW Norton, 1994.

Rosof, Barbara D. *The Worst Loss: How Families Heal from the Death of a Child.* Henry Holt, 1995.

Sachs, Judith with Lendon H. Smith. *Nature's Prozac: Natural Therapies and Techniques to Rid Yourself of Anxiety, Depression, Panic Attacks & Stress.* Prentice Hall, 1998.

Sanders, Dr. Catherine M. *Surviving Grief.* John Wiley, 1992.

Schiff, Harriet Sarnoff. *The Bereaved Parent.* Viking, 1978.

Shaw, Eva. *What to Do When a Loved One Dies: A Practical and Compassionate Guide to Dealing with Death on Life's Terms.* Dickens Press, 1994.

Staudacher, Carol. A *Time to Grieve: Meditations for Healing After the Death of a Loved One.* Harper San Francisco, 1994.

Staudacher, Carol. *Beyond Grief: A Guide for Recovering from the Death of a Loved One.* New Harbinger Publications, 1987.

Staudacher, Carol. *Men and Grief: A Guide for Men Surviving the Death of a Loved One: A Resource for Caregivers and Mental Health Professionals.* New Harbinger Publications, 1991.

Stearn, Ellen Sue. *Living With Loss: Meditations for Grieving Widows (Days of Healing, Days of Change).* Bantam, 1995.

Stoltz PhD, Paul G. *Adversity Quotient: Turning Obstacles into Opportunities.* John Wiley & Sons, 1999.

Tatelbaum, Judy. *The Courage to Grieve.* HarperCollins, 1984.

Temes, Dr. Roberta. *Living With an Empty Chair: A Guide Through Grief.* New Horizon, 1992.

Viorst, Judith. *Necessary Losses: The Loves, Illusions, Dependencies, and Impossible Expectations That All of Us Have to Give up in Order to Grow.* Fireside, 1998.

Webb, Denise, PhD "Supplement News." *Prevention*, October 1999. p 61.

Westberg, Granger E. *Good Grief.* Fortress Press, 1971.

Worwood, Valerie Ann. *The Fragrant Mind.* New World Library, 1996.

Zarda, Dan and Marcia Woodaard. *Forever Remembered.* Compendium, 1997.

Zunin MD, Leornard M. and Hilary Stanton Zunin. *The Art of Condolence.* Harper Perennial Library, 1992.

긴 시간 끝에 원하던 전공의 의사가 되고, 다시 이를 가르치는 선생의 위치가 되어 이제야 진료 현장에서의 어려움이 조금 줄어들고 있지 않은가 자만하려던 순간, 준비할 겨를 없이 갑작스럽게 범죄피해자심리지원센터를 맡게 되었습니다. 그리고 살아 있는 환자들을 대하는 것과, 누군가를 잃고 살아남은 사람들을 대하는 것은 전혀 다른 영역이라는 무서운 사실에 맞닥뜨렸습니다. 거대한 해일과도 같이 몰려오는 그 두려움은 곧이어 이 일에 대해 제대로 가르쳐주는 곳을 찾기 어렵다는 당황스러운 현실로 이어졌습니다.

생명을 살리고 건강을 지키려는 목표로 전 세계 학자들이 고군분투하는 논문과 서적, 연구와 세미나는 가득했지만, 떠난 이들과 그들을 떠나보낸 이들에 대한 자료는 상대적으로 너무나 미미했습니다. 환자의 임종 심리에 대한 글들은 있으나, 제가 센터에서 마주하는 분들은 불의의 사고, 그것도 악의적인 일로 사랑하는 이를, 자신의 소중한 건강을, 삶의 무언가를 잃고 비통하게 몸부림치는 이들이었습니다. 처음으로 질문도 대답도 없는, 끝도 없는 시험 문제를 받은 기분이었습니다. 더구나 이 문제를 풀지 못하면 다른 사람들의 생명과 절망이 곧 모두를 집어삼킬 상황이었지요.

당시 '같이 우는 것 외에 과연 내가 전문가로서 할 수 있는 것이 무엇인가' 하는 자괴감이 저뿐 아니라 동료들의 마음 깊은 곳에 가라앉아 있었습니다. 하지만 그저 가라앉아만 있기에는, 센터에 오기 전까지 상상하지도 못했던 숫자의 내담자들이 매일같이 찾아오셨습니다. 바로 며칠 전까지만 해도 가족들과 일상적인 대화를 하고, 밥을 먹고, 저녁에 보자는 안부 인사를 나누고 웃던. 평범한 직장인, 학생, 주부와 가족들이 순식간에 무너진 세계에서 숨조차 쉬기 어려운 괴로움을 안고 힘들게 센터를 찾아오셨습니다. 그런 분들이 상상 이상으로 많았습니다. 그분들을 생각하면 저와 동료들은 그저 무력하게 있을 수 없었습니다. 찾을 수 있는 자료들을 최대한 찾고, 어렵게나마 조금이라도 관련된 교육이나 워크숍을 찾아다니고, 그 결과물을 함께 나누며 조금씩 조금씩 고통에 빠진 분들의 손을 잡고 안갯속을 헤쳐나가던 중에 이 책을 만났습니다.

이 책의 문장 하나하나는 저와 동료들로 하여금 우리 자신과 내담자들의 경험을 끊임없이 떠올리게 했습니다. 그 어떤 자료에서도 이렇게 생생하고 실용적으로 우리와 내담자들을 도울 수 있는 조언을 얻지는 못했습니다. 이 책을 함께 읽고 연구하며 저와 동료들은 비로소 암흑처럼 어둡고 진흙탕 같은 늪 속에서 숨 쉴 수 있는 좁은 길과 가느다랗지만 분명한 빛을 마주하게 되었습니다. 일과에 치인 일상 속에서 조바심을 내며 그렇게 어렵게 책을 읽어나가던 우리는 한 가지 결심을 했습니다. 이 귀중한 책을 더 많은 사람이 손쉽게 찾고 볼 수 있도록 우리말로 번역을 해야겠다는 것이었습니다. 이런 제 생각에 어려움을 같이하던 당시 부센터장 이지현 선생님이 흔쾌히 동의해주었고, 더듬더듬 출판의 길을 알아보던 차에 마치 운명처럼 이런 생각에 동감해주는 이은혜 편집장님과 글항아리 출판사를 만났습니다. 이 만남은 『여성의 진화』를 옮긴 박한선 선생님이 불과 몇 번의 인사를 나누었던 인연으로 선뜻 기회를 만들어주었기에 가능했습니다. 이런 놀랍고도 감사한 인연과 만남에는, 그만큼 이 책의 중요성을 알고 그것을 절실히 필요로 하는 독자들을 위하는 어떤 위대한 힘이 깃들어 있는 것은 아닐까 하는 생각마저 듭니다.

이렇게 이 책이 선택되고 출판이 결정되기까지 일련의 일들이 믿을 수 없을 만큼 멋지고 감사한 만남으로 진행되어가던 어느 화창한 봄, 저는 예상치 못하게 의사가 아닌 환자로 병원에서 지내게 되었습니다. 생명의 위태로움과는 무관한 수준의 작은 수술이었지만 첫 수술 시기가 1차 원고를 넘겨야 했던 때라, 앰뷸런스 안에서 더듬더듬 급하게 주변에 연락하던 순간이 생생합니다. 원고의 마무리뿐 아니라, 부족한 제게 소중한 아이들의 진료를 맡긴 많은 부모님의 고통을 뒤로하고 저는 한동안 병원과 센터를 쉴 수밖에 없었습니다. 그리고 점점 길어지는 재활 기간 동안 누워 지내던 중 가까스로 번역을 마쳤습니다. 사랑하는 사람을, 또는 건강을 크게 잃은 분들의 경험에 감히 비교조차 안 되지만, 조금이나마 거동에 제한이 생기고, 일상에서 멀어진 시기에 이 책을 준비했던 것은 사실 또 하나 제가 감사하는 일이 되었습니다. 이 책의 구절들을 떠올리면 제 신체의 한계나 걱정들은 사실 아무것도 아니었습니다. 침상에 누워 있더라도 기대어 노트북으로 번역 작업이 가능했고, 제 아픔과는 비교도 할 수 없는 거대한 고통과 싸우고 있는 과거와 현재의, 국적을 뛰어넘는 많은 사람의 글을 읽다보면, 정말로 통증이 전혀 느껴지지 않기도 했습니다. 즉, 이 책은 처음 만난 순간부터 지금까지, 환자와 내담자를 대하는 치료자, 센터의 관리자로서뿐 아니라 한 인간인 저 자신에게도 너무나 소중한 선물이었습니다.

이 선물을 저와 동료들만 간직하는 것은 안타까운 일인 동시에 치료자로서 제 직무를 유기하는 것이나 마찬가지라고 생각했습니다. 상실을 겪고도 우리 사회 특유의 여러 금기, 개인적인 고통을 쉽게 드러내지 않는 문화, 죽음을 입에 올리기 어려워하는 분위기, 개인사가 일에 영향을 끼치는 것이 민폐로 간주되는 성공주의적이고 결과론적인 사회, 부정적인 감정의 공유가 거리낌을 넘어 터부시되는 안타까운 곳에서 혼자만 이런 고통을 겪는다고 느끼며 더욱 위축되고 있는 많은 분에게, 꼭 이 책을 보여드리고 싶었습니다.

원저의 두 저자가 해온 위대한 작업에 비교할 수 없지만, 저와 이지현 선생님의 번역의 산물인 이 책이 작게나마 그 역할을 해내길 바라며 이제 그 번역의 시간을 마무리하려 합니다. 우리의 작은 노력이 독자 여러분의 위대한 삶의 여정에 약간의 마중물이 될 수 있기를, 그래서 그 잔인하고 고통스러운 애도의 시간에서 부디 자신의 삶의 여

정을 걸어가는 데 도움이 될 안내서 역할을 다하기를 간절히 바라며,
글을 마칩니다.

배승민

우리는 저마다의 속도로 슬픔을 통과한다

어떻게 애도할 것인가

1판 1쇄	2018년 11월 10일
1판 4쇄	2024년 5월 17일

지은이	브룩 노엘·패멀라 D. 블레어
옮긴이	배승민 이지현
펴낸이	강성민
편집장	이은혜
편집	박은아
마케팅	정민호 박치우 한민아 이민경 박진희 정유선 황승현
브랜딩	함유지 함근아 고보미 박민재 김희숙 박다솔 조다현 정승민 배진성
제작	강신은 김동욱 이순호
독자모니터링	황치영

펴낸곳	(주)글항아리 | **출판등록** 2009년 1월 19일 제406-2009-000002호
주소	10881 경기도 파주시 심학산로 10 3층
전자우편	bookpot@hanmail.net
전화번호	031-955-2689(마케팅) 031-941-5158(편집부)
팩스	031-941-5163

ISBN	978-89-6735-555-5 03180

www.geulhangari.com